前言

　　农业是国民经济的基石，现代农业是中国未来农业发展的必由之路。在西北能源富集区发展现代农业，既要考虑其规模效应，又要充分考虑其自然禀赋、生态制约等特殊性，在学习借鉴其他地区的先进经验的同时，应当逐步探索出适合本地实际情况的现代农业发展之路。国内目前已有许多关于现代农业发展的理论与成功实践，但是对西北能源富集区现代农业发展的理论与成功经验进行系统性研究较少，而西北地区作为国家重要的生态屏障及能源基地，其经济结构的多元化、生态系统的可持续性对国家有着至关重要的意义。

　　西北能源富集区大都土地广袤、人口稀少，生态系统极其脆弱，一方面，特殊的自然环境使得西北能源富集区无法走传统农业的老路，而只能跨越式发展现代农业；另一方面，这些地区的经济可持续发展，必须创新思路，走现代农业发展之路，使工农部门要素报酬率趋同，最终实现城乡发展一体化。因此发展以改革创新、科技驱动和节水节地为主要特征的现代农业成为西北能源富集区农业发展的必然选择。能源富集区现代农业的发展，对该地区产业协调发展、缩小城乡收入差距、实现农民增收等具有重要的战略意义，也是破解城乡经济二元结构的关键，其发展不仅是产业布局的问题，更关系到收入分配、社会公平和城乡社会结构的调整。大力推动现代农业的发展，对于西北能源富集区的全域发展都具有重大的历史和战略意义。

　　本书旨在通过理论梳理和个案研究，对以陕西省榆林市榆阳区为典型代表的西北能源富集区的现代农业发展基础、路径及方向进行研究，并期望进一步扩展到情况类似的其他西北能源富集区。本书第一章对西北能源富集区的概念进行了界定、对其发展现状进行了评述，明确了研究对象的概念内涵与外延；第二章客观分析了西北能源富集区发展现代农业的必要性、特殊性与可行性，为本书的研究作了逻辑准备；第三章梳理了现代农业发展代表性的相关理论，为本书的研究作了理论准备；第四章以榆阳区为例，对榆阳区的区情和现代农业实践进行了介绍，并就其推广意义进行探索；第五章提出了西北能源富集区发展现代农业的路径方法；第六章讨论了西北能源富集区现代农业发展的保障机制；第七章对本研究作了进一步的展望。本书具体撰写分工如下：第一章：方兰，王思博，陈龙；第二章：方兰，王超亚，穆兰；第三章：方兰，袁渊，穆兰；第四章：方兰，王浩，陈龙、杨波、訾思清；第五章：方兰，陈龙，王浩；第六章：方兰，王超亚，王思博；第七章：方兰，陈龙，王超亚；附录：方兰，袁渊，王浩，孟晓东，最后由方兰对全书作了统稿。

本书的出版，得到了陕西师范大学优秀著作出版基金的资助，得到了中共榆阳区委、区政府的大力支持，以及同行专家的坦诚建议，在此一并表示感谢。由于作者水平有限，时间仓促，错误在所难免，恳请广大读者批评指正。

方 兰

2015 年 12 月

目 录

≣

1.1 能源富集区理论界定

1.1.1 能源富集区概念界定

能源亦称能量资源或能源资源，是指可产生各种能量（如热量、电能、光能和机械能等）或可做功的物质的统称，并且能够直接取得或者通过加工、转换而取得有用能的各种资源，包括煤炭、原油、天然气、煤层气、水能、核能、风能、太阳能、地热能、生物质能等一次能源和电力、热力、成品油等二次能源，以及其他新能源和可再生能源。能源是一种呈多种形式，且可以相互转换能量的源泉。本书所指的能源仅是指不可再生的化石能源，主要包括煤、石油、天然气。化石能源形成过程较为复杂，形成所需时间较长，形成环境要求较为严格，如石油、天然气是在还原环境下，经过上亿年的地质运动沉积形成的，并且需要有良好的圈闭条件，才能储存到现在，一般分布在沉积岩里。而煤的形成是在还原条件下，由生物体被地壳运动所掩埋，经过上百万年地质作用形成的，比石油、天然气形成时间相对较短，储存条件相对不是十分严格。能源是国民经济的重要物质基础，能源的开发和有效利用程度及人均消费量是生产技术和生活水平的重要标志。

目前学术界仅明确地定义了资源富集区，没有明确地定义能源富集区。资源范围较为宽泛，无法体现本研究所强调的能源特征。本研究的目的是讨论化石能源富集区农业发展问题，因此先要明确能源富集区的定义。根据资源富集区的定义以及能源富集区的特征，本书认为能源富集区是指能源矿产高度集中的地区，往往是集能源煤炭、石油、天然气等矿产资源为一体的特殊地理区域。在该区域内，自然资源种类丰富、资源储量大、品位高且开采难度低，通过对自然资源的开发利用，能对区域经济发展、产业结构调整甚至经济结构布局产生重大影响。

上述从定性的角度阐述了能源富集区的定义，目前国际上还没有一种公认的方法能够完全精确地度量能源富集程度，故只能用一些尽量接近实际的方法和指标来衡量能源的富集程度。本书参照现有对资源富集区定量界定的方法，科学严谨地推演出能源富集区定量判别公式，期望基于量化的角度去完善能源富集区的界定。

借鉴现有的衡量自然资源或矿产资源的指标，构造指标来衡量地区能源富集程度，作为界定能源富集区的标准。为衡量自然资源的丰裕程度，有学者提出了丰裕度指数。对于集中型资源的度量采用资源绝对丰裕度指数 PRAI，扩散型资源采用相对资源丰裕度指数 DRAI，其计算公式为：

$$PRAI = \frac{t_i}{T} \cdot 100\%, \quad DRAI = \frac{t_i/p_i}{T/P} \cdot 100\% \tag{1-1}$$

式中 t_i 为 i 某种能源量，T 为该能源全国总量，p_i 和 P 分别为 i 地和全国人口数量。其中，相对丰裕度指数是在绝对丰裕度指数的基础上考虑区域人口因素。

针对上述资源丰裕指数，相关学者指出在一个特定区域内，往往不是只存在一种资源，而是同时存在着多种资源，特别是矿产资源，伴生现象十分常见，难以系统计算。而区位商可以衡量某一区域要素的空间分布情况，所以提出采用采掘业的区位商反映矿产资源的富集程度，计算公式如下：

$$L_q = (N_i/A_i) / (N/A) \tag{1-2}$$

式中 L_q 为区位商，N_i 为研究区域采掘业从业人员人数，A_i 为研究区域所有部门从业人员人数；N 为背景区域采掘业的从业人员人数；A 为背景区域的从业人员人数。根据计算，将 $L_q > 1$ 的地、州、市、盟界定为资源富集区。

资源丰裕度指数是从自然资源禀赋角度来衡量单项资源富集程度，只能衡量某一区域的某一种资源的富集程度，采掘业的区位商虽然能衡量某一区域的矿产资源富集程度，但由于是从开发利用角度来衡量矿产资源综合富集程度，在一定程度上低估了资源禀赋。为衡量地区煤炭、石油、天然气等能源的富集程度，本书结合学界现有指标提出"能源富集指数"。公式如下：

$$ER = \left(\frac{c}{C} \times W_c + \frac{o}{O} \times W_o + \frac{g}{G} \times W_g \right) \times \frac{P}{p} \tag{1-3}$$

式中 ER 为能源富集指数，c 为研究区域煤炭总量，o 为该区域石油总量，g 为该区域天然气总量，C 为全国煤炭总量，O 为全国石油总量，G 为全国天然气总量，p 和 P 分别为该研究区域和全国人口数量。W_c、W_o、W_g 分别为煤炭、石油、天然气权重。以三种能源的需求量差异来区分权重。具体计算过程如下：所以各项权重由单项能源 2004 年至 2013 年年消费总量（单位：万 t 标准煤）占该时间段内三项能源消费总量之和的比重表示，分别为 0.75、0.21、0.04。由本公式计算得到全国的能源富集指数为 1。具体情况见表 1-1。

表 1-1　全国能源资源消费总量　（单位：万 t 标准煤）

能源类型＼年份	2004	2005	2006	2007	2008	2009
天然气	5 336.40	6 135.92	7 501.60	9 256.76	10 783.58	11 959.23
石油	45 466.13	46 727.41	49 924.47	52 735.50	53 334.98	54 889.81
煤炭	148 351.92	167 085.88	183 918.64	199 441.19	204 887.94	215 879.49

续表

能源类型＼年份	2010	2011	2012	2013	平均值	消费占比
天然气	14 297.32	17 400.10	18 810.06	21 750.00	12 323.10	0.044 702
石油	61 738.41	64 728.37	68 005.62	69 000.00	56 655.07	0.205 514
煤炭	220 958.62	238 033.37	240 913.51	247 500.00	206 697.06	0.749 785

注：1. 权重计算方法采用 2004～2013 年，全国能源 10 年间平均消费比例。

2. 各年份全国能源消费总量来自于中国国家统计局网站

根据 2004～2013 年煤炭、石油、天然气三者总量之和的比重及全国能源消费总量、各省、市、区人口数量，我们对其能源富集指数进行了测算，见表 1-2。

表 1-2　西北重点能源富集区省、市能源富集指数测算

能源富集指数及相关测算数据＼全国、省份、地级市、区	序号	人口**	石油总量**（万吨）权重 0.21*	天然气总量**（亿立方米）权重 0.04*	煤炭总量**（亿吨）权重 0.75*	能源富集指数
一、全国、重点省份						
全国	1	135 404	333 258.30	43 789.90	2 298.90	1.00***
内蒙古自治区	2	2 490	8 517.07	8 344.30	401.66	7.83
新疆维吾尔自治区	3	2 233	56 464.74	9 324.37	152.47	5.69
宁夏回族自治区	4	647	2 299.47	294.96	32.34	2.57
青海省	5	573	6 499.44	1 281.60	15.97	2.48
陕西省	6	3 753	31 397.94	6 376.26	108.99	2.21
甘肃省	7	2 578	19 184.32	224.58	34.08	1.23
二、地级市、区						
榆林市	1	335.10	60 000	41 800	2 714	388.48
鄂尔多斯市	2	194.95	N/A	8 000	1 702	390.74
榆阳区	3	55.40	N/A	820	485	388.56

注：* 权重通过 2004 年至 2013 年中国石油、天然气、煤炭总消费量比重估计。** 能源富集指数及相关测算数据来源国家统计局网站，由于人口、石油总量、天然气总量、煤炭总量均为存量，故取最新 2012 年数据。*** "1.00" 代表全国平均能源富集指数为 1

经过表 1-2 测算结果显示，西北重点能源富集区省、市能源富集指数如下，西北地区能源富集指数分别为：新疆维吾尔自治区 5.69、青海省 2.48、内蒙古自治区 7.83、甘肃省 1.23、陕西省 2.21、宁夏回族自治区 2.57，其中，能源重点市县能源富集指数分别为，鄂尔多斯市 390.74，榆林市 388.48，榆阳区（本书案例所在地）388.56。经过测算重点能源省市处于同等行政级别的能源富集指数数量级相近，说明能源富集指数测算公式较为合理。

1.1.2　我国主要能源富集区

伴随着快速工业化和城镇化的进程，中国经济社会面临的能源资源、环境约束日益凸显。在此背景下，如何引导能源资源在中国区域之间的合理配置，保障中国区域能源资源的可持续供应，成为当前中国经济社会可持续发展的根本前提，能源资源区域划分研究也引起了学界的广泛关注。

我国的煤炭资源、油气资源储量十分丰富。通过能源富集区定性概念和定量标准的界定，本研究发现我国的能源富集区分布较为集中，分布特点也十分明显。下面分别从煤炭、天然气、石油三个方面介绍我国能源富集区分布现状。

一、煤炭资源区域划分

为了引导煤炭生产力与煤炭资源的合理配置，理顺各区域在煤炭供应系统中的相互关系，有必要对煤炭资源供给进行区域划分，并对其功能进行定位。根据未来中国煤炭资源供给体系的定位和作用，可以将这一体系划分为国家煤炭基地、区域煤炭基地和煤炭汇集地。

（一）国家能源煤炭基地

该区域煤炭资源蕴藏丰富，是煤炭产能重点布局与开发地区，除满足本区域煤炭需求之外，还肩负着调控各区域煤炭资源供求平衡的重任，是国家最重要的煤炭资源输出基地，主要包括陕、晋、内蒙古、宁、新五省（区、市）。

（二）区域煤炭基地

该区域煤炭资源属于次优地区，主要满足本地及邻近区域煤炭资源消费需求，无法对国家煤炭资源宏观调控产生重大影响，主要包括甘、青、黔、云、渝、川、苏、皖、鲁、豫 10 省（区、市）。

（三）煤炭汇集地

该区域煤炭资源贫乏地区，不适宜进行大规模的煤炭生产布局与开发，是煤炭资源最主要的汇集地，也是国家煤炭资源宏观调控重点调节地区。主要包括京、津、冀、辽、吉、黑、沪、浙、闽、赣、鄂、湘、粤、桂、琼 15 省（区、市）。

二、原油资源区域划分

中国石油资源主要集中在"三北"地区（东北、西北和华北）。陆上石油资源主要集中在以松辽、渤海湾（陆上和海域）、鄂尔多斯、准噶尔和塔里木为代表的五大地区，占全国可采储量的比例超过 90%。目前，东部老油区已进入开发后期，稳产难度很大，而中部、西北以及青藏三大原油资源区目前尚处于勘探初期，是中国石油工业增储的主战场和战略资源接替基地。此外，中国近海海域石油资源丰富，东海、渤海湾、珠江口、北部湾等 11 个大中型盆地的石油资源量占全国总资源量的 24.1%。因此，海域与中部、西北以及青藏三大油区将成为中国石油工业的一个重要战略接替区。依据各区域在中国原油供应体系中的不同定位，可以大致划分为原油主产区、原油接替区与原油汇集区。

（一）原油主产区

该区是目前石油资源储量丰富的重点开发地区，已初步形成"北油南运"（包括俄罗斯原油管道）、"西油东运"、"海油登陆"的石油流动格局，有助于缓解东部地区长期石油供应紧张的局面，是国家重要的石油输出基地。涉及的省（区、市）主要包括黑、鲁、津、冀、新、陕、辽、吉、粤，涉及的主要盆地及地区包括松辽、渤海湾（陆上和海域）、鄂尔多斯、准噶尔和塔里木、南海。

（二）原油接替区

该区域目前尚处于勘探初期，主要用于补充东部老油区进入开发后期导致的储量与产量下降，以期实现新老油区的平稳过渡，主要位于近海海域、中部、西北及青藏地区，涉及的省（区、市）主要包括新、藏、青、豫、粤、桂。

（三）原油汇集地

该区域对石油资源需求旺盛，是"北油南运"、"西油东运"、"海油登陆"的主要的汇集地，国家宏观调控的重点地区。主要包括东北三省、京津冀地区、长三角（沪、苏、浙）和珠三角地区。

三、天然气资源区域划分

中国陆上天然气主要分布在中、西部地区。而探明储量则集中在 12 个大型盆地，依次为四川、陕甘宁、塔里木、准噶尔、吐哈、柴达木、松辽、渤海湾、渤海海域、东海、莺歌海和琼东南。为了引导天然气产能与资源在中国各区域的有效配置，本书就未来中国各区域在天然气供应系统的功能定位进行简单界定，可以初步划分为国家天然气基地、地区天然气基地与天然气汇集地。

（一）国家天然气基地

该区域天然气资源丰富，除满足本区域天然气需求之外，仍存在大量盈余，现已形成"陕气进京"、"川气出川"、"西气东输"、"海气登陆"的天然气流动格局，有助于缓解东部地区长期天然气供应紧张的局面，是国家重要的天然气输出基地。主要盆地包括鄂尔多斯、四川、塔里木、柴达木、莺歌海、琼东南、东海、准噶尔、吐哈、陕、甘、宁，包括川、陕、甘、宁、新、粤。

（二）地区天然气基地

该区域属于天然气资源次优开发地区，主要满足本区域天然气消费需求。

主要盆地及区域为渤海湾、渤海海域、松辽盆地，包括青、津、冀、辽、吉、黑、鲁、豫。

（三）天然气汇集地

该区域天然气资源贫乏地区，需建立大量天然气管网承接外地天然气输入，是主要的汇集地和国家宏观调控的重点区域。包括粤、闽、琼、沪、苏、浙、京、津、冀、鲁。

1.1.3　西北能源富集区界定

西北地区是我国主要的煤、天然气、石油等能源富集地区，能源储量十分丰富，同时也是我国生态环境相对比较脆弱的地区。目前关于西北地区存在着两种意义上的界定：基于地理意义以及自然气候与资源角度。

一、西北地区的两种界定

（一）地理意义界定

西北地区是中国七大地理分区之一。行政区划上指陕西、甘肃、青海三省及宁夏、新疆两个自治区，自然区划上的西北地区指大兴安岭以西，昆仑山—阿尔金山、祁连山以北的广大地区，大致包括内蒙古中西部、新疆大部、宁夏北部、甘肃中西部，以及和这些地方接壤的少量山西、陕西、河北、辽宁、吉林等地的边缘地带。

（二）自然气候与资源角度界定

根据自然区划概念，西北地区深居内陆，距海遥远，再加上地形对湿润气流的阻挡，本区域仅东南部为温带季风气候，其他区域为温带大陆性气候，冬季严寒而干燥，夏季高温，降水稀少，自东向西递减。由于气候干旱，气温的日较差和年较差都很大。该区域大部属中温带和暖温带，吐鲁番盆地为夏季全国最热的地区，托克逊为全国降水最少的地区。该地区降雨量普遍较少，且生态系统脆弱。

西北地区矿产资源的潜在储量很大，其中，煤炭保有储量达 3009 亿 t，占全国总量的 30% 左右，主要分布在陕西、新疆和宁夏。石油储量为 5.1 亿 t，占全国陆上总量的近 23%，新疆是中国 21 世纪的后备石油基地。天然气储量为 4354 亿 m^3，占全国陆上总量的 58%，其中，陕北的天然气储量位居全国前列。甘肃省的镍储量占到全国总量的 62%，铂储量占全国总量的 57%。中国钾盐储量的 97% 都集中在青海省。西部地区能源储备较为丰富，经济发展对能源产业的依赖性比较严重。

二、西北能源富集区界定

所谓西北能源能源富集区，指位于我国贺兰山与六盘山以西，阿尔泰山与天山以南，昆仑山以北的西北地区，经济社会发展水平普遍较低，且生态较为脆弱，但自然资源、特别是矿产资源较为丰富的地区，是我国最具典型意义的类型区。本节主要从地区煤炭、油气能源富集区两个方面，简要界定西北能源富集区，其具体情况如图1-1。

（一）西北煤炭富集区

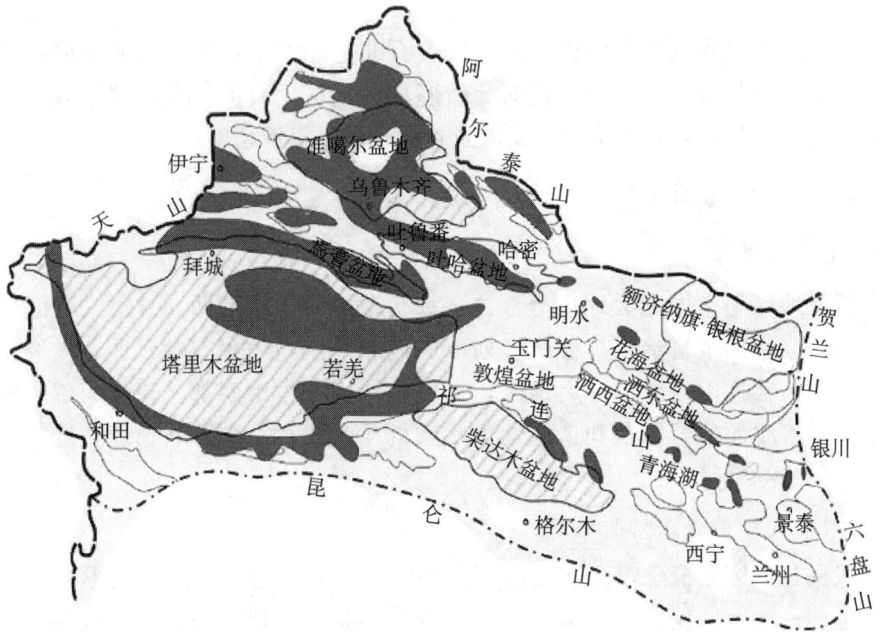

图 1-1　西北赋煤区主要含煤盆地分布图

资料来源：宋洪柱：中国煤炭资源分布特征与勘查开发前景研究，北京：中国地质大学博士学位论文，P. 46

据图1-1所示，西北赋煤区主要集中在贺兰山与六盘山以西，阿尔泰山与天山以南，昆仑山以北的地区。其范围包括陕北、新疆维吾尔自治区、内蒙古自治区西部、甘肃省、宁夏回族自治区、青海省等煤炭富集区。主要含煤盆地包括准格尔盆地、塔里木盆地、柴达木盆地、吐哈盆地等。表1-2为作者计算的西北煤炭资源富集区能源参数。有关情况及数据说明如下。

第一，内蒙古煤炭能源富集区大致分为两个区，跨越蒙东分区和陕蒙宁分区，呼和浩特以东地区归属蒙东分区，呼和浩特以西准格尔、东胜地区归属陕蒙宁分区，其中后者属西北地区。第二，陕西跨越陕蒙宁分区和云贵川渝分区，其中陕西关中和陕北地区归属陕蒙宁分区,陕南地区归属云贵川渝分区。第三,新疆跨越北疆分区和甘青分区,其中焉耆、吐哈盆地区、乌鲁木齐及其以北的准噶尔盆地区归属北疆分区,塔里木盆地区归属甘青分区。

上述跨区省份的煤炭资源统计按照煤田或矿区的空间分布位置予以人为分解,并划归各自分区,形成全国煤炭资源"井"字形统计表(表1-3,数据截至2009年)

表1-3　西北地区煤炭资源量统计　　　　　　　　　(单位:亿 t)

规划区	省市	累计探获资源量	保有资源量	基础储量
陕蒙宁分区	蒙中	5 795.18	5 760.72	180.19
	陕北	1 814.43	1 794.153	209.75
	宁夏	383.89	376.92	42.12
北疆分区	北疆	2 111.17	2 097.85	127.12
甘青分区	甘肃	167.45	158.66	45.91
	青海	70.42	63.40	13.39
	南疆	200.57	197.47	20.91
全国		20 108.75	19 455.36	2 731.92

资料来源:宋洪柱:中国煤炭资源分布特征与勘查开发前景研究,北京:中国地质大学博士学位论文,p.50

(二) 西北油气能源富集区

西北地区油气资源主要分布在黄土塬、沙漠两大类型地区,具体情况见表1-4。

表1-4　西北油气资源富集区

区域类型	省市名称
沙漠	塔中
	塔北
	准噶尔
	二连浩特
黄土塬	鄂尔多斯

如表1-4所示,沙漠地区包括塔中、塔北、准噶尔腹部和二连浩特部分地区;黄土塬包括鄂尔多斯地区。这些地区共同特点是能源丰度较高,但自然资源禀赋较差,农业发展风险较大。除能源产业之外,其他产业发展普遍薄弱,经济发展存在失衡现象且可持续能力较差。

三、六大能源富集省份

西北地区地广物丰,特别是能源资源极为丰富,成为西部大开发的良好资源条件。西北地区的能源资源开发与利用,在一定程度上决定这一地区经济发展的速度和规模,是西北地区发展经济的优势所在。

(一) 新疆维吾尔自治区

新疆地处祖国西北边陲，位于亚欧大陆腹地，占全国国土面积的 1/6，地域广阔。光、热、矿产等自然资源条件非常优越，可供开发的资源潜力巨大。目前已发现各类矿产 138 种，其中能源矿产 5 种，放射性矿产 2 种，金属矿产 43 种，非金属矿产 84 种；水气矿产 4 种，占全国已发现矿产 168 种的 80% 以上。新疆是我国的能源资源富集区，石油、天然气、煤炭和水能、风能、太阳能是新疆最具开发潜力的优势能源资源。全区石油资源储量 209.22 亿 t，天然气资源储量 10.79 万亿 m^3，分别占全国陆上资源总量的 27.0%、27.7%，煤炭资源储量（地表 2000m 深以内）1.82 万亿 t，占全国资源总量的 35.9%，均居全国首位。

新疆的石油储量 14.14 亿 t，位居全国前列，天然气储量 649.25 亿 m^3，位居全国第四位。已探明煤炭储量 949 亿 t，位居全国第 4 位。目前，新疆正在积极推进独山子、鄯善和乌鲁木齐、克拉玛依国家级成品油储备基地建设，预计 2015 年，油气当量超 6500 万 t，原油加工能力 3800 万 t，石油储备库容 1300 万 m^3。

(二) 青海省

青海是中国青藏高原上一个重要的省份，简称青，省会为西宁。青海省东西长约 1200km，南北宽 800km，面积为 72 万 km^2。该省是一个资源型省份，盐湖、水电、石油天然气和有色金属是青海的四大支柱产业，其中能源资源以石油、天然气为主，柴达木盆地石油、天然气资源具有较好的成矿条件，石油资源丰富，进入全国四大油气区行列。

2006~2010 年，青海省完成石油、天然气投资 175.5 亿元，年均增长 18.5%。累计探明石油地质储量 43 454 万 t，天然气地质储量 3068 亿 m^3。形成原油生产能力 230 万 t，天然气生产能力 85 亿 m^3，油气当量 800 万 t。格尔木炼油厂升级改造之后，原油加工能力达到 150 万 t；建成涩北—西宁—兰州等 6 条年总输气能力 107 亿 m^3 的输气管道；建成年输油能力 300 万吨的花土沟—格尔木输油管道和年原油装车能力 200 万吨的铁路专用线。

煤炭完成投资 17.5 亿元，年均增长 11.8%。累计探明储量 56 亿 t，其中，动力煤资源储量 18 亿 t。2010 年末，全省核定动力煤生产能力 540 万 t，煤矿 25 处。建成鱼卡、大煤沟、高泉昆源、海塔尔等煤矿，开工建设柴达尔、默勒、先锋等煤矿。

通过五年来的持续投入与建设，全省能源发展上了一个大台阶，全面完成或超额完成了能源规划的各项目标。主要表现在：(1) 煤炭开采水平显著提高。建成青藏高原第一个综合机械化开采矿井——鱼卡一井田，煤炭产量达到 1860 万 t，产量比"十五"末期翻了一番，石油、天然气勘探开发也取得新突破。

（2）天然气开发持续增长，产量达 65 亿 m³；石油勘探取得新突破，在柴达木盆地昆北段发现亿吨级优质油田，是青海油田发展史上重要的里程碑。有力支撑了全省经济社会的快速发展。

（三）内蒙古自治区

根据国家统计局网站最近数据显示，从资源储备来看，内蒙古自治区的能源综合实力位居全国第二，在煤炭资源方面，内蒙古已查明煤炭资源储量 2400 亿 t，而且埋藏浅、易开采、近水源，具备煤转电的良好条件，且成本低。2012 年内蒙古地区煤炭消费量为 36 620 万 t。累计探明原油储量 20 亿～30 亿 t。

鄂尔多斯盆地天然气田，是迄今我国陆地上发现最大的天然气田。截至 2012 年，内蒙古自治区天然气储量约为 8350 亿 m³，天然气储量在全国各省排名第一。当年度天然气消费量为 37.84 亿 m³。稀土资源丰富，储量大、品位高。工业储量约占全国总储量的 90%，占世界总储量的 70%。铁、铜、铅、锌等 65 种矿产保有储量居全国前 10 位。

能源产业是自治区主导产业、经济高速增长的支柱。近十年来，恰逢国家重化工业化举措、西部大开发战略和振兴东北老工业基地的战略机遇，内蒙古自治区通过资源开发利用，经济实现了超常规、跨越式发展，经济增速连续领跑全国，有力地推动了自治区的经济发展与社会进步。

（四）甘肃省

甘肃省的矿产在全国占有重要的地位。已发现各类矿产 148 种，发现矿产地 2500 多处。有 41 个矿种的保有储量位居全国前 10 位。甘肃能源资源种类多样，煤炭、石油、天然气和水电等传统能源比较丰富，风能、太阳能等新能源开发潜力巨大。

煤炭资源极其丰富，甘肃煤矿资源主要分布于陇东地区，该地区包括庆阳市和平凉市。庆阳市位于黄河中游内陆地区，黄土丘陵绵延起伏，总面积 7547km²，土地辽阔，植被稀疏。区域内现已探明煤炭资源 86.78 亿 t，煤层气 13 588 亿 m³，含油面积 412km²，油气资源 4.6 亿 t。陇东地区地下有丰富的石油和煤炭资源，地上有林立的油田钻塔和纵横舒展的输油管网。

2006～2010 年，随着一大批能源生产项目加快建设，甘肃省能源生产能力不断提高。2010 年，全省一次能源生产量 4640.88 万 t 标准煤，比 2005 年增加 1035.76 万 t 标准煤，增长 28.73%，年均增长 5.18%；原煤产量 4688.25 万 t，比 2005 年增长 29.51%，年均增长 5.31%；原油产量 382.14 万 t，比 2005 年增长 25.48%，年均增长 4.64%；水、风电发电量为 283.16 亿 kW·h，比 2005 年增长 70.1%，年均增长 11.21%，其中，风电产量 20.84 亿 kW·h，比 2005 年增长 22 倍，水、风电占一次能源生产总量的比重由 2005 年的 15.64% 上升为

19.79%，提高4.15个百分点。

（五）陕西省

陕西省位于中国内陆腹地，地处东经$105°29'\sim111°15'$，北纬$31°42'\sim39°35'$。东邻山西、河南，西连宁夏、甘肃，南抵四川、重庆、湖北，北接内蒙古，是连接中国东、中部地区和西北、西南的重要枢纽。其矿产资源极其丰富，产能潜力巨大。

陕西省矿产资源丰富且质量好，可满足中长期发展的需要。已探明储量矿种91个，储量位居全国前10位的有57种。其中煤位居全国第三位，天然气位居全国第二位。位居国内第三位的煤炭探明储量2700多亿t。煤种较齐全，其中侏罗纪煤田属特低灰、特低硫、低磷，中高发热量的"环保"煤，是优质动力和化工用煤，特别是陕北神府煤田，储量达1600亿t，煤层厚、埋藏浅、易开采，是世界上少有的优质动力煤田。目前陕西已探明天然气储量3100亿m^3，预测资源量60 000亿$\sim$80 000亿m^3，气源中心主储区在靖边、横山两县，是目前我国陆地上发现最大的整装气田，同时每年开采天然气22亿m^3。

该省重大项目建设成效显著，从2006年起全省重大能源化工项目建设积极推进，一大批重大项目建成投产，支撑能源产业快速发展。建成大型现代化煤矿29个，其中千万吨级煤矿达10个。石油新增探明储量9亿t，天然气新增探明储量3983亿m^3。2006$\sim$2010年，全省新增原煤产能约1.5亿t，煤炭产能居于全国第三位；新增原油产能1513万t，天然气产能70亿m^3；能源化工产业支撑带动作用更加突出。全省能源化工产业实现又好又快发展，有力地促进了全省经济较快增长。2010年，全省煤炭产量3.61亿t、石油产量3017.28万t、天然气产量223.47亿m^3。

（六）宁夏回族自治区

宁夏是中华文明的发祥地之一，位于"丝绸之路"上，历史上曾是东西部交通、贸易的重要通道，作为黄河流经的地区，这里同样拥有古老悠久的黄河文明。该区矿产资源丰富，已探明储量的矿种有34个。主要矿产资源有石膏、煤炭、石油、天然气、石英岩、石灰岩、重晶石等。其中最具优势的矿产为煤炭、石膏、耐火粘土、冶镁白云岩、石灰岩及硅质原料等矿产。石膏矿藏量居中国第一，探明储量45亿t以上，一级品占储量的一半以上。目前新型且洁净的能源如地热、煤层气也正在积极勘查开发之中，全区矿产开发及矿产品加工业占工业总产值的1/3，是全区的支柱产业。

宁夏煤炭资源丰富，累计探明储量达313亿t，位居全国第六位。预测资源量1700亿t。人均占有储量仅次于内蒙古和山西，居全国第三位。仅灵武煤田探明储量达270亿t。宁夏的煤种较齐，全国10大煤种而宁夏有9种。其中优质无烟煤—太西煤，以"三低六高"（低灰、低硫、低磷、高发热量、高比电阻率、高块煤率、高化学活性、高精炼回收率及高机械强度）的特性享誉世界，是世界上少有的优质无烟煤，是我国出口创汇率最高的煤种，其保有储量达 46亿 t。另外，宁夏石油勘探取得新突破，新探明石油地质储量 2396 万 t。

　　2010 年，宁夏回族自治区一次能源生产总量 4973 万 t 标准煤（等价值），是 2005 年的 2.52 倍，能源供应能力显著增强。煤炭产量达 6808 万 t，是 2005年的 2.56 倍，煤炭产量占全国的份额由 2005 年的 1.17％提高到 2010 年的2.09％，占全区一次能源的比重达 99％，发挥了重要的支撑作用。新增电力装机容量近 1000 万 kW，发电装机容量成倍增长，是 2005 年的 2.7 倍，发电量为603.76 亿 kW·h，比 2005 年增长了 95.6％，发电量占全国的份额由 2005 年的1.25％提高到 1.45％。原油产量达 42 万 t，比 2005 年增加了 31 万 t。

　　西北能源富集区集聚着我国大部分能源资源，各个省份无论是探明量还是可开采量在我国均名列前茅，这一地区国内生产总值较高，经济发展速度较快。然而，西北能源富集区生态资源贫瘠，生态环境脆弱，经济增长过分依靠能源化工产业，发展的"资源代价"较高，可持续性较差。

1.2　西北能源富集区发展现状

1.2.1　能源富集区发展的一般规律

一、能源富集区经济发展的四个阶段

　　根据世界能源富集区的发展情况，可将能源富集区的经济发展分为四个阶段，不同的发展阶段具有不同的经济发展特征（图 1-2）。

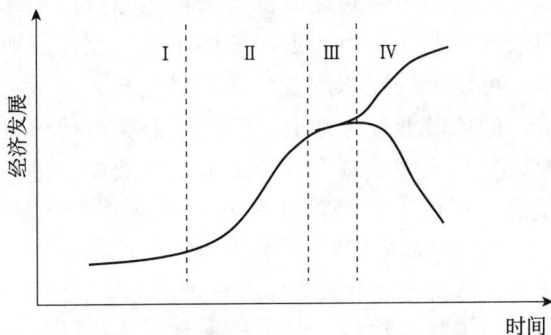

图 1-2　能源富集区经济发展四个阶段

（一）第一阶段：准备阶段（Ⅰ）

在大规模资源开发之前，能源富集区的农业、工业和服务业均衡发展，依赖其传统经济发展优势保持了较低的增长速度。

（二）第二阶段：起飞阶段（Ⅱ）

大规模开发能源资源之后，能源富集区凭借其能源优势，在能源产业方面获得快速发展，形成以能源为主导产业的地区经济发展优势。能源产业规模急剧扩大，产业链开始延伸，产业结构逐步优化，并带动地区其他产业的高速发展。因此，能源富集区产生并保持了远超周边非能源富集区的经济发展增速。

然而，从这个阶段开始，一方面，能源富集区将不能不面对"资源诅咒"的威胁；另一方面，因能源开采而产生的环境问题、资源利用问题等开始涌现。

（三）第三阶段：转折阶段（Ⅲ）

这是能源富集区经济社会发展的重要转折期。在能源被大量开采之后，资源枯竭之前，能源富集区的"资源诅咒"威胁越来越严重，对地区发展的瓶颈限制越来越突出，经济发展面临转型挑战。同时，在这一阶段，受益于能源产业的规模效应及产业创新与升级等，能源富集区经济发展成果丰硕，人民生活水平大幅度提高，社会建设发展也突飞猛进。然而，祸福相依，能源富集区必须充分认识到地区经济长远发展的重要性与紧迫性，必须为资源枯竭之后的地区经济发展做好充分准备，也就是说，要在保持能源产业高歌猛进的同时，大力推动经济发展转型，着力为经济社会可持续发展保驾护航。此外，在这一阶段，能源产业对生态环境的破坏愈发严重，空气污染、水污染、地表塌陷等问题不断涌现，人们生存的环境不断恶化，成为地区亟待解决的突出问题。

（四）第四阶段：可持续发展阶段 vs 衰退阶段（Ⅳ）

这一阶段的发展受制于能源富集区在第三阶段的路径选择。

经济发展转型与否成功关系到能源富集区在能源资源枯竭之后能否继续保持快速增长，国内外的经典案例也无数次证明了这一点。能源富集区在推动经济发展转型过程中，可以依赖能源产业带来的资金与人才优势，以及地区经济发展的传统优势等，向旅游业、金融业、现代农业等可持续发展产业转型。这种转型将形成对地区各种人力、资金等资源的集聚效应，进一步支撑能源富集区的高水平快速发展，形成地区经济的发展引擎及可持续发展的重要实践者。与此相反，一些地区在第三阶段对经济转型重视程度不够，导致第四阶段人才、资金等要素严重流失，经济发展陷入停滞，严重的甚至会出现经济衰退。

西北能源富集区数十年来保持了较高的增长速度，这一切受益于能源产业的纵向延伸和深度拓展。整体来说，仍处于第二阶段，也就是起飞阶段，但已经逐步逼近过渡阶段。一些能源产业发展较早，对生态环境破坏较大的地区正处于经济转型的关键时期，必须抓住历史机遇，做好地区经济发展的长远规划与政策支持，推动地区的可持续发展。

二、能源富集区发展的一般规律

能源富集区凭借其能源优势，经济总量增长较为迅猛，但此类地区经济增长过分依赖能源产业，导致能源过度开采，使得其生态环境压力巨大，生态平衡遭到严重破坏。同时由于其他产业发展缓慢，经济转型面临着严重的路径依赖，很难跳出能源产业独大的畸形发展结构。随着能源的逐渐枯竭，经济将会出现停滞甚至严重的倒退，陷入"资源陷阱"。

能源富集区是以能源为依托的一类特殊的资源型区域，其能源型产业在工业中所占比重较大，能源富集区的发展不仅要受到能源储量的约束，而且还要遵循区域内能源型产业的发展规律。能源富集区发展具有独特的规律，主要表现在以下几个方面。

（一）能源型产业边际效益递减规律

能源富集区的发展主要是依靠能源的开发，在能源开发的初始阶段，一般选择能源丰富、埋藏浅的易开采区，但是随着能源储量的减少和开采成本的增加，能源开采将逐步转向难采区，当能源富集区的能源型产业进入衰退期后，其边际收益是递减的。经过大量粗放式的开发利用，不合理的资源开发、超生态环境负荷运转诸多问题，已经使这类区域的可持续发展岌岌可危。再加上我国能源资源空间布局具有明显的双重不平衡性，表现为能源富集区、生态脆弱区与农业发展落后区的空间重叠性，与经济消费中心的空间错位性。这种双重失衡极大地增加了能源富集区发展转型的复杂性，增大了区域整体发展成本。

（二）区域建设与能源开发同步规律

能源型产业建设是能源富集区的主导产业，能源富集区是依靠能源开采而兴起的，其区域工业化建设也是随着能源开发而展开的。

首先，从能源富集区经济发展中主导产业转移和结构转换的一般趋势看，产业结构单一，产业链条短，绝大部分经济贡献来源于原始资源的挖掘和开采。能源重化工业的发展总体上大于轻工业。

其次，从市场需求看，能源原材料产品国内市场广阔，供不应求的趋势将长期存在。在全国需要大量进口工业原材料的情况下，能源富集区重点发展能源重化工产业，其进口替代、平衡外汇的作用是显著的，也给区域发展积累了大量的开发资金。再次，由于国家战略向基础工业倾斜，其区域建设基本是围绕能源开发同步进行。能源富集区在经济开发中，最终形成能源重化工产业为主体的发展模式，这是一种畸形的发展模式。

（三）总体效益递减的规律

随着能源开采的不断深入，能源富集区会出现能源开采成本递增和边际收益递减的现象。然而能源富集区产业创新的总体效益不仅指经济效益，还包括社会效益和环境效益。在开采后期，能源富集区的经济会停滞不前，环境遭到严重破坏（土壤侵蚀、湿地萎缩、水源涵养能力下降、土地沙化、沙尘暴、盐渍化、土壤贫瘠化、珍稀动物减少）；社会发展缓慢，行业分配不公、矿难频发、民族冲突等会导致经济、社会、政治、民族、生态环境的问题相互交织，相互影响，致使社会矛盾错综复杂。因此，经济效益、环境效益和社会效益都会出现递减的现象，能源富集区会出现总体效益递减的现象。

（四）最终衰退规律

能源富集区依托能源产业为基础的发展特点，随着能源枯竭和开发难度的增加，势必出现上述边际收益和总收益递减的现象。如果能源富集区经济发展不能及时转型升级，不能走出"资源诅咒"的路径依赖，能源富集区的发展就必然会走向消亡。能源富集区消亡的方式是随着能源的开采，能源富集区的能源储量会越来越少，开采难度越来越大，能源型主导产业出现收益递减，原本存在的能源优势逐渐丧失，同时十分脆弱的自然生态环境遭到严重破坏，经济发展的环境成本逐渐上升。能源富集区虽然积累了大量的资金，但是由于其他产业发展相对缓慢，再加上人力资本和科技创新的缺失，相关产业很难发展起来，经济发展只能依赖能源型产业。这样能源富集区最终会随着能源的枯竭而变成一座不适合人类居住的"孤城"，最终走向衰退。

因此，对于那些对能源高度依赖的资源型区域，如何在先天不稳定性和脆弱性下，打破能源富集区的常规发展规律，实现能源、环境与经济的可持续发展是一个重大课题。

三、能源富集区经济发展失衡的一般解释

根据以上种种事实，许多学者开始审视自然禀赋与经济增长之间的关系，一些学者提出了"资源诅咒"的概念以概括两者之间的不协调现象。国内外学者对经济发展中的"资源诅咒"问题进行了检验，并总结了"资源诅咒"的传导机制，并对此问题作了文献综述。国内学者不仅关注了资源禀赋与经济增长的关系，更多工作集中在区域发展的资源环境基础评价、资源富集地区产业结构的"锁定效应"、资源区与经济中心形成的"核心—边缘"结构、资源开发区"二元生产系统"等方面，突出经济、社会、环境之间的矛盾及地区之间的差异，这些问题也可以看成是"资源诅咒"现象的一部分。

能源是经济发展的重要基础之一，尤其是对一些发展中国家，出口能源密

集型产品是这些国家和地区积累资本的重要手段。然而，越来越多能源丰裕的国家陷入了"增长陷阱"。同样，在国家内部仍存在一些能源富集区没有因优越的能源禀赋而走上快速发展的道路。西部大开发战略的实施和一些重点工程的建设促进了西北地区的发展，一些资源富集地区，如陕西、内蒙古、新疆等地，资源开发活动日益升温，但居民收入增长缓慢、社会发展滞后、环境保护问题也日益突出，部分地区将"大开发"变成了"大开挖"。近几年煤炭、石油、天然气资源丰富的陕北地区县域经济突然"爆发"，使得该地区在社会经济快速发展中出现了一些亟须协调的问题，一些"财政大县"的县、区却仍是"贫困县"，资源开发区生态环境被破坏等。显然，优越的资源禀赋与缓慢的经济发展之间的不协调所形成的诸多区域问题是建设和谐社会的一个主要障碍，更严重的是这种不协调往往与生态治理、贫困问题交织在一起，成为国家和区域可持续发展必须面对的问题。打破能源富集区常规发展的"资源诅咒"，首先要清楚认识资源富集区的发展不协调现象本质原因。

（1）制度因素和宏观经济环境（制度安排、发展战略、区际贸易与资源价格、宏观经济区位、中央企业本地化、寻租与腐败）造成了资源权属纠纷频繁，资源重开采、注重使用，而忽视保护、管理；国有企业代表国家进行资源开采占主导地位，地方参与程度较低；资源富集区地方发展唯 GDP 导向，资源型产业突进，而对整个产业体系优化和生态保护等问题难以找到合适的突破口。

（2）经济基础、配套开发环境是在区域层面上限制资源优势发挥的主要因素。资源富集地自身条件限制包括：①资源富集地区往往地处偏远，远离经济中心和市场，区位通过市场可达性、交通成本与技术扩散成本等对经济增长产生影响。②生态环境脆弱，污染治理水平较差。资源开发加大了生态环境的压力，易破坏难修复。

（3）原有经济基础薄弱，资金、人才缺乏，容易形成单一的产业结构和区域二元生产系统。这些因素限制了区域资源优势的发挥和经济整体发展面临的选择。

（4）资源开发模式影响。有两种主要形式：一种是小规模运作，经济活动和就业有强烈的本地联系；另一种是非本地跨国公司或中央直属企业开采资源，具有资本密集、高度专业化等特征，但主要经济联系（增加值、利润流动、服务、设备等）并非本地化。前者更有利于地方发展，但后者通常是资源开发的主导模式，原因在于资源开发和运输需要规模经济。

（5）能源富集区的利益诉求与持续发展。能源富集区"靠油吃油"、"靠矿吃矿"，在自身发展的过程中，形成了富有特色的工业体系和产业结构。然而其短期利益诉求与长期持续发展在经济结构和社会民生方面会存在一定的矛盾。单在能源开采领域，来自国家、地方和当地居民等不同利益主体间也会存在一定的利益博弈，这也决定了资源富集区的发展不协调现象的合理性与复杂性。

1.2.2 西北能源富集区发展特征和功能定位

一、西北能源富集区发展基本特征

西北能源富集区自然资源种类丰富、资源储量大、品位高且开采难度低，通过对能源资源的粗放式开发利用，西北能源富集区能源化工产业取得了巨大的成就，但是其他产业发展相对缓慢，且生态环境破坏严重，生态系统十分脆弱。西北能源富集区经济发展的基本特征如下[①]。

（1）能源富集性。西北能源富集区的能源十分富集，特别是煤、石油、天然气等关系国计民生的能源种类齐全，其储量居全国乃至世界的前列；能源矿产品位高，富矿比重大。

（2）经济落后性。西北能源富集区经济发展比较落后，地方财政自给率低，农民人均收入水平偏低，是我国贫困人口较为集中的地区。经济发展对能源产业普遍具有严重的依赖性。

（3）环境敏感性。西北能源富集区生态脆弱、森林覆盖率低、植被稀少，土地荒漠化、沙漠化严重，生态环境一旦遭到破坏，恢复的难度特别大且成本很高，将威胁到整个社会的正常活动和经济的可持续发展。由于资源开发、经济建设、基础设施建设等进入快速发展时期，其生态境变化处于关键期，环境保护尤为重要。

（4）生态脆弱性。西北能源富集区是中国典型的生态脆弱区。西北能源富集区主要分布在高寒缺氧的青藏高原、西北内陆戈壁沙漠地带、云贵高原多山地带及干旱少雨、灾害频繁的黄土高原等生态环境脆弱区。上述区域均面临土壤侵蚀、湿地萎缩、水源涵养能力下降、土地沙化、沙尘暴、盐渍化、土壤贫瘠化、草场退化、珍稀动物减少等问题。

（5）社会复杂性。西北能源富集区城乡差距的扩大，生态环境的恶化，行业分配的不公，矿难的频发，民族的冲突等问题相互交织、相互影响，使社会矛盾错综复杂。

（6）致富迫切性。能源富集区相当比例的县属于国家重点开发扶贫县，群众生活水平比较低，脱贫致富愿望迫切，由于地方政府财政能力较差、经济自我发展能力尚弱，对资源开发的要求是迫切的、强烈的，且往往以资源开发及资源型产业作为经济增长点和支持 GDP 高速发展的基点。

---

① 谷树忠等：中国欠发达资源富集区的界定、特征与功能定位，《资源科学》2011 年第 11 期，第 10～17 页。

二、西北能源富集区产业功能定位

我国能源资源的分布严重不均，经济发达能源消耗量大的东部（含部分中部）地区能源资源贫乏，能源供需矛盾突出。经济欠发达的西北地区是我国能源富集的地区之一，尤以煤炭、石油、天然气等享誉海内外。西北地区四大盆地石油总储量为 281 亿 t，占全国总储量的 27.6%，煤炭资源占全国的 61.9%，天然气预测储量 23 200 亿 m³。丰富的能源资源和较好的开发条件，使新疆、青海、甘肃、宁夏、陕西等省区成为我国能源发展的重要省份。西北能源富集区是国家的能源重化工基地，西煤东运、西气东输、西电东送等项目具有全国性的战略意义。

（一）国家资源安全保障的主力区域

资源安全是指的一个国家或地区可以持续、稳定、及时、足量和经济地获取所需自然资源的状态或能力。西北能源富集区资源特别是矿产资源、能源资源等关系国计民生的资源富集。长期以来，西北能源富集区资源的开发利用，保障了国家资源供给的安全，为我的经济快速发展奠定物质基础和提供资源保障，许多地区已发展成为我国石油、天然气、煤炭等能源资源和金属矿等重要的矿产资源基地和战略储备区，其发展直接关系到国家资源安全、特别关系到国家能源及重要矿产资源安全。因此，西北能源富集区是保障国家资源安全的主力区域，在保障国家资源安全中的地位和作用与日俱增。

（二）国家生态环境安全保障的重点地区

西北能源富集区是我国经济社会可持续发展的生态屏障，承担着生态环境保育、水源涵养、防风固沙、生物多样化保护、土壤保持等生态功能，是国家生态环境安全保障的重点地区。西北地区的生态文明建设关系到我国整体的生态安全，影响整个国家生态文明建设的进程。

（三）国家社会经济可持续发展的重要实验区

西北能源富集区社会经济的发展关系到我国扶贫开发的大计，也关系到我国全面建成小康社会奋斗目标实现。作为国家可持续发展实验区的西北能源富集区，依靠科技进步、机制创新和制度建设，全面提高自身的可持续发展能力，在实施国家可持续发展战略、推进区域可持续发展中发挥了示范和带动作用。例如，喀什被列为国家可持续发展实验区，西北能源富集区逐渐成为国家社会经济可持续发展的重要试验区。

（四）区域发展资源环境规制的试验区

规制是政府或其特定部门，对企业及家庭、组织等行为，依据特定规定进行特定的约束。资源环境规制，就是指政府、特别是中央政府，对包括能源环境开发、利用、经营等行为进行约束，并将资源环境作为规制手段，对企业、地方政府及其他社会组成部分的经济社会行为进行约束，以使之更符合国家利益、公共目标和社会需求的行为。西北能源富集区经济社会发展进入关键期，资源环境安全面临严峻的挑战，迫切需要政府将该地区作为国家区域发展资源环境规制的实验区，对资源环境开发、利用、经营等行为进行约束，实现区域可持续发展。

1.2.3 西北能源富集区发展现状

一、西北能源富集区发展优势

西北地区幅员广阔，地质构造复杂，地貌类型多种多样，蕴藏着大量能源资源，各类能源的储量都相当丰富，为我国的能源工业发展提供了极为有利的条件。西北能源富集区油气资源优势凸显，从而使西北油气资源型城市（镇）资源保障能力提高，可持续发展赢得了时间和空间。"十二五"期间，国家以"稳定东部、加快西部、发展南方、开拓海上"为原则，加强西北油气资源开发，以鄂尔多斯盆地、准噶尔盆地、塔里木盆地、柴达木盆地等为勘探重点。西北能源富集区能源化工产业发展较快，资金雄厚，技术设备、人才较为充足。

（一）资源保障能力优势

首先，石油资源优势。在我国东北地区石油产量和华北地区石油产量持续下降的背景下，西北地区石油产量却以年均近7%的增幅逐年快速上升，处于勘探中早期的鄂尔多斯盆地、塔里木盆地、柴达木盆地和准噶尔盆地等进入规模生产的高峰期。其次，天然气资源优势。西北地区天然气探明储量、产量的上升为西北能源富集区利用天然气发展经济提供了资源支持。近年来我国西部天然气储量呈不断上升趋势。再次，非常规天然气资源优势。西北能源富集区在我国非常规油气资源领域十分重要。鄂尔多斯盆地、四川盆地、柴达木盆地、塔里木盆地及准噶尔盆地等拥有大量致密气，最后，甲烷水合物。青海祁连山发现远景储量达到350亿t油当量的甲烷水合物，能够满足中国近90年的能源消耗，此发现在能源史上的意义仅次于大庆油田。

（二）油气产业基础优势

已有油气资源开发基础、开发规模与油气开发基地建设，使西北能源富集区油气资源型城市（镇）可持续发展具有一定的产业基础和基础设施支撑。西北能源富集区在我国石油、天然气以及配套产业发展、工业基地建设等方面的重要地位日渐显现。鄂尔多斯盆地综合能源基地、蒙东综合能源基地、新疆综合能源基地等成为我国"十二五"时期重点建设的"5+1"的能源开发格局组成部分。新疆"十一五"末期，新疆油气当量超过 6000 万 t，成为我国第一大油气产区，乙煤、对二甲苯、尿素、聚氯乙煤生产能力得到提升，大乙烯、大聚酯、大芳烃石化产业链的发展使其成为我国最大的石油天然气加工基地；而且新疆将建设我国最大的油气生产基地、炼油化工基地、石油储备基地和工程技术服务保障基地、西部油气战略通道（中亚—俄罗斯油气资源战略通道）。塔里木盆地拥有我国最大的海相亿吨级大油田——塔河油田。2011 年，陕西油气当量合计突破 5000 万 t，长庆油田确定建成"西部大庆"目标。作为西气东输、西油东送的大通道和西部重要的管廊带、中亚油气资源进入中国内地的中转站，甘肃在中国能源战略大通道的地位日益显现。陕甘宁盆地是我国目前最大的天然气产区。蒙陕甘宁能源化工"金三角"油气资源与其他能源资源富集，是我国唯一可集中开发的国家特大级能源基地，天然气产量占全国总产量的 25%，油气当量几乎占全国的 1/8。鄂尔多斯盆地天然气、煤层气资源探明储量均居全国首位。国家石油储备基地选址甘肃、新疆等地，西部地区将成中国重要的石油储备基地。

二、西北能源富集区发展存在的问题

尽管西北能源富集区发展具有良好的资源优势与产业基础优势，但是仍面临产业、企业、人口与环境等方面的现实问题。

（一）产业结构、经济结构单一，第三产业、民营经济发展滞后

西北能源富集区普遍存在产业结构不合理的特征，产业单一，油气产业"一业独大"、比例偏大，接续、接替产业发展滞后，民营经济不够发达；而且服务业比重偏低，多元化的产业结构没有形成，可持续发展缺乏合理的产业结构支撑。我国资源型城市矿产资源开发的增加值比全国平均水平约高一倍（约占全部工业增加值的 25%），第三产业比重比全国平均水平低 12 个百分点，西北能源富集区的第三产业比重普遍更低。如 2011 年克拉玛依市、庆阳市、延安市三次产业比重分别为：0.66%：86.68%：12.67%、14.39%：59.96%：25.64%、7.56%：70.84%：21.6%。另外，国有经济在经济结构中占绝对主导地位，民营经济很难进入油气开采业和石油化工等主导产业。

（二）支柱企业单一，地企矛盾复杂尖锐

西北油气资源型城市（镇）的支柱企业基本上都是中国石油或者中国石化的下属企业，还有少量其他类型企业，如延长石油集团公司等，支柱企业类型单一，支柱企业数量不多甚至"一城一企"，存在"一企独大"、"大企业小政府"等现象；支柱企业发展与当地经济的融合度不高，地企矛盾常态化甚至不断被激化。油气资源型国企与当地企业争资源、争地盘、争项目等现象时有发生，公共设施、基础设施、社会事业重复建设现象突出，产权分歧严重，当地

破坏油气资源型国企生产、生活设施的事件时有发生，地方政府在油气服务保障、基础支撑、社会管理、维护稳定等方面消极作为。有的油气企业跨度很大，如长庆油田公司横跨陕西、甘肃、宁夏、山西、内蒙古五省（区）的15个地（市）、61个县（旗），生产基地（油气区）主要涉及西峰、定边、凤凰山、靖边、榆林、苏里格等地，生活基地主要分布在庆阳、延安、银川、咸阳、西安等地，加大了地企矛盾协调难度。

近年来油气资源大型国有及国有控股企业跨区域重组、整合、发展，加快了西北能源富集区与支柱油气企业的分离步伐，企业政府职能、社会职能不断弱化。另外，由于西北能源富集区的管理职能、城市（镇）建设配套措施滞后，致使油气资源型国企与当地矛盾不断升级。油气资源型国企国际化战略实施后，有的新产业与其所在城市（镇）关联度不高，企业工业增加值对当地经济社会贡献率低，对当地经济社会发展的带动作用相对有限。

（三）人口结构失衡，劳动就业渠道单一

西北能源富集区大量从业人员集中在油气产业以及相关产业，人口结构、劳动就业结构、专业技术人员分布具有明显的第二产业倾向性，人口中的二元结构特征明显。随着油气资源开发规模的变化，油气产业优势降低，第二产业倾向性的从业结构形成新的就业压力。同时支柱油气企业重组、改制也给西部油气资源型城（镇）形成新的就业压力。

（四）生态环境问题突出，保护治理成本巨大

由于缺乏有效的约束机制，环境影响评价等制度落实不到位，油气企业粗放式发展过程中伴随环境负外部性，生态环境恢复治理成本外部化现象严重，致使西北能源富集区生态修复与环境治理成本加大。油气企业油气勘探、开采中造成的水位沉降漏斗、土地盐碱化、破坏地下水系等环境污染和生态破坏行为十分严重。部分国有油气企业安全事故频发，环境污染严重。中小规模油气企业环境问题更为严峻，环境成本外部化现象十分突出，二氧化硫和COD排放量超过环境承载能力。此外，西北能源富集区还具有城市（镇）基础设施落后、城市（镇）经济发展与国际油气价格波动关联强性、社会问题复杂、城市布局分散且不合理等现状。

西北能源富集区以能源产业为主，资金雄厚。然而产业、经济结构单一，支柱产业单一、人口失衡、劳动就业渠道单一等问题在西北能源富集区日益尖锐，该区域经济发展急需转型，加之生态环境问题突出，西北能源富集区发展过程中必须要实现经济与生态的平衡发展，必须寻求多元经济增长模式，改变对能源工业依赖过高的状态。

农业的发展在一定程度上既可以改善西北地区生态环境的现状，也可以带

动和促进西北能源富集区经济发展多元化，促进产业结构转型及提高社会管理水平，农业在西北能源富集区发展中的必要性日益凸显。

　　发展现代农业是西北能源富集区综合其自身发展优、劣势的理智选择。同时能源产业可以为现代农业的发展提供大量的资金、技术、管理等方面的支持，能源化工产业已经具备反哺农业的能力，这为西北能源富集区发展现代农业提供了相当便利的条件。

第2章 ｜ 西北能源富集区发展现代农业的
必要性、特殊性与可行性

西北能源富集区是我国重要能源聚集地，拥有丰富的能源储备，但在发展的过程中也出现了过度依赖资源的问题，产业结构单一，贫富差距大，尤其是农民增收困难。"资源陷阱"似乎成了西北能源富集区的通病，如何转型升级是摆在西北能源富集区面前的重大问题。同时西北能源富集区又是国家重点生态安全保障区域，其生态环境的保护直接关系到我国的生态安全。发展现代农业是兼顾经济转型、生态安全和农民增收三大难题的理想选择。

2.1　西北能源富集区发展现代农业的必要性

土地的自然质量不仅取决于形成土壤地质条件，也取决于地理位置所决定的地形、地貌和温、光、水、热、气等因素。这在很大程度上决定了一个地区农业生产类型、方式、和技术选择，从而使农业生产表现出强烈的区域化趋势，具有明显的地域分工特点。西北能源富集区大都土地广袤、人口稀少。土地的数量往往不是其农业发展的主要制约因素，而土地的肥力低、水土条件差、质量不高，某些煤矸石充填复垦区土壤，随着覆土年限的增加，许多重金属元素都高于正常值，煤矸石山的堆积、淋溶和粉煤灰贮灰场的存在对周边土壤造成了一定程度和范围的重金属污染。能源开采区土壤已经受到了来自煤矿开采、煤矸石充填等活动的影响。由于干旱区特点和能源开采带来的水资源匮乏和水质下降，土地、气候、水质等自然条件往往是这些地区农业发展的重要瓶颈。

农业生产不仅受自然条件的强烈影响，而且也反过来对自然环境产生重大影响。由于农业生产主要在广袤的田野上进行，农业对自然资源的影响不仅仅限于农业生产本身的环境，而且直接影响人类的生活环境以及其他部门的生产环境。西北能源富集区本身生态环境的脆弱性决定了其发展农业不能再走高资源环境依赖的老路。发展以技术创新驱动和节水节地为主要特征的现代农业成为西北能源富集区农业发展的必然选择。

能源富集区特殊的自然环境、经济结构、发展路径和社会环境决定了其农业发展的必要性。

2.1.1　发展现代农业是经济协调可持续发展的必然选择

能源工业是国民经济的命脉之一，能源富集区以能源开采加工业为引领，经济取得快速发展。但是高度集中发展的能源产业却削弱了其他产业对经济的带动作用及竞争力，这种以削弱其他行业发展为代价使资源型产业在繁荣时期膨胀发展的经济现象被称为"荷兰病"。我国西北能源富集区在发展的过程中不同程度地面临着"荷兰病"的困境。

不平衡增长理论指出,从资源有效配置的角度看,在工业化发展初期应把有限的资源分配于最有生产潜力的产业中(在能源富集地区,优越的能源禀赋为能源化工产业的优先发展提供了强大的起步基础和生产潜力),通过这些产业的优先发展,来解决经济发展的瓶颈(如农业相对落后,工业投入不足、高端服务业等)问题,并通过经济的发展来带动其他产业的发展。而当经济发展进入高级阶段时,从工业化和快速发展的角度来看,国民经济各部门的发展需要做出一定协调,使其保持一定的均衡,因而平衡增长就成为必然。

能源富集区依靠能源化工产业带动整个经济快速增长,经济发展到较高的水平。然而过于单一的工业体系往往会造成经济结构的不合理、经济发展的不可持续、社会建设的滞后,造成经济、社会处于非均衡状态。工业化的快速发展造成农业部门在经济发展过程中的份额不断下降,工业和服务业的发展客观上导致作为国民经济基础产业的农业的式微。传统农业本身的孱弱决定了其不可能在现代化过程中对经济、社会的可持续发展产生推动作用,能源富集区的农业必须走科技引领、工农互补、产业推动、节水节能的现代农业发展之路。能否摆脱"资源诅咒"和"荷兰病"的困扰,实现经济、社会的可持续发展,是能源富集区面临的重大发展问题。如果处理不好,有限的资源开发带来经济短期的非理性繁荣之后,资源枯竭背景下能源富集区所隐现出来的经济结构单一、发展后劲不足等一系列问题就会集中爆发,使该地区陷入"资源诅咒",导致经济的长期衰退。因此,以能源化工产业为依托,带动包括农业在内的多产业协调发展,构建健康合理的经济结构,是实现能源富集区经济可持续发展的根本途径。发展高技术含量高产品附加值的现代农业也就成为能源富集区经济协调可持续发展的必然选择。

2.1.2 发展现代农业是农业技术进步的内在要求

在工业化不断发展的背景下,农业发展一直得不到足够的重视。客观地讲,在我国西北地区尤其是能源富集地区,受自然禀赋和传统观念的影响,农业部门长期发展缓慢,对农业仅有的资源配置也不是为了提高经济福利,而是用来支持工业增长,保障城市人口的生理需求。由于我国二元经济结构依然明显,城乡发展极不平衡,还有大量的农业人口存在,特别是在西北能源富集区,这种现象依然十分明显。能源工业与传统农业的要素报酬率差距巨大,也使得贫富差距悬殊,造成工农、城乡发展极不均衡,这不仅仅是一个经济发展隐患,更是一个广泛的社会隐患。要解决这一问题,就必须大力发展农业和农村经济,使农业摆脱长期滞后、从属于工业的尴尬，实现内生增长。通过农业和农村的发展，缩小农业部门与工业部门生产率的差异，缓和不断拉大的城乡收入和福利差距，平衡经济结构，促进城乡发展一体化。正如发展经济学家迈耶在 20 世纪 80 年代所指出的："如果在过去发展的几十年中，农业发展具有工具价值，那么在未来几十年里，它必须具有本身的内在价值。"也就是说，如果在过去的经济发展阶段中，传统农业扮演的是为工业部门提供生产资料和原材料的工具，那么在今后的发展中，现代农业要成为能与工业部门并驾其驱的内生经济增长极。

虽然舒尔茨在 20 世纪 60 年代就提出了改造传统农业，但我国西北能源富集区许多地区的农业依旧是原始的、简单的传统农业，或者处于传统农业向现代农业的过渡阶段。传统农业的特点是劳动力充裕、资本稀缺、生产规模狭小、农民文化水平和技术水平低下。在工业化背景下，传统农业已经难以承担作为实现全面协调可持续发展重要一极的角色。传统农业的技术停滞产生的后果就是农业生产率低下和农民生活贫困，因此改造传统农业必须引入现代生产要素，走技术进步的道路。所谓农业的技术进步，是指一个固定数量的农业资源能够生产出更多的农产品或者一个既定数量的农产品只需要比以前更少的农业投入，只有从提高生产力和调整生产关系两方面着手，实现农业生产管理技术的创新、农业生产组织形式的变革，才能促进农业技术的进步。在西北能源富集区，水资源与土质、技术与农业从业人员素质是限制农业发展的重要因素。要想实现农业技术进步，就必须摆脱对资源环境的过度依赖，更多地依靠技术创新和人力资本提升来实现农业现代化，而发展现代农业既能提高农业生产率、降低资源消耗，促进工农业协调发展和"资源节约"、"环境友好"，又能实现资源集约化、分工专业化、生产机械化、管理科学化，从而促进农业技术进步。因此发展现代农业是农业技术进步的内在要求。

2.1.3　发展现代农业是能源富集区城乡发展一体化的必经之路

发展中国家经济发展的一个突出特点，就是农业一直是经济、社会发展链上最为薄弱的环节。农业主要作为提供生活资料的部门，其使用工具长时间变化缓慢，生产力水平长期处于较低的均衡状态。在工业化的过程中，由于资源的工业化转移，导致农业生产剩余日益捉襟见肘，粮食供给无法跟上粮食需求、农业部门日益衰败、城乡差距日益拉大……由此逐渐形成了刘易斯所称的"二元经济结构"。西北能源富集区依托资源优势，优先发展具有较高增长率的工业部门（主要是能源化工等重工业部门）、城市部门。利用政府对资源的配置能力，把资源由低生产率部门转向高生产率部门，使得能源化工产业迅速崛起。一方面，快速推动了整个经济的发展，有效改善了城市和工业部门的境遇；另一方面，也加速了农业部门的衰败和城乡两极分化，进一步强化了二元经济结构。

根据刘易斯的二元经济理论，城乡均衡发展或二元结构的一元化，不是城乡之间的融合（因为资源均衡的空间分布是违背经济规律的）。一元化或一体化最本质的问题是农业与非农部门要素投资收益率的趋同——"化"的对象是离散的部门要素收益率；"化"的目标是部门之间要素收益率的趋同。因此城乡一体化的基本目标是离散的城乡收入的收敛乃至趋同，经济发展的结果是农业与非农部门要素收益率的趋同，即一元经济的形成。由于行业特点与制度性安排等原因，能源行业有着很高的要素收益率。能源富集区农业基础十分薄弱，从发展阶段来看，仍然处于从传统农业过渡到现代农业的起步阶段。从经济角度而言，依照一般均衡理论和二元经济转化理论的看法，城乡发展一体化的中心工作应是实现农业投资收益率对城市部门的追赶。而"贫穷而低效均衡"的传统农业，无法完成其投资收益率对工业部门的追赶。于是改造传统农业，为使其成为具有更多现代要素投入、更高要素报酬率的现代农业，就成了城乡发展一体化的关键议题，发展现代农业也成为能源富集区城乡发展一体化的必经之路。

2.2 西北能源富集区发展现代农业的特殊性

能源富集区依靠资源禀赋在能源化工产业取得了巨大的成就，能源经济得到快速的发展。但与剧增的能源经济相比，能源经济与地方产业关联度小，农村和农业发展缓慢，西北能源富集区产业结构发展的独特性，使其农业发展也呈现出特殊性。

2.2.1 资源型产业的挤出效应明显

资源型产业的挤出效应削弱了能源富集区的总体竞争力。经济学认为资源是稀缺的，如何将有限的资源配置到国民经济各个部门，实现经济社会的协调、可持续发展是经济学尤其是发展经济学研究的核心命题之一。西北能源富集区在资源型产业具有比较优势，按照市场经济规律，生产要素将向收益高的部门聚集，自然会吸引投资向资源型行业集中。能源富集区在资源型产业的投资比重过大必然会在一定程度上"挤占"农业等其他产业发展所需的技术、资金、人力资本等要素投入，使能源富集区的经济发展陷入进一步依赖于能源开采业和资源型产品加工业的循环之中，而农业、决定现代区域竞争力的制造业及高新技术产业始终处于被动和从属地位，从而陷入"资源诅咒"，一方面，这些产业的弱势地位加剧了能源富集区产业结构的不合理程度；另一方面，又进一步拉大了能源富集区与全国及发达省份之间的相对差距，最终便能源富集区的可持续发展能力和综合竞争力处于较低水平。

2.2.2 能源工业对资源的分流加剧了农业发展的困难

能源工业对金融资源和人力资源的分流加剧了农业发展的困难，资金和人才缺乏是农村产业结构调整和现代农业发展面临的重大难题之一。特别是能源富集地区能源工业对金融资源和人力资源分流加剧，农业资金外流倾向十分明显。按照市场经济理论的观点，资源的流动能够实现合理配置。随着石油、天然气等能源的开发，资本的逐利性使大量资本转向能源开发行业，农业获得的投资不足，资金的大量外流导致农村信贷支农资金的不足，农业发展的资金需求得不到满足。另外，工业化和城镇化产生的"虹吸效应"及农业农村自身生产率的低下，使得农村高素质劳动力选择性转移到城市部门及工业部门。削弱了农业、农村获得人力资源和资金的支持力度。

2.2.3 西北能源富集区农业土地有其自身特点

土地广阔、肥力差是西北能源富集区农业土地资源面临的现实。与之不同的东部能源富集区大都人口稠密，农田村庄分布集中。能源（尤其是煤炭）在开采过程中，不可避免地要破坏大量的耕地和村庄，与农业争夺土地，对东部的农业发展造成较大的负面影响。而西北能源富集区大都地广人稀，能源开采和加工所占用的土地大都来自于草滩、沙地、荒地等而非耕地，因此对农业土地资源的不利因素主要体现在土质上。土地为农林作物的生长发育提供了不可缺少的水和养分。西北能源富集地区的土地大多比较贫瘠、肥力较差，不利于多数种植业和对土质要求较高或依赖于牧草种植的畜牧业，只能因地制宜发展当地特色农产品，或者通过高科技的投入发展对土地和环境依赖相对较低的现代农业。

2.2.4 工业与农业的发展悬殊导致城乡、工农贫富差距拉大

能源行业由于自然特性和制度安排，资本的投资回报率远远高于农业和大多数工业部门。随着西北能源富集区煤炭资源开发步伐的加快和煤化工等工业

的快速发展，资源，尤其是前几年煤炭、天然气等能源产品价格持续走高，给开发企业带来了高额利润，造就了一批暴富人群。资源开发还促成了一批财政富裕地区，如内蒙古鄂尔多斯市，陕西省神木、府谷等县，已由过去的贫困地区变成了冉冉升起的"财政明星"。然而在资源收益的初次分配中显得极不合理：少数人的暴富掩盖了多数人的贫穷；财政增长速度远远快于居民收入增长，财政的富裕掩盖了老百姓的贫穷。资源开发方与当地农民在收入上形成了巨大反差，大部分从事传统产业的农牧民仍然十分贫穷，一度出现反差明显的"企富民贫"、"县富民贫"现象。发展农业，尤其是高回报率的现代农业，既是现代化发展的趋势，也是实现农村农民致富的重要途径。

2.2.5 西北能源富集区现代农业发展的双重约束

西北能源富集区现代农业发展的特殊性还体现在其现代农业发展是在耕地红线和生态红线的双重约束下进行的。耕地红线关系到我国的粮食安全，生态红线关系到我国的生态安全。只有在这双重约束之下，发展现代农业才是合乎实际的发展思路。在这点上，西北能源富集区和其他地区现代农业的发展是有区别的。

西北能源富集区是我国重要的生态屏障，其生态安全具有不可估量的战略意义。西北能源富集区脆弱的生态环境决定了其经济发展转型升级的紧迫性和必要性。现代农业本身就是生态景观的一部分，可以很好的嵌入到生态文明建设中，因此发展现代农业是西北能源富集区转型的重要出路之一，既可以满足生态文明建设的需要，又可以成为经济发展新的源泉。

2.3 西北能源富集区发展现代农业的可行性

随着能源（煤炭）市场的萎靡、工业化进入中后期，西北能源富集区呈现出一定的有利条件。首先，以能源化工产业为主要动力的工业化发展到一个较高的水平。其次，工业的腾飞在"虹吸"农业资源的同时，也为农业的现代化发展提供了必要的要素积累。这为能源富集区农业的发展提供了现实基础，也为其发展现代农业提供了可能性。

2.3.1 发展现代农业的条件

D. 盖尔·约翰逊认为，要想发展高效的农业，农业的投入品和产出品的营销体系必须是有效率的、开放的和竞争的，投入品的生产部门有积极性并且有能力使用最适宜的技术进行生产。[①] 在市场配置资源的原则下，充分激发要素活力，引进现代生产要素（机械、化肥、良种、农药等），不断形成廉价的收入流源泉；更重要的是关键性现代要素——人力资本的引入，使生产可能性边界得到不断的扩张，诱导农业技术进步，从而引致农业部门现代要素结构及其技术体系对传统要素结构和其技术体系的替代，使传统农业逐渐向现代农业过渡。

党的十六大以来，中央坚持把解决好"三农"问题作为全部工作的重中之重，各地结合当地实际情况，不断探索深化农村改革，完善强农、惠农、富农政策，大幅增加农业投入，有力推动了传统农业向现代农业加速转变。农业现代化水平显著提升，为满足消费需求、保持经济平稳较快发展作出了突出贡献，为应对各种风险挑战、维护改革发展稳定大局发挥了重要作用。

经过多年的发展，西北能源富集区发展现代农业的条件也更加有利。一是工业化、城镇化的引领推动作用将更加明显。工业化快速发展，信息化水平不断提高，为改造传统农业提供了现代生产要素和管理手段；城镇化加速推进，农村劳动力大量转移，为农业实现规模化生产、集约化经营创造了有利时机；城市人口增加和生活水平不断提高，以及扩大内需战略的实施，为扩大农产品消费需求、拓展农业功能提供了更为广阔的空间。二是政策支持将更加强化。随着地方经济的发展，政府财政实力不断增强，强农、惠农、富农政策力度将进一步加大，支持现代农业发展的物质基础更加牢固。三是科技支撑将更加有力。科技创新孕育新突破，生物、信息、新材料、新能源、先进装备制造等高新技术广泛应用于农业领域，现代农业发展的动力更加强劲。四是外部环境将更加优化。"三农"问题得到越来越多的关注和研究，全社会形成合力推进现代农业发展的新局面，广大农民的积极性、创造性将得到进一步激发和释放。[②]

2.3.2　西北能源富集区发展现代农业可行性分析

有学者认为[③]，城乡一体化发展"拐点"出现需要同时具备以下几个条件：第一，农业劳动力成为短缺性要素；第二，由于工业化和城市化的持续推进，资本成为社会较丰裕的资源，农业生产中资本替代劳动成为可能；第三，农业

---

① ［美］D. 盖尔·约翰逊：经济发展中的农业、农村、农民问题，林毅夫、赵耀辉编译，北京：商务印书馆，2004 年，第 368 页．

② 国务院关于印发全国现代农业发展规划（2011—2015 年）的通知，http://www.gov.cn/zwgk/ 2012‐02/13/content_2062487.htm（2014‐11‐17）。

③ 郭剑雄：收益率趋同视角的城乡经济一体化：基于一般均衡理论和二元经济转化理论的思考，http://yongxiu2012.com/news_in, asp? id=155&BigClass Io=2（2015‐03‐15）。

人力资本投资的有利性机会出现，高能力劳动者的农业经营性纯收入不低于其非农就业的工资。三个条件的出现存在先后次序；前两个条件是"拐点"出现的必要条件，后一个条件是其充分条件；只有当三个条件同时具备时，拐点才可能出现。

随着多年的发展，大多数西北能源富集区已进入工业化中后期发展阶段，农业劳动力向城市和工业部门的转移基本完成。由于能源化工等工业部门的长期发展，资本成为相对丰裕的资源；而农村人力资本的不断积累、农业投资环境和农村基础设施的不断改善，也使得农业人力资本有利性机会逐渐显露，发展现代农业的条件已基本具备。然而需要清醒认识的是，由于能源富集区的特殊性，其工业部门内部的发展本身就是不平衡的，工农部门的不均衡发展更加突出，这就决定了西北能源富集区实现农业现代化，进而实现城乡发展一体化仍然任重道远。

现代农业的本质特征是农业产业的收益率和非农产业的收益率趋同。一般而言农业现代化的过程起始于工业化之后，结束于工业化完成。二元经济结构的消失标志着农业现代化的完成。农业现代化的过程中主要发生变化的是：农业生产要素的变化、技术进步类型和农业生产的组织形式等发生变化，导致的结果是农民收入的逐步提高，收益率趋同。

从现代农业生产要素来看，土地和劳动力的数量不再是农业的制约因素，现代农业的生产要素特征是物质资本和人力资本的双重深化，特别是劳动者的素质起到主导的作用。可以说发展现代农业最重要的培育出具有高素质的现代农民。目前从西北能源富集区来看，已经出现高素质的人才回乡务农、企业家回村从事农业经营等多种形式的高素质人才回归农业现象，再加上政府对农业人力资本的大量投入，西北能源富集区具备发展现代农业所需的人力资本供给。

从现代农业技术类型来看，现代农业多为资本密集型技术。从榆阳区调研情况来看在西北能源富集区发展现代农业并不缺乏相应的技术设备，无论是干旱地区还是土地贫瘠地区等都有相应的先进设备进行生产；且能源富集区现代能源化工产业可以为现代农业的发展提供足够的资金、技术和管理支持。因此从技术层面上，西北能源富集区完全具备发展现代农业的实力。

从现代农业的组织形式来看，现代农业的发展不一定是大规模的农场。舒尔茨早在1964年的《改造传统农业》中就批判了现代农业必须是大农场经营的错误观念，小农场、小企业、小型机械照样可以发展现代农业，规模经营不是现代农业的本质特征。现代农业的组织形式是多种多样的，如家庭农场、合作社、农业企业、种植大户等。目前西北能源富集区通过土地确权和土地流转等多种形式，已经出现了上述多种形式的经营主体，摆脱了传统自给自足的小农经营模式。因此，西北能源富集区具备了发展现代农业的组织形式。

综上所述，从理论上看，西北能源富集区完全具备发展现代农业的条件和可能。在实践中政府应该合理规划，调动社会各方面的资源，西北能源富集区现代农业的前景十分广阔。

2.4　摆脱资源依赖的可持续发展——来自现代农业的驱动力

世界工业化历史进程表明，一大批能源富集区在市场竞争的驱动下，通过不断的技术创新活动，使科技进步成为经济发展的内生要素，提高了其经济发展的效率，改善了资源、环境利用方式，改变了区域经济增长方式，为能源依赖型区域经济发展方式转型提供了成功的案例。现代农业作为以技术创新驱动为重要特征的现代化产业，是实现农业现代化进而实现经济可持续发展的重要依赖路径。

能源富集区几十年来倚重能源化工产业带动经济发展的模式不仅不利于生态环境的保护与资源的永续利用，更不利于国民经济的长期增长与社会的可持续发展。要实现能源富集区的可持续发展，首先，能源的开发要规范有序，不以牺牲环境为代价；其次，要促进经济各部门的全面健康发展和城乡社会各项事业的稳步协调推进。离开农业发展的现代化，西北能源富集区的可持续发展就会缺少最基本的保障，农村人口致富就缺少产业支撑，能源富集区的经济、社会可持续发展就不能够维持。摆脱资源环境的约束和对能源产业的过度依赖，西北能源富集区的经济、社会才能实现可持续发展，这需要经济各部门的协同发展，互相补充，也需要社会民生事业的同步跟进。西北能源富集区在政府的引导下充分发挥市场在资源配置中的决定性作用，积极引导工业发展的资本积累来发展现代农业，提高农业部门的要素报酬率使之与工业部门趋同，最终达到经济结构"一元化"，即城乡发展一体化。现代农业可以也应该成为推动西北能源富集区克服"资源诅咒"，实现经济、社会可持续发展的重要驱动力。

第 3 章 现代农业发展的理论与实践

能源富集区的现代农业发展是经济增长的重要源泉之一，也是解决"三农"问题，实现共同富裕的重要保障。要解决农业的现代化问题，必须立足理论前沿，指导实践发展，从理论和实践两个方面为能源富集区的现代农业发展献策献力。因此，本部分首先对现代农业的流派和相关理论进行阐述，然后总结与分析国外现代农业发展较为突出的国家、国内现代农业发展较为有特色的地区，以期能够对能源富集区现代农业的发展路径给予借鉴和启发。

3.1　现代农业发展理论基础

小农经济是封建社会的产物，从历史上看，小农经济是中华民族社会结构的基础，但经济全球化的浪潮已使这种经济模式的生存空间日渐狭小。随着我国现代化步伐的进一步迈进，全球经济一体化程度日益加深，小农经济越来越成为影响我国农民乃至整个整个经济现代化建设的重要因素。马克思、恩格斯、列宁、毛泽东等马克思主义者改造小农思想，为改造小农经济提供了理论方向。从小农经济到现代农业，从长远的观点看，其经历两个飞跃阶段。第一个飞跃是废除人民公社，实行家庭联产承包为主的责任制，要长期坚持不变。第二个飞跃是适应科学种田和生产社会化的需要，发展适度规模经济，发展集体经济。从各国实际情况出发，现代化最难的是"三农"的现代化，也就是以改造小农经济为中心环节，从而走向现代农业的发展道路。

3.1.1　现代小农经济研究

在通向现代化的历程中，改造传统小农经济，并妥善处理这种农业改造与工业发展的关系，是每个发展中国家都要遇到的重大挑战，也是现代发展战略的重要课题。19 世纪初以来，国外对小农经济的研究在不断地发展和完善，国内也有学者结合中国实际进行了研究，现对主要观点简要评述如下。

3.1.1.1　恰亚诺夫"生存小农"学派

恰亚诺夫（1888～1939）曾是自治局土地调查员，25 岁时成为当时俄国农学研究中心彼得罗夫—拉祖莫夫科学院副教授，不久又升为教授。十月革命后兼任苏联政府农业人民委员部委员，后因"劳动农民党冤案"被捕入狱致死。恰亚诺夫在仅 20 年的著述生涯中出版了 60 种专著，他的研究领域涉及农业统计学、农业合作化、农业经济最佳规模、农业未来学等诸多方面。家庭农场结构与生产组织研究，即农民经济微观研究，是恰氏理论的主体，其代表作为《农民经济组织》。

恰亚诺夫认为，家庭结构对家庭经济活动有重要影响，小农具有区别于资本主义企业独特的经济计算方式，他们的一切经济活动以生存为目标。恰亚诺夫通过对小农家庭经济与资本主义经济的比较，阐述了小农经济的特征与资本主义经济学的不适用性，提出对不同的经济类型应使用不同的概念和范畴。在小农家庭农场中，制约着农业经济活动的土地、劳动与资本三要素的组合方式，迥异于资本主义农场，因而二者的运行机制与规律也完全不同。恰亚诺夫还认为，小农家庭农场的运行机制以劳动的供给与消费的满足为决定因素。在这里，他首次提出农民家庭经济单位的劳动—消费均衡公式。该公式表明，对于家庭的每一项新增收入，都可以从其满足家庭需要的消费意义及获得它所花费劳动的辛苦程度两个方面去认识，也就是说，农场经济的投入量，是以生产者主观感受的"劳动辛苦程度"与所增产品的消费满足感之间的均衡来决定的。只要这两个因素之间的均衡未实现，即满足基本消费的意义超出劳动辛苦程度的评价时，继续投入劳动就是有利的，哪怕以降低劳动效率、以资本主义意义上的亏损为代价。在人口稠密、土地短缺的情况下尤其如此。相反，一旦达到均衡点，即生活需求已基本满足，那么任何进一步的劳动投入都是无意义的。当然，这个所谓的均衡点是不确定的，它受到影响劳动辛苦程度和影响家庭需求的各种条件的限定。

恰氏认为，在当时的经济条件下，农户之间存在相对贫富差别的原因，正是这种"人口分化"，而不是当时官方学派夸大的农村"阶级分化"。他认为，在从传统农业向未来社会经济制度的过渡中，农民家庭农场具有长期存在的合理性；农业由纵向一体化走向横向一体化，即土地大规模的集中，需要一个较长时期的发展过程。在生产力未发生重大变革的条件下，以个体家庭农场为单位进行经营，比大规模土地集中经营更具有优越性。农业发展应走以农民家庭农场为主体的合作制道路。

3.1.1.2 舒尔茨"理性小农"学派

20世纪50年代初，经济学家们提出以工业为中心的发展战略，认为只有工业化才能实现经济"起飞"，然而，到了20世纪50年代后期，这一发展战略暴露出许多问题，尤其是经济没有真正得到发展，人民生活没有得到多少改善，甚至吃饭问题都没有解决。这样，一些有识之士就对20世纪50年代占统治地位的结构主义发展战略提出疑问，转而强调农业和重新审视小农问题。美国著名经济学家、诺贝尔经济学奖获得者舒尔茨于1964年发表了《改造传统农业》一书，标志着小农经济研究发展的新阶段。

　　西奥多·威廉·舒尔茨（1902～1998）在 20 世纪 30 年代就从事农业经济问题研究，20 世纪 50 年代末期后又致力于人力资本理论研究，并被认为是这一领域的先行者之一。20 世纪 60 年代后，他把农业经济与人力资本理论的研究结合起来，特别关注发展中国家的农业问题，从而对小农经济研究做出了开创性的贡献。

　　舒尔茨认为农民是有理性的、可以对市场作出反应的"潜在"企业家，小农并非是无休止地追求"利润"，传统家庭农场具有资本主义性质。他认为在传统农业向现代化过渡中，农民有能力且适宜在新条件下继续经营家庭农场。舒尔茨认为小农的经济行为，绝非西方社会一般人心目中的那样懒惰、愚昧或者没有理性。事实上，农民是一个在"传统农业"（在投入现代的机械动力和化肥以前）的范畴内，有进取精神并对资源能作最适度运用的人。传统农业可能是贫乏的，但效率很高，它渐趋接近于一个"均衡"的水平。在这个均衡之内，生产因素的使用很少有不合理的低效率现象。舒尔茨认为，农业可以成为经济发展的主要源泉。欧洲、以色列、墨西哥和日本正是通过农业而使经济得到较快的发展。但是，他强调只有现代化的农业才能对经济增长做出重大贡献，而使用传统要素的农业无法做到这一点。所以，问题的关键是如何把传统农业改造为现代化的农业。舒尔茨认为完全以农民世代使用的各种生产要素为基础的农业可以称为传统农业，在这样的农业中，技术状态、生产要素持有人的动机等长期不变。传统生产要素的供给和需求也处于长期的均衡状态，农民所种植谷物的匹配，耕种次数、深度、播种、灌溉、收割时间，手工工具、灌溉渠道、役畜与简单设备的配合等，都全面考虑到了边际成本的收益，并实现了生产要素的合理配置。

3.1.1.3　马克思"受剥削小农"学派

　　马克思（1818～1883）的"受剥削小农"带有强烈的价值取向。他认为封建社会中的农民，既非形式主义分析中的企业家，也非实体主义者笔下的道义共同体成员。他认为地主与农民之间是剥削与被剥削的关系，小农的生产剩余，主要是通过地租（包括劳役、实物和货币地租）和赋税形式而被地主及其国家所榨取。农民是租税的缴纳者，受剥削的耕作者，其生产的剩余用来维持统治阶级和国家机器的生存。而小农生产方式具有落后性，随着资本主义生产的发展，无力且过时的小农生产会被压碎。

3.1.1.4　黄宗智"商品小农"学派

　　黄宗智（1940～　）综合了理性小农、受剥削小农等流派的观点，认为

"革命前，中国的小农具有三种不同的面貌。首先，是在一定程度上直接为自家消费而生产的单位，他在生产上所作的抉择，部分地取决于家庭的需要。"[①]"其次，他也像一个追求利润的单位，因为在某种程度上他又为市场而生产，必须根据价格、供求和成本与收益来作出生产上的抉择。"[②]"最后，我们可以把小农看作一个阶级社会和政权体系下的成员；其剩余被用来供应非农业部门的消费需要。"[③]在此基础上，他对中国的华北与长江三角洲地区进行了深入细致的研究，批判了亚当·斯密与马克思的经典理论，得出了一些富有开创性的结论，如"过密性商品化"、"没有发展的增长"等，试图得出对中国小农经济更富有解释力的理论框架。

黄宗智认为小农既是利润追求者，又是维持生计的生产者，当然更是受剥削的耕作者。要分析小农的动机与行为，必须将企业行为理论和消费者行为理论结合起来加以考虑，前者追求利润最大化，后者追求效用最大化。黄宗智提出小农不仅可以与商品经济相结合，而且商品经济也可以与小农结合，反而使小农家庭生产更加稳定，不会出现亚当·斯密和马克思所预期的分化和大生产结果。他的理论否定了亚当·斯密和马克思关于商品和市场化导致社会化大生产的假设，部分的解释了小农与商品化、市场化相结合的现象。然而商品化、市场化是社会化的一个组成部分，不是全部，还有许多非商品化、非市场化的社会化与小农结合现象是其理论无法解释的。

3.1.2 农业现代化相关理论

3.1.2.1 改造传统农业理论

美国著名经济学家西奥多·W. 舒尔茨提出的改造传统农业理论，是对农业现代化的最富重大影响的研究。1964 年，美国著名经济学家西奥多·W. 舒尔茨在其《改造传统农业》中，从理论上阐明了农业和农民在经济发展中的重要地位和积极作用。他认为农业绝不是消极无为的。相反，农业可以成为经济增长的源动力，并且对传统农业的性质提出了新的见解。

舒尔茨认为，发展中国家的经济成长，有赖于农业的迅速稳定增长，而传统农业不具备迅速稳定增长的能力，出路在于把传统农业改造为现代农业，即实现农业现代化。他首次分析了教育投资对提高劳动生产率，推动传统农业向现代化农业转变的重要意义。舒尔茨驳斥了两种长期流行而且影响深远的观点：一种是认为传统农业的生产要素配置效率低下，另一种就是有名的隐蔽失业论。舒尔茨强调，发展中国家的传统农业是不能对经济增长做出贡献的，应把弱小的传统农业改造成现代农业——一个高生产率的部门。而这个改造的关键是引进新的现代农业生产要素，要着力三个方面：（1）建立一套适于传统农业改造的制度。（2）从供给和需求两个方面为引进现代生产要素创造条件。（3）对农民进行人力资本投资。舒尔茨根据发展中国家的实际情况，强调了农业改造对经济发展的重要作用，不仅在理论上是一个重大突破，而且对发展中国家重新制定发展战略有一定的实践意义。

3.1.2.2　诱导的创新理论

诱导的创新理论来源于厂商理论，约翰·希克斯（1904～1989）和汉斯·宾斯旺格（1929～　　）曾作了卓有成效的研究，速水佑次郎（1932～2012）和弗农·拉坦（1924～2008）又进一步丰富和完善了这一理论。

诱导的创新理论认为，一个社会可以利用多种途径来实现农业的技术变革，由无弹性的土地供给给农业发展带来的制约可以通过生物技术的进步加以消除，由无弹性的劳动力供给带来的制约可以通过机械技术的进步解决。一个国家获得农业生产率和产出迅速增长的能力，取决于在各种途径中进行有效选择的能力。如果不能选择一条可以有效消除资源禀赋制约的途径，就会抑制农业发展和经济发展的进程。一种关于农业发展的有效理论应该包括利用多种途径实现农业技术变革的机制，通过这种机制，一个社会可以选择农业技术变革的最优途径。

诱导的创新理论把技术变革过程看做是经济制度的内生变量，把技术变革看做是对资源禀赋变化和需求增长的一种动态反映。诱导的创新理论包括三个方面的内容：第一，私营部门的诱导创新。私营部门都会把资金用于发展一种促进较便宜的要素替代日益较昂贵要素的技术。与此同时，在一个国家中，若一种要素相对于另一种要素比在第二个国家更昂贵，则创新努力将被吸引到节约这种相对昂贵的要素。第二，公共部门的诱导创新。市场价格信号是引导技术变革的主要途径。农民在价格变动的作用下，被诱导去寻求节约日益稀缺的生产要素的技术方法，并促进公共部门开发新技术，要求以现代的技术投入品替代更为稀缺的要素，从而以社会最优的方向，来引导农民减少单位成本的要求。第三，制度创新。制度创新需求的改变是由相对资源禀赋和技术变革诱导的，通过克服产生于要素禀赋、产品需求和技术变革的不均衡而预期潜在的利益得以实现，是对制度变革的一个强有力的诱导。此外，包括宗教和意识形态的禀赋对制度创新的供给也具有强烈的影响。

3.1.2.3　肥力保持理论

速水佑次郎和弗农·拉坦在《农业发展的国际分析》一书中提出，肥力保持理论被认为是来源于与英国农业革命相联系的动植物管理方法的进步和早期德国土壤学家提出的土壤肥力枯竭概念。

在英国农业革命过程中，通过集约式引入和使用饲草、绿肥作物，增加和扩大畜肥的使用范围，从而实现增加土壤肥力的目的。这种新的管理方法与农场的合并及对土地开发的投资同时进行，因而促进了农业总产出和单位面积产量的显著增长。这一方法在18世纪后期的英国得到了广泛的普及，并成为1850～1870年英国高产农业最主要的技术支撑。然而，一些科学家证明此种方法容易造成土壤肥力枯竭，危害极大。

19世纪20年代中期，在经济史学家和土地资源经济学家的倡导下，肥力保持理论形成一种潮流，并成为指导农业生产的一个重要理论。虽然在肥力保持理论的发展过程中，这一理论也曾受到一些批判，但是它却始终作为一种农业发展的思路被认可，并在世界农业发展中发挥着重要的作用。可以说，目前的可持续理论和循环经济理论，都与肥力保持理论有着一脉相承的联系。

3.1.2.4 城市工业影响理论

城市工业影响理论的渊源可以追溯到德国农业经济和农业地理学家杜能（1783～1850）提出的农业区位理论。

杜能在1826年出版的《农业和国民经济中的孤立国》一书中提出，农业土地利用类型和农业土地经营集约化程度，不仅取决于土地的天然特性，而且更重要的是依赖于其经济状况，尤其是取决于它到农产品消费的距离。20世纪50年代初，西奥多·舒尔茨提出了"城市工业影响农业发展假说"。他认为，经济发展发生在特定的区位中心，这些区位中心在构成上主要是工业城市，现有的经济组织在经济发展的特殊中心运行得最好，它也在那些位于城市中心周围有利的农业地区运行得最好。他指出，要素和产品市场在城市工业迅速发展的区域比城市经济还没有转变到工业阶段的地区更能有效地发挥作用。因此，就"城市工业影响农业发展"理论而言，对欠发达国家尤其是极度贫困的地区并没有多大的意义，而对工业化进程中的发展中国家却具有较强的指导意义。

3.1.2.5 扩散理论

世界农业发展的实践证明，先进的耕作方法和优良的动植物品种的扩散，是农业生产率增长的重要源泉。这种行为不仅有效地传播了农业生产技术知识，而且缩小了农民之间和地区之间的生产差距，从而促进了农业生产的发展。在农业技术扩散的过程中，不仅有农民之间的相互切磋与借鉴，还有国家及私人研究机构的广泛参与；不仅有经济学家对此进行细致的研究，还有社会学者对扩散速度与农场经营者的个人特点及教育程度之间的关系予以探讨；更有农业行政管理者和政策制定者对扩散的不断推动。一般而言，扩散行为具有自发性的特点，这是农业生产者为追求农业的高产出而采取的一种自觉行动。但是，扩散行为并不排除一些团体、机构乃至政府部门的强力推动，由此使得扩散行为被社会所广泛认可。值得指出的是，扩散理论所提供的模式，仅仅是促进农业发展的一个因子，因而其对农业生产的促进作用也只能局限在它所擅长的领域和空间之内，并不能成为推动农业生产发展的唯一要素。

3.1.2.6　高收益投入理论

20 世纪 60 年代，扩散模型在促进农业发展方面的局限性愈发显露出来，许多人开始对一些相关理论进行反思，农业技术是否能够很容易的从高生产率国家扩散到低生产率国家？发展中国家的农民之间在资源配置方面是否存在着严重的不均衡？

通过反思和重新考察，人们认识到农业技术具有高度的地区性，由于气候和资源禀赋的不同，在大多数情况下，先进国家开发的技术不可能直接转移到欠发达国家。即使对传统自给自足的农业资源进行重新配置，也只能获得非常有限的农业增长。舒尔茨认为，在传统农业中，农民对农业资源的配置是富有理性和效率的，他们之所以贫穷，是因为在大多数欠发达国家中，农民缺少对此做出反应的经济和技术方面的机会。因而，要把传统农业转变为经济增长的生产性源泉，其关键问题是投资，以便使贫困国家的农民能够获得现代高收益投入品。

上述观点被速水佑次郎和弗农·拉坦概况为"高收益投入理论"，并强调有三种能够促进农业生产率提高的投资渠道：一是对农业实验站创造的新技术、新知识进行投资。二是对工业部门开发、生产和销售的新技术进行投资。三是对促进农民有效使用现代农业要素进行投资。

高收益投入理论出现后，很快就被高产粮食品种的开发所证明，无论是 20 世纪 50 年代墨西哥开发出的高产小麦和玉米，还是 20 世纪 60 年代菲律宾开发出的高产水稻，以及 20 世纪 70 年代以来中国开发的杂交水稻，都对农业生产和农民收入产生了极大的影响，并以其较高的农业生产率，为与现代人口和收入增长相适应的整个国民经济发展奠定了良好的基础。

3.1.2.7　资源开发理论

资源开发理论是农业发展理论中最早形成的一种理论观点。该理论认为，开发自然资源是农业和经济发展的主要源泉，耕地和牧场是增加农业生产的主要途径，并以公元 10 世纪以前，欧洲北部和中国长江以南土地开垦，以及十八九世纪欧洲殖民者对北美、南美、澳大利亚的拓殖为例证，阐明了土地等资源开发对农业及经济发展的促进和影响。

加拿大经济史学家哈罗德·英尼斯（1894～1952）建立了"大宗商品"模型，他认为在早期阶段出口大宗商品、毛皮和鱼及后期阶段出口粮食在推进加拿大经济发展中发挥了关键作用。缅甸经济学家赫拉·明特通过建立"剩余出路"模型，解释了 19 世纪下半叶缅甸、泰国稻米生产和出口迅速增长的原因。事实上，早期的农业生产受生产力水平的限制，其再生产主要依靠外延式的方法，也就是依靠耕地面积的扩大来实现增收的目标，这一点无论是在西方还是在东方都是相同的。然而，农业毕竟是受自然资源禀赋制约最为严重的产业，而自然资源终究是有限的，因此，随着农业开发的扩大和自然资源的减少，那种单纯依靠自然资源开发而实现农业乃至经济增长的做法已经普遍被世界各国所摒弃。

速水佑次郎和弗农·拉坦认为，以资源开发模型为基础的农业增长，从长期来看是不可持续的。而要实现农业的持续增长，就必须从单纯的资源开发模式中解脱出来，注重资源保持型或增进型技术的开发，用化肥等现代工业投入品替代自然土壤肥力，并着力开发新的作物品质。在农业发展的早期阶段，由于生产力水平和科学技术水平都比较低，因此土地的产出率十分有限，要想获得较高的产出，只能通过土地等资源的开发来实现。而在目前的情况下，靠农业资源开发来实现农业的增长，已经很难做到。

3.2 现代农业发展的实践经验

加快发展现代农业，既是转变经济发展方式、全面建设小康社会的重要内容，也是提高农业综合生产能力、增加农民收入、建设社会主义新农村的必然要求。党的十八大指出，要"坚持走中国特色新型工业化、信息化、城镇化、农业现代化道路"，"促进工业化、信息化、城镇化、农业现代化同步发展"。推进农业的现代化发展刻不容缓，因此，充分借鉴国外发达国家的现代农业发展情况，认真总结和分析国内现代农业发展的现状，对摸索和确定我国能源富集区农业现代化的路径具有重要参考价值。

3.2.1 发达国家经验

自 19 世纪末现代农业的热潮掀起之后，各国相继走上了现代农业的发展道路。20 世纪末以来，现代农业日益成为高新技术的生长点和提高城乡居民生活的贡献点，也日益成为具有较高综合效益和市场竞争力的产业。

目前，农业在世界各国主要有四大发展趋势。首先，高科技，即向高科技密集的集约化、精确管理方向发展。随着科技的发展，越来越多的科学技术在农业上得到了应用，形成了围绕农产品生产的协作配套体系，积极推动了高科技密集型农业的形成和发展。例如，智能化系统使得农业由经验化生产管理到如今的科学化管理，温室大棚内的精量化控制技术和现代化的农产品保鲜储藏技术消除了时鲜产品的季节影响等。其次，高生态，即向资源节约、产品和环境安全的生态型方向发展。随着世界范围内资源的快速消耗，节约资源、保护环境、生产优质安全的生态型产品已成为农业追求的方向。随着人们生活水平的提高，对农业提出了由数量型向质量型模式转变的要求，对于高档安全农产品的需求日益增长；再加上不同国家非关税的贸易壁垒，对于农产品的质量提出了更高的挑战。因此，农业环境保护、安全产品生产及可持续发展成为当今世界农业发展的一大趋势。再次，多元化，即向区域优势突出的多元链型、多功能产业集群方向发展。由于各地资源禀赋等自然条件不同，为提高农产品的市场竞争力，强调依据优势进行农产品区域化布局。很多农产品加工企业主要借助这种区域化优势，实现了农产品加工的多层次和多环节的转化增值，促进了产品由粗加工向精加工、由单一型向多元链型的发展，提高了农产品的附加值。例如，玉米在美国就有 200 多种加工产品，增值数倍至数十倍，效益显著。多元化不仅体现在产业链的延伸上，也体现在自身的多功能上，兼顾了农业的经济、社会、生态文化等价值的挖掘。例如，世界各地农业观光园、农家乐等农业服务业的兴起，充分显示了农业多功能的发展趋势。最后，一体化，即向全球一体的标准化商品型方向发展。由于现代化交通物流条件的改善，加速了大区域范围的农产品交易乃至全球贸易的发展。许多国家通过建立规范化的生产、加工、储运和营销检测等体系，制定包含农业生产和加工及农产品质量标准等一系列措施，加速了农业向着全球一体的标准化商品型方向发展。例如，我国畜牧业标准化程度就比 20 世纪 90 年代提高了 1/2～2/3，美国 78.5% 的农产品物流链条为"生产地—配送中心—超市与连锁店—消费者"。

从全球来看，现代农业发展较为突出，包括以科技密集型和水资源的高效利用为主要特征的以色列科技型模式，以发展农业机械化、生物化学化、信息化来推动农业现代化为主要特征的美国节劳型模式，以依靠科技、发展农业协会组织来提高土地生产率为主要特征的日本节地型模式，以发展农村经济、缩小城乡差距为主要特征的韩国均衡型模式，以集中农村土地资源为主要特征的台湾产权型模式等。

3.2.1.1 科技型农业——以色列

以色列的现代农业发展模式是以科技密集型和水资源的高效利用为主要特征的科技型农业模式。近 10 多年来,以色列的农业增长率一直保持在 15% 以上,以色列 4 万农民养活了全国约 800 万人口,而且农产品还大量出口。具体而言,以色列在现代农业发展过程中主要呈现出以下特点。

(1) 世界领先的节水型农业。以色列全国每年可用淡水资源约为 20 亿 m³,人均水资源占有量不足 370m³,远远低于国际公认的人均 5000m³ 贫水线。因此以色列将水资源定为国家的战略资源,加强对水资源合理配置和有效管理。如何更好地配置水资源就成为以色列农业发展过程中要解决的首要问题,纵观以色列农业现代化历程,以色列在节水农业发展方面,主要有以下三个方面的特点。

第一,重视水资源管理。1937 年,也就是以色列建国前 11 年,以色列就筹建了国家水务公司,全面负责以色列国内几乎全部的水务管理工作,这种集中管理方式取得了很高的管理效率。私人机构的供水主要集中于北部的农业供水,由区域水协会管理,在大多数情况下,农民在这些协会中起决定性作用,这些协会可独立或与国家水务公司联合配置水资源。

第二,强调节水技术创新。20 世纪 60 年代以来,以色列在积极挖掘水资源的同时,不断开发出新的节水农业灌溉技术与方法,并推广到农业生产之中。以色列首创了滴灌技术,这种技术使得用水量减少了 30%,而且能使水中的营养物质更好的被农作物吸收,在不同程度上提升了农作物的产量及质量。除了滴灌体系外,以色列还建立了循环用水系统和咸水淡化系统。其农业用水的 90% 都是循环水,是世界上循环水使用率最高的国家。

第三,严谨务实的用水政策。以色列政府高度重视农业发展,并针对水资源匮乏的国情制定了各项用水政策。首先,国家在财政支出上保障农业用水安全。其次,政府制定法律将水资源作为国家财产实行集中管理,保障水源的严格分配和合理利用。再次,政府重视水利设施的兴建,组织力量修建大型水利工程,合理调整国内水资源分布。最后,以色列政府还制订了可持续发展的战略规划,严格控制地下水的开采,注重水生态和水环境的保护。同时政府重视水资源高效利用,引导农民种植具有高附加经济价值的蔬菜、花卉等作物,提高单位水的经济产出。

(2) 独具特色的高科技农业。以色列陆地国土约 2/3 的土地是沙漠,耕地面积仅约为 4370 平方千米,41.6% 为旱地。因此,以色列很早就将本国农业定位在了一条以高科技为核心推动力的发展道路上,始终不遗余力地在财政上对农业科技创新予以大力支持,每年国内生产总值的 3% 都被用于农业研发方面。

目前，以色列成功建立了一个完善的制度，形成具有本国特色、适合本国国情的农业技术研究、开发、推广、教育和普及体系。技术进步对农业增长的贡献率高达 96％，位居世界第一。

第一，高效合理的农业科研机构。以色列在建国初期就开始了对农业技术的研究，经过多年的探索与努力，如今以色列已经在农业技术方面形成了一个层次清晰、结构严谨、分工明确的科研体系。以色列农业科研与农业推广服务工作由农业部负责，农业科研工作实行农业部首席科学家负责制，农业推广服务由农业部农业推广服务局负责组织实施。同时，在二者之间，又按照作物种类建立了若干个专业委员会。

第二，成熟的农业科技推广体系。以色列的农业技术推广体系可分为两个层次。首先，建立农业技术推广服务局，扭转现代农业技术推广缓慢的局面，推动研究成果以最快的速度转化为现实的农业生产力。其次，建立区域性的地方技术推广办公室，在行政上和业务上接受国家农业技术推广中心的领导和指导。每个区域办公室有 10～30 名专业推广人员，并根据区域农业技术推广特点建立了一些专门委员会，其目的是为了便于将成熟的科研成果迅速传输给农民。

第三，完善的农民培训与教育体系。以色列建国后，政府一直将提高劳动力素质、重视人才教育与知识创新视为民族生存和国家发展的重要基础。1950年的政府年鉴提出农业部的四项职责中，有两项都是针对农民的培训与教育的。其内容为：第一，对农民进行多种农业经营中的专业培训和技能培训，培训由指导者通过走访、演讲和散发书面材料来进行。第二，对青年进行农业教育，在成人中普及农业现代化知识。

（3）市场导向下的农业产业化。以色列是一个农业市场化和国际化程度非常高的国家，国内生产的农产品和加工品有 70％～80％销往国际市场（主要是欧盟，因此以色列也被称为是"欧洲的厨房"），外汇收入占农民收入的一半。

以色列农业产业化经营的市场导向具体表现在：第一，品种开发以市场为导向。以色列的地区性农业研究机构以应用开发研究为主，十分重视农产品品种开发。例如，从南非引进了一种其果实可生产食用酒精的树种，从中国引进了一种药用草本植物。第二，生产布局以市场为导向。以色列农业生产布局的基本依据是农产品出口、加工企业的订单。由于有订单为依据，避免了农业生产的盲目性和农业收入的不稳定性，促进了农业生产规模化、布局区域化。第三，农产品加工以市场为导向。随着人们生活节奏的加快，营养卫生、方便快捷、口感较好的加工制成品越来越受到人们的青睐。以色列根据这一市场需求，大力发展农产品加工业，尤其是发展外向型农产品加工业，有效利用国内外两个市场和两种资源，带动国内农业结构的调整和优化升级。

3.2.1.2 节劳型农业——美国

美国模式是以发展农业机械化、生物化学化、信息化来推动农业现代化为主要特征的节劳型农业。人少地多导致劳动力相对稀缺是制约美国农业发展的重要因素。因此，在发展现代农业的起步过程中，主要是凭借其现代化的工业基础，优先侧重发展农用机械工业，以机器代替人力，提高劳动生产率，通过扩大种植面积提高产量，然后走生物、化学和信息等技术化道路。农业机械化、农业化学和生物技术科学研究及成果应用和农业信息化三个方面是农业得以快速发展的重要保证。

一、通过农业机械化推动农业现代化

美国是典型的通过优先发展农业机械化，从而实现现代农业的国家。从美国农业机械化的发展历史看，大致经历三个阶段，即 1850~1910 年的半机械化阶段；1910~1940 年的基本机械化阶段；第二次世界大战时至 20 世纪 70 年代前的机械化高度发展阶段。从 1850 年蒸汽机开始在农业上用作固定动力到 1910 年止，美国全国只有 1000 台拖拉机，畜力在农用动力中仍占 75% 以上的比重。随后拖拉机数量逐渐增加，1940 年，畜力在农用动力中比重下降到只占 7%，到 20 世纪 50 年代，以机器代替畜力的过程基本完成。

二、通过化学和生物技术科学研究促进农业现代化

美国农业发展得益于科研机构对农药和化肥的改进与开发。在美国，农业专家经过严格的配比试验，研制出适合于地区生产实际情况的农药与化肥混合肥料，既降低了肥料对环境的污染，又大幅度提高了农业产量。

美国农业在生物技术有两个突破。一方面，美国利用基因育种技术，培育出一批具有高产、抗虫、抗病、抗旱涝等特征的农作物品种；另一方面，在病虫害综合防治方面，随着最新分子生物学手段的应用，转基因生物农药新品种不断涌现，向更安全和更环保的方面发展，且产品更新换代速度加快。

三、通过农业信息化加速农业现代化

20 世纪 50 年代以后，随着广播、电话、电视的广泛应用，美国农业信息化进入新阶段，电视基本在美国农村普及。从 1962 年开始，美国开始资助在农村建立教育电视台。电话和声像广播在农村的普及，把大量农产品的市场信息和科技信息传递给农民，对促进农业科技进步和稳定农产品市场行情起到很大作用。20 世纪 70 年代至 80 年代，计算机的商业化和实用化推广，带动了美国农业数据库、计算机网络等方面的建设。1985 年，美国对世界上已发表的 428 个

电子化的农业数据库进行编目。数据库应用系统服务于农业生产、管理和科研。例如，美国所建的全国农作物品种资源信息管理系统，管理 60 万份植物资源样品信息，可通过计算机和电话存取，在全国范围内向育种专家提供服务。20 世纪 90 年代以来，随着计算机逐步应用到农场，美国农业信息化迈入自动控制技术的开发和网络技术应用阶段。美国已有 8％的农场主使用计算机处理农业生产，一些大农场普遍使用计算机进行管理。如今，计算机等高技术的应用，给美国农场管理与生产控制带来了高效率。

3.2.1.3　节地型农业——日本

日本模式是以依靠科技、发展农协组织来提高土地生产率为主要特征的节地型农业。由于本国人多地少、资源匮乏的特点，在现代农业转变过程中，日本主要依靠科学技术进步，侧重通过常规育种技术改良品种、加强农业水利建设、发展农田排灌工程和设施、发展农协组织、提高单位土地生产率发展农业机械化。

一、农作物品种改良为农业现代化奠定基础

日本重视对国内外农作物品种的改良和选育。日本国土南北狭长、地形复杂，各地自然条件差别较大，其农业科学研究人员对各地的气候、水文、土壤等资源进行了科学的调查研究，通过改良、优选本地农产品的优良性状，培育出发挥本地优势的优良品种。日本不仅下大气力改造本国原有品种，而且对原产于外国的农产品也加以驯化改良并提高品质。许多这样的优良品种又反过来被原产国引进。例如，日本通过杂交、生物工程、株型研究等育种技术并配合先进的花生栽培技术、食品加工和技术推广等方法培育出具有纯度高、品质好、异地效应强、增产幅度大等优良性状的花生品种。

二、土地改革为农业现代化铺平道路

明治维新以后，日本进行过两次土地改革。第一次改革废除了封建领主土地所有制，形成了地主与佃农的关系；第二次改革的主要内容是限制农户持有土地的数额，由政府强制收买不在村地主的全部佃耕地和在村地主的超过 1 公顷的佃耕地，然后转让给"有自耕农精神"的农民。此外，改革规定地租的最高限额不超过年收获量的1/4。经过先后两次改革日本实现了土地公有和私有并存的制度，农民得以安定生产生活。更重要的是，在自耕农体制之下农民对农业的投资猛增，开辟了粮食增产和农业技术革命的新道路。土地改革是日本历史上农村生产关系方面的一次成功革命，使农村的经济、社会和政治关系发生了变革，为现代农业发展铺平了道路。

三、工业反哺农业为农业现代化提供支撑

日本工业反哺农业对其农业与农村现代化起到关键的引导与推动作用。日本的以工哺农战略已逐渐形成政策哺农、资金哺农、科技哺农、文化哺农、卫生哺农、社会保障哺农等政策体系，城乡互动特点十分明显。其主要实践经验有以下三点。

第一，依靠法律保护农业。把反哺农业政策措施法律化，并使法律支持体系成为反哺农业的重要保障机制，以法保农、以法促农。第二，依赖政策促进农业。对大米价格实行成本与收入补偿制度，对加工的马铃薯、甘薯、甜菜、甘蔗和各种麦类等实行最低价格保证制度，对牛肉、猪肉、蚕茧和生丝实行稳定价格制度，对大豆、油菜籽和加工用牛奶等农产品实行价格差额补贴制度，以此来稳定和提高农民收入。同时日本政府还注意农民所需的生产资料和生活资料价格的增长，力求工业产品价格的增长低于农产品价格的增长，不断缩小工农产品的剪刀差。第三，依托农协支持农业。日本的农协全称为"农业协同组合"，农协是农民本着"相互扶助"的精神，以改善农协全体组员的农业经营状况、提高大家生活水平为目的，协同开展有关事业和活动而建立起来的组织。农协的主要职能有：指导组织农户生产和农村社会生活；利用信贷系统机构，融通农业资金；直接经营一些专业化生产项目；向农村供应生产资料和生活资料，经营农产品购销业务，为会员提供农产品加工和储存设施；农协是日本政府贯彻农业政策的重要支柱和有力助手。正是农协通过各项事业和卓有成效的社会化服务体系促使日本的家庭式农业演变为集约化、社会化、商品化的现代农业。

3.2.1.4 均衡型农业——韩国

韩国模式是以新村运动来发展农村经济、缩小城乡差距为主要特征的均衡型农业。韩国是一个多山的国家，土地面积约 9.9 万平方千米，山地和森林面积占 67.2%，河流占 10.1%，而农业耕地仅占 22.7%，人均耕地不足 0.7 亩，自然资源贫乏。人多地少、资源短缺使韩国农业在工业化过程中处于相对不利的竞争地位。再加上韩国政府曾致力于发展重化工业以至于忽视农业，导致 20 世纪 70 年代出现了经济危机。如何发展农业、解决农村与农民的问题，成为韩国政府十分关切的重要经济与社会问题。从 20 世纪 70 年代开始，韩国的新村运动使韩国的农村经济出现了较为明显的改变，城乡之间的差距得以明显缩小，实现均衡型转变，成为推动农村发展和繁荣的国际典范。在韩国新村运动的成功过程中，以下做法值得重视。

（1）注重农民"勤勉、自助、合作"精神的培养。在机制上采取奖勤罚懒

的形式，在措施上加强技术培训和指导，从而培养农民的自立意识。除了对农民进行农村实用技术和基本打工技能培训外，还对农民思想进行强化教育，引导农民树立良好的社会公德、职业道德和家庭美德，提高农民的综合素质。

（2）注重"差别式"指导。在新村运动之初，韩国政府根据各地区新村运动开展程度，以及村庄原有基础条件的不同，把全国的农村村庄划分为若干类型，针对不同的类型，进行"差别式"指导。让各村庄在新村运动初期能扬长避短，这对新村运动的快速发力起到了很好的助推效果。

（3）注重从"官主导"向"民主导"转型。新村运动初期，基础设施建设主要由政府推进，随后，政府加大对农业的补贴和扶持。但实践发现，政府主导并不能真正调动农民的积极性和创造性，所以韩国政府选择了由"官主导"向"民主导"转型。20世纪80年代初，韩国成立新村运动中央协议会，新村运动的组织、协调、宣传、评价和调研都由这一非政府组织完成。农民自己决定项目种类及相关进度，而政府仅执行配合、协调、培训等服务性工作。

3.2.2　国内经验

我国农业现代化的发展始于20世纪80年代。根据国内外的相关研究，农业现代化的发展是一个长期的过程。处于不同发展阶段的农业，表现出不同的特征，因此，可将我国农业现代化大致分为以下三个阶段。

（1）现代农业初步实现阶段。这个阶段的主要特征是调整农作物经营品种、发挥区域比较优势、提高农产品竞争力。传统农业的均衡被初步打破，农业生产开始从传统的主要依靠劳动、土地投入，转向依靠农业科学技术投入；停滞不前的农业生产由于重视机械化、电气化、水利化发展而获得了新的增长动力。在这个阶段，随着非农产业占国民收入的比重逐渐增大，农业为工业提供的积累逐步减少，农业进入自我积累、自我发展的阶段。然而，受限于经济发展水平，农业发展中的市场化水平、农业组织形式、农民文化程度等虽然有较大发展，但仍处于初步脱离传统农业的发展阶段。

（2）现代农业基本实现阶段。该阶段以发展绿色高效农业、优化农作物品质结构、促进农业产业升级为特征。这个阶段，农产品附加值和质量安全水平显著提高。与传统农业相比，土地产出率、劳动生产率、资源利用率显著提高，特别是随着市场化的发展，农业开始向规模化、集约化、标准化、设施化等方向发展。在这一阶段，非农产业占国民收入的比重开始超过农业部门，农业自我积累和发展能力下降，工业、服务业等非农产业逐步开始反哺农业。同时，这一阶段农业市场化加速发展，产业跨越式升级，全球市场层面的产业竞争成为这一阶段农业发挥国际竞争力的关键。

（3）现代农业全面实现阶段。这一阶段以农业要素收益率趋近工业要素收益率，出现大规模以工补农为特征。这是农业经济、农村社会和自然环境进入了相互协调和可持续发展的一个阶段。在农业生产过程中，逐步形成节地型农业、节水型农业和节能型农业的发展趋势，构建出技术装备先进、供给保障有力、组织方式优化、产业体系完善、综合效益明显的发展新格局。在这一阶段，非农产业占国民收入比重大大超过农业部门，工业已经全面、大规模反哺农业。同时，农业的战略功能日益受到重视，农业和农村经济的稳定增长，成为整个社会稳定的基础。

表 3.1　现代农业发展三大阶段的主要特点和任务

现代农业发展阶段	主要特点	发展方向	主要任务
初步实现阶段	农业处于主体地位，以农补工为经济发展主体	农业开始向机械化、电气化发展，并重视水利建设	调整农业产业布局，发挥区域品种优势，逐步推进农业的市场化进程
基本实现阶段	农业经济发展相对落后，出现以工补农	农业开始向规模化、集约化、标准化、设施化等方向发展	区域农业的农作物品种结构等得到长期调整和优化，农产品的产供销体系开始形成，农业产业结构逐步升级
全面实现阶段	农业要素收益率趋近工业要素收益率，出现大规模以工补农	农业开始向节地型、节水型、节能型等方向发展	积极发展资源节约型、环境友好型的循环农业，实现农业与工业、生态等的和谐发展

由于中国各地区资源禀赋、经济基础、社会结构不同，农业发展呈现出多层次性和不平衡性，鉴于此，可把我国现代农业的发展分为三个区域分别进行描述。

（1）西部地区[①]。西部地区的农业发展正处于从传统农业到现代农业的过渡阶段。由于受经济发展、区位因素等影响，西部地区相比其他地区，在现代农业发展上整体处于落后状态。因此，当前西部地区的现代农业发展面临以下几个主要任务。首先，充分利用本地区的比较优势，选择市场前景广、生产条件优的农产品，充分发挥市场的基础性决定作用，同时着力推进政策引导和扶持，推动各种生产要素尤其是资本要素在农业的合理流动和运转，加快农业现代化前进步伐。其次，发展产业，尤其是劳动密集型的产业和农业部门的深加工产业，逐步引导农村的剩余劳动力加快进入城市，推进西部地区的城镇化进程。

目前西部地区农业现代化发展较好的包括"一矿一业一事"为主、"以煤补农"的山西乡宁模式，以抗旱耕作、生态循环为主要特征的甘肃安定旱作型模式，以土地流转为主要特点的四川成都产权型模式，以优化农牧业产业结构为主要特征的内蒙古鄂尔多斯农牧结合型模式等。

---

① 西部地区主要包括四川、贵州、云南、西藏、陕西、甘肃、青海、宁夏、内蒙古、新疆、广西、重庆、山西等13省市区。

（2）东部地区①。东部地区对外开放度高，经济发展水平远超西部地区，其农业发展也整体领跑全国，正在进入现代农业基本实现阶段。在这一阶段，首先，东部地区农业的主要任务是加强对农业组织的扶持。通过采取兼并、重组、参股、收购等方式，重点培育一批经济效益高、经营水平高、带动能力强的农产品加工企业。其次，通过规范化管理、标准化生产、品牌化经营等方式，创造一批在国际市场具有影响力的知名企业和地理标志农产品。再次，加快小城镇建设步伐。把发展重点放在县城和部分基础条件好、发展潜力大的建制镇，通过产业拉动、技术辐射和人员培训等方式，带动周边地区现代农业的发展。最后，重视农业的战略功能和生态涵养功能。通过合理投资和正确的激励措施，积极发展资源节约型和环境友好型农业，实现农业经济、农村社会和自然环境的和谐发展。

目前东部地区农业现代化发展较好的包括产权型农业——台湾模式，三大产业协调发展的辽宁阜新产协型模式，高水平机械化为主要特征的黑龙江垦区规模型模式，以点带面的山东东营集聚型模式等。

（3）中部地区②。中部地区的农业发展正处在从现代农业初步实现阶段到现代农业基本实现阶段的过渡阶段。中部地区传统上是我国的农业种植大省相对集中的区域，在农业产业链发展方面具有相对优势。因此，该阶段，中部地区首先要不断优化农作物的品种结构，着力提升单产与品质。以市场需求为导向，着力开发禽类、鱼类、奶类和园艺等高附加值的农产品，并积极发展无公害农产品、绿色食品、有机农产品。其次，加速农业产业升级。通过发展精深加工、完善生鲜农产品配送体系、推进订单农业和"农超对接"等措施，有效提升农产品供应链的竞争力。

目前中部地区农业现代化发展较好的是以农产品精深加工为主要特征的河南浚县产业型模式等。

3.2.2.1 西部地区

一、以煤补农型——山西乡宁县

乡宁县位于山西省临汾市西南端，煤炭面积占到全县总面积的 78%。在山西资源型经济发展中，乡宁县以"一矿一业一事"为主的"以煤补农"模式颇具代表性。

2004 年，乡宁县出台了《关于开展"一矿一业一事"活动的实施意见》，要

---

① 东部地区主要包括北京、天津、上海、广东、辽宁、吉林、黑龙江、江苏、浙江、山东、福建、河北、海南等 13 个省市区。

② 中部地区主要包括安徽、江西、河南、湖北、湖南等 5 省份。

求凡属乡宁县境内开办的煤矿企业（当时乡宁县有100多座煤矿），每卖一吨煤，至少拿出30元的利润来搞"一业一事"，其中1/2用于在本县境内创办或联办有利于促进农民增收、农村剩余劳动力转移的非煤项目；另外1/2用于兴办人民群众最渴望的社会公益事业。

这一政策，并不具有强制性，不能通过惩罚机制促使煤企参与其中，在现实中却得到了较好的落实，究其原因，包括如下几点。

（1）乡土社会对煤企行为的约束。2009年乡宁县城镇化率仅为29%，远低于46%的山西省平均水平，县域乡土社会特征明显。人与人之间的交往依靠相互之间的信任。如果煤企因为开采煤炭对家乡造成了负外部性，那么煤企就应该给乡亲以补偿。虽然煤企和农民的谈判存在高额交易费用，但由于双方共同生活在一个乡土社会构成的地域范围之内，双方仍能够在一定程度上达成补偿协议，这是此项地方非强制性政策得以实施的重要原因。

（2）地方政府对煤企的激励。①通过宣传引导促进实施。在政策施行初期，煤企积极性不高，政府动员乡宁县最大的国营台头煤矿，使其起到表率作用，2004年，台头煤矿捐款260万元为全县农民代缴了农业税，并投资修建了一所学校。在县政府倡导、领头企业的带动下，煤老板积极捐助，促进了"一矿一业一事"的执行。而捐助能得到声誉和名望，这对于煤老板而言是一种无形资产，使得煤老板在新的项目建设、生产生活中，得到地方政府和农民群众的支持；反之，则会有一定不利影响。政府也通过电视、报纸等宣传手段，强化煤老板捐助行为的社会影响，有效促进了地方政策的实行。②政府出台配套政策促进实施。对于政策执行较好的乡镇，县政府给予3%的财政返还奖励，激励基层政府落实政策；制定了《乡宁县企业扶持水保生态建设实施办法》，要求"一矿一业一事"活动资金的20%用于水土保持和生态治理，且对参与到水土保持工作的煤企给予技术、资金、政策支持；同时出台《关于财政资金扶持农业产业化发展的实施意见》，将"一矿一业一事"资金与财政资金相结合促进农业产业化。

（3）煤企自身的转型动力。由于煤炭资源是可耗竭的，煤炭产业具有不可持续性，煤企自身也有转型发展的动力。在乡宁县，部分煤企已经在着手准备，如张连水投资的翅果种植与加工，燕家河村乌泥沟煤矿投资的高天牧业，申南凹煤矿投资的惠民养殖场等。"一矿一业一事"坚持"谁投资、谁收益"的原则，推动了更多煤企参与转型。

（4）村庄治理模式的变化。在政策出台之前，村庄与煤企的合作关系较弱，更多地体现为冲突，而政策实施以后，煤老板参与村庄治理，二者的合作关系开始转为紧密，甚至一些煤老板当选为村干部，出现了煤老板和村民共同治理村庄的局面。

（5）农业发展方式的转变。部分煤企建立了"公司＋基地（协会、合作社）＋农户"等新型农业经营组织，煤老板和农民之间形成了利益共同体，双方建立了有效的合作机制，实现了发展的共赢。

二、旱作型农业——甘肃安定区国家现代农业示范区

甘肃定西市安定区发展以抗旱耕作、生态循环为主要特征的节约型农业。安定区地处西北干旱地区，土地贫瘠、降水稀少、且降水利用率不高，安定区根据自己的气候、地理等自然条件，走出了一条符合当地情况的节约型特色发展道路。

该区耕地面积 171.5 万亩，占全区土地总面积的 31.4%。其中，水地 12.3 万亩，旱地 159.2 万亩，农田有效灌溉面积 12.3 万亩，全区千沟万壑，水土流失严重，土地受到不同程度的侵蚀。但其在西南部乡镇创下了玉米产量超过 900kg/亩的记录、马铃薯产量也有高产典型，实现了旱作农业生产的历史性突破，实现了从常年需要区外调入粮食接济到现在全区粮食产量自给有余的转变。2011 年，安定区农村居民人均纯收入 3091 元，已经接近甘肃省 3909 元的平均水平，安定区的成功主要来自于旱作农业科技的贡献。其主要做法是：

（1）因地制宜，创新抗旱技术。全膜双垄沟播技术是甘肃农技部门经过多年研究、推广的一项新型抗旱耕作技术，该技术集覆盖抑蒸、垄沟集雨、垄沟种植技术为一体，实现了保墒蓄墒、就地入渗、雨水富集叠加、保水保肥、增加地表温度、提高肥水利用率的效果。安定区精心组织实施全膜双垄沟播种植技术推广项目，首先，全区以优势产业为主线整合资源，大面积推广全膜双垄沟播技术。为了解决推广技术的资金问题，区政府决定将生产要素进行集聚，发展玉米、马铃薯等大宗农作物和优势特色产业，整合基建投资、财政支农、科技培训、农业综合开发、扶贫等资金，集中用于推广全膜双垄沟播种技术。其次，在推广全膜双垄沟播种技术过程中，广大科技人员将各种实用抗旱技术组装配套，把工程技术与生物技术相结合、良种与良法相结合、农技与农艺相结合，变单一的抗旱技术为综合的抗旱技术。在技术推广中，把优良品种、地膜覆盖、垄作栽培、测土配方施肥、机械化等良种、良法组装配套和集成运用，实现了技术集约化、简约化，使旱作区降雨利用率达到 80% 以上，进而实现节约型生产。

（2）统筹规划，发展循环农业。安定区大力发展生态循环农业经济，充分利用废旧农膜、农作物秸秆、畜禽粪便、蔬菜残体等资源，将种植业与养殖业有机结合，在旱地农业区普遍推广"种玉米—养牛羊—建沼气—废渣还田"、"农膜生产—使用—废旧地膜回收再利用"等模式，发展规模化沼气工程、基质利用与有机肥制造为一体的农业循环经济产业链条，实现农业清洁生产，保护

区域生态环境，提升农产品质量，促进农民增收。

三、产权型农业——四川成都市

成都市发展以加快土地流转为主要特征的产权型农业。成都市通过推动土地规模化集中，走上了农业产业化道路。作为国家统筹城乡综合配套改革试验区，成都市主要从学习江浙的"三个集中"到土地整理、村庄整理，城乡建设用地增减挂钩，以及后来指标通过土地交易所机制用市场进行配置等，走出了一条土地资源重新配置促进农村发展的道路。2013 年，成都市农村居民人均纯收入达 12 985 元。

（1）启动农村产权制度改革。2008 年以来，成都市在全国率先启动了农村产权制度改革，以"还权赋能"和"农民自主"为核心，推动建立"归属清晰、权责明确、保护严格、流转顺畅"的现代农村产权制度。成都市通过全市范围的农村土地实测确权颁证，向村组集体颁发集体土地所有证，向农户颁发土地使用证和房屋所有权证，提高了农村土地权属明晰度，将农民对土地和房屋的财产权落到实处。

（2）设立农村产权交易中心。成都市设立了市、县、乡三级农村产权交易中心，实施农村土地流转担保等配套政策，推动农村产权规范、有序流转。在全国率先创设耕地保护基金，确保耕地总量不减少、粮食生产能力不下降。推动农村投融资体制改革，组建市、县两级现代农业物流公司，成立村镇银行和小额贷款公司，搭建多元化投入的平台；制定农村产权抵押融资办法，引入农业担保和保险机制，增强了农业和农户抗风险能力，吸纳社会资金投入农业、农村。

此外，成都市在全市除六城区以外的 14 个区（市）县建立了县、乡两级农村土地承包流转服务中心，组建农村土地承包及流转纠纷仲裁委员会，加大了农村土地承包纠纷调处力度。

成都市城乡市场体制一体化改革让城市资本和农村土地资源互惠共享，提高了农村和农民在土地增值中的分配份额，让农户拥有的土地承包经营权切实变成家庭财产权。

四、农牧型农业——内蒙古鄂尔多斯市

鄂尔多斯发展以不断优化农牧业结构为主要特征的农牧结合型农业。鄂尔多斯市位于内蒙古自治区西南部，毗邻晋陕宁三省区，总面积 8.7 万平方千米，属于典型的温带大陆性气候，降水少、蒸发量大，时空分布极为不均。近年来，鄂尔多斯积极推进现代农牧业建设，推动农牧业结构调整，深化牧区流转改革，有力推动了农业增产增收。2013 年，鄂尔多斯农牧民人均纯收入达 12 800 元。

其发展经验具体体现在以下五个方面。

（1）推进现代农牧业建设，提高农牧业综合生产能力。大力推进牧区人畜饮水、草原改良、人工草地、围栏、棚圈、鼠虫害防治的基础建设，提高现代农牧业发展的支撑能力；大力开发农牧区清洁能源，发展以生物资源开发为主的农牧区新能源、新材料和清洁生产生活方式；大力推进农牧业机械化，加快推进农牧业体系建设，着力发展现代农牧业服务业，构建政府、企业、合作经济组织和农牧民分工协作、优势互补的现代农牧业服务体系。

（2）深化农牧业结构调整，优化产业布局。大力发展现代畜牧业，不断提高畜牧业在第一产业中的比重。草原畜牧业在加强草原生态、棚圈、饲草料基地等基础建设的前提下，以提高质量和效益为中心，实现稳定发展。以围栏封育为前提，推行划区轮牧、季节休牧、以草定畜、草畜平衡制度，逐步由季节性出栏、靠天养畜向四季均衡出栏、集约型经营转变。农区、半农半牧区畜牧业在全面实行舍饲圈养和禁牧的前提下，以集约化、规模化养殖为重点，建立优质高效的现代养殖体系，大力发展优质饲草料生产，加强农副产品饲用开发。

在稳定发展粮食生产的基础上，立足重点地区、重点作物、重点工程和重点技术，优先发展具有比较优势的玉米、小麦、专用马铃薯等优质专用粮食生产，增加优质饲草种植面积，突出抓好蔬菜、瓜果、杂粮、杂豆、花卉等具有较强区域优势和竞争力的特色种植业发展。

全面提升农牧业产业化经营水平，不断提高农畜产品加工在种植业加工产业链中的比重。推进农畜产品加工企业技术创新，突出抓好农畜产品精深加工，扩大企业就地加工能力，培育农畜产品加工示范企业，大力发展科技含量高、加工程度深、产业链条长、增值水平高、出口能力强，符合综合利用和循环经济要求的产品和企业。同时，大力发展农畜产品贮藏、保鲜和运销业，提高农畜产品生产经营效益。

加快实现生产布局区域化。立足粮食生产区、畜产品主产地、特色农牧业基地，引导优势农畜产品向优势区域集中，逐步形成具有一定优势、特色的农畜产品产业带。

（3）转变农牧业增长方式，提高农牧业发展的质量和效益。加大农牧业科技进步与创新力度。加快建立新型农牧业科技创新体系，推进区域性农牧业创新中心建设，形成产学研相结合的有效机制，加强关键技术攻关和高新技术研发，着力提高自主创新能力和水平。积极发展循环农牧业，加强农村牧区生态环境保护与建设，充分利用国家和自治区草原围栏、退牧还草、退耕还林还草、水土保护等项目，加快以草原为重点的农牧业生态环境的保护和建设，不断巩固和扩大建设成果。

（4）深化牧区流转改革，扩大农牧业对外开放。积极探索和依法建立流转土地和草牧场承包经营权机制，发展多种形式的适度规模经营。鼓励和引导农牧民发展各类专业合作经济组织，提高农牧民进入市场的组织化程度。进一步提高农牧业对外开放水平。加强农牧业对外交流与合作，开拓农畜产品国际市场，积极支持具有比较优势的畜产品等劳动密集型产品出口，充分利用各种资源发展农牧业。

（5）拓宽就业增收渠道，促进农牧民收入持续增长。第一，加快发展乡镇企业和农村牧区第二产业和第三产业，大力发展农村牧区劳动密集型产业，发展旅游观光休闲农牧业，发展农村牧区非公有制经济，推动村镇建设，加快县域经济和小城镇发展。第二，大力发展农村牧区劳务经济，加强对农村牧区劳动力流动的监测，完善农牧民就业综合服务体系，探索建立培训、就业、跟踪服务一体化机制，引导和促进农村牧区富余劳动力向非农产业和城镇有序转移。第三，加快培养有文化、懂技术、会经营的新型农牧民，提高农牧民科技文化水平、自我发展能力和务工就业能力。

3.2.2.2　东部地区

一、产权型农业——台湾

台湾模式是以成功的土地改革来集中农村土地资源为主要特征的产权型农业。台湾地区丘陵地形居多、耕地资源稀缺，这些都对台湾现代农业发展造成了严重制约。但台湾积极通过土地政策调整及其他方面措施，有力地推进了传统农业向现代农业转变，并取得了良好的效果。

20世纪50年代以来，台湾共进行了三次较大的土地政策调整，对台湾经济发展特别是农业发展产生了重大影响。

第一次土地改革，主要是改革农村生产关系，解放农村生产力，提高农民生产积极性。分为"三七五减租"、"公地放领"、"耕者有其田"三个步骤。

第二次土地改革，主要是为了摆脱以小土地私有制为基础的小农经营，实现农业专业化、企业化和机械化。推行农地重划，辅导小农转业，促进土地所有权、使用权的整合；推广共同经营、专业区经营和委托经营等形式，扩大农业经营规模化。

第三次土地改革，主要是为了解决岛内农地市场化问题，以适应经济全球化和加入世界贸易组织的需要。

台湾土地改革的成功，为岛内现代农业发展奠定了良好的基础，之后台湾在农业政策扶持等方面也进行了一系列改革，如取消农业税、执行良种补贴等政策，加强农业及农产品的研究和开发，确保科技成果的转化和运用，提高了农业生产力。

在强化市场主体方面，台湾实行的农产品三级运销系统是集产地、批发、零售为一条龙的运营模式，采用食品工业产销一元化经营方法。既重点培植、扶持、发展了具有带动性和辐射能力的农产品深加工企业，又建立、健全了农产品市场营销体系，组织和引导企业开展多种形式的农产品促销活动。近年来，以休闲农业为主要特征的观光农业在台湾岛内蓬勃发展。休闲农业具有提供休闲场所和农村生活体验、教育市民认识农业、维护自然生态环境、增加就业机会、提高农业收益等多种功能，把农业建设、科学管理、农艺展示、特色产品销售、农场（农村）空间出让等与旅游观光融为一体，让旅游者体验农耕休憩、回归自然、修身养性，使农业的三生功能得到最大限度发挥，从而实现养生休闲效益共赢的目标。

二、产协型农业——辽宁阜新市

阜新市位于辽宁省西北部，是一座"因煤而立，因煤而兴"的资源型城市，素有"煤电之城"的美誉。但是，煤炭资源逐步枯竭，同时阜新又没有形成其他接替产业，致使阜新市经济陷入发展困境。2011 年，阜新被国务院批准为我国首个资源枯竭型城市经济转型试点城市，由此拉开了阜新经济转型的序幕。经过总结、调研和论证，阜新确定转型方向为发展现代农业，并借此契机进一步调整阜新的产业结构，形成三大产业协调发展的产业格局。

（1）集中优势发展现代农业，形成产业集群。阜新市依托矿区非生产经营性土地、闲置的厂房和城市周边乡镇的土地，建成了一批科技含量高的禽畜专业养殖示范区和现代农业开发示范区，为引进和培育现代农业的产业化龙头企业提供了有利条件。阜新市大力发展高科技农业、特色农业、生态农业、设施农业，以及与农业相适应的农产品加工业，建设了一批科技含量较高的农业园区和专业小区。同时，阜新市还积极引进和培育农业产业化龙头企业，形成农业产业园区、专业养殖基地与龙头企业的互动发展，形成了农业产业链，构筑了农业产业群，加速了阜新现代农业的发展步伐。

（2）建立现代的农产品流通体系。阜新市按照"公司农户现代销售"的模式大力引进、发展中介公司，培育城乡经纪人队伍，用现代流通来带动现代农业生产。完善的市场流通体系对现代农业的发展具有举足轻重的影响。在农产品生产要素市场方面，阜新市的农业企业与农户之间建立较为紧密的合作关系，确保农产品生产要素的充足、稳定供应，并完善了农产品价格随市场而动、基本稳定的市场机制。同时，在农产品市场流通方面，阜新市加快供销合作社的改革发展，为阜新市建立现代的农产品流通体系奠定基础。

（3）升级改造工业结构。阜新市秉承"稳定煤炭工业，发展非煤产业"的原则，坚持走外延扩大再生产的道路，把发展非煤经济摆在企业调整、改造的重要位置。阜新的煤炭火力发电使其在煤石、矸石风力发电方面存在巨大优势，而且对其他产业的发展有着极大的推动作用，所以，稳定发展煤炭工业不可动摇。同时，阜新市把改造工业结构的重点放在发展非煤经济，充分依托阜新市的优质浮法玻璃深加工业、新型电子元器件制造业、橡胶制品业、含氟精细化工业这四个优势产业，规划建立相应的工业园区，积极推动这些优势产业的发展。

（4）搞好经济转型的规划布局。阜新市谋划了城市中心产业区、现代农业示范区和现代农业福射区三大规划布局，形成地区经济三个环型发展布局。城市中心产业区主要包括城区中现有的建成区、阜新经济技术开发区和阜新国家级农业科技园区。现代农业开发示范区主要包括阜新矿区及其周边的 12 个乡镇。示范区不仅要在发展现代农业方面起到示范作用，还要成为安置矿区职工就业区和生态绿化重点区。现代农业福射区以阜、彰两县为主，力争把福射区建成生态环境保护区和优质绿色农产品生产区。

三、规模型农业——黑龙江垦区

黑龙江垦区的发展是以高水平机械化为主要特征的规模型农业。作为全国耕地面积最大的垦区，黑龙江垦区现有耕地 4300 万亩，且集中连片，特别适合大规模机械化作业。近年来，垦区粮食生产实现"九连增"，水稻和玉米已形成支撑粮食生产的核心支柱。2013 年，垦区粮食总产达 212 亿 kg，农机装备水平和农机化发展水平居国内领先，与世界农业发达国家不差上下。

（1）推动高水平的农业机械化。垦区通过机械化实现了种植业结构大幅度调整，使高产作物的种植面积快速增加；依赖先进的机械来实现先进的农作物栽培技术，其"十大栽培模式"都是以机械化为主要手段。黑龙江垦区的农机装备的主要特点为：装备标准高、投入大、种类齐全；科技含量高，大型化、自动化、信息化和机电液一体化，能够多功能、复式作业，可实现卫星定位、自动导航、精密播种、变量施肥、即时测产等作业。到 2011 年年底，黑龙江垦区拥有农机总动力 745.6 万 kW，农业机械原值 171.7 亿元。2013 年，垦区综合机械化率已达到 94%，基本实现农业机械化。

（2）推广高水平的农机科技应用。第一，以引进大马力拖拉机、收获机为重点，对动力机械进行了大量更新换代，完成了农业"动力机械的革命"。第二，以推广实施保护性耕作技术为重点，完成了"土壤耕作技术的革命"。第三，以推广应用大型精密播种机和水稻高性能快速插秧机为重点，掀起了新一轮"播插机械的革命"。第四，以自主创新为突破口，实现了具有中国特色、农垦特点的"北方寒地水稻生产全程机械化技术模式"。第五，以推广应用拖拉机卫星定位、自动导航技术为重点，大力推进农机化与信息化的融合，促进农业信息化。

（3）推进农业机械化的拓展和延伸。以提高农业机械化发展质量和水平为重点，加快推进农业机械化发展，实现由农业机械化向农业机械现代化的转变，并进一步拓展农业机械化的范围和领域。第一，由旱田装备向水田装备发展和延伸，实现水旱田全过程、全方位的机械化。第二，由粮食作物向经济作物等非粮食作物机械化发展和延伸，实现全作物的生产过程机械化。第三，由农业生产的产中机械化向产前和产后机械化发展延伸，实现农业生产全过程的机械化。第四，由种植业向畜牧养殖业机械化发展和延伸，实现种养业全面生产机械化。第五，由地面机械化作业向空中发展和延伸，实现现代化大农业的立体生产作业。第六，由垦区内向垦区外发展和延伸，以农村开展农业机械化代耕作业为重点，带动周边农村农业现代化建设。大力推广应用现代农业机械化新技术与新机械，创新农业机械化管理体制与经营机制，大力推进农业机械化场县共建，使垦区农业机械化向更高层次，更宽领域和更大范围发展。

四、集聚型农业——山东东营市国家现代农业示范区

东营市发展以以点带面为主要特征的集聚型农业。东营市，又称油城，位于山东北部，多年来东营市 70% 左右的 GDP 来自石油及相关产业，随着经济发展方式的转变，东营经济结构的油地比例成为了 3∶7。2012 年 1 月，农业部批准山东省东营市整建制建设现代农业示范区。截至 2013 年 1 月，东营已建成种植、畜牧、渔业、食用菌等特色园区 91 个，培育省级以上农业龙头企业 42 家。

（1）依据"四大优势"规划建设示范区。东营市具有四大基础优势。首先，区位优势。东营全境被列入了黄河三角洲生态经济区和山东半岛蓝色经济区"两大"国家战略，赋予了农业示范区建设新的优势。其次，土地优势。东营市人均占有土地 6.72 亩，未利用土地 451 万亩，黄河每年新淤土地 1.5 万亩。再次，生态资源独特。典型的河口湿地生态系统，造就了独具特色的黄河口大闸蟹、文蛤、大米、水蜜桃、西瓜等优势农产品。最后，工业基础较好，规模以上农业龙头企业达 243 家。

多年来，东营基于上述"四大优势"，对现代农业发展路径和模式进行了探索。2011 年年初，东营出台《关于农业主导产业调整振兴实施意见》和《关于加快农业龙头企业发展意见》，确定实施农业产业集聚和企业集聚"两个战略"，加快建设各具特色的现代农业园区。着力引导农业资源集聚，以产业集聚发展特色农业，壮大农业优势产业；着力引导农业龙头企业集聚，以企业集聚放大带动效应，提升农业优势产业层次。

（2）发动"四大主力"领建农业园区。东营市高标准规划建设了一批特色现代农业园区，在现代农业的"点"上实现突破。2012 年年初，东营市政府出

台了《关于加快推进现代农业园区建设的意见》，提出发挥财政撬动作用和信贷配套作用，引导农业龙头企业、工商资本和农民专业合作社投资农业园区；市县政府设立现代农业发展基金，建立财政资金引导和社会资金参与的农业园区建设投资、融资机制。由于借用小杠杆撬动大资金，东营市逐渐形成政府部门、农业龙头企业、工商资本、农民合作社"四大主体"，并形成了"四类"农业园区。

政府部门领建园区。其特点是规划布局统一、建设标准较高。至 2013 年年初政府投入达 89.2 亿元，建设了 24 个农业园区，吸引了一批大项目落户。比如投资 10.7 亿元的乳业种养加一体化项目、泰国正大集团 3 万亩绿色水稻种植基地等。

农业企业领建园区。其特点是园区规模较大、重视产业延伸；经营管理较好、拥有企业品牌；市场优势明显、带动效应较大。2013 年年初已有 21 家农业企业投资 25.6 亿元，建成或正在建设特色农业园区。荣丰食用菌公司投资 4.8 亿元，建设了工厂化食用菌示范园，形成了"作物秸秆利用—食用菌生产—有机肥料生产—还原农田"循环模式，年产白玉菇、蟹味菇等高档食用菌 4.5 万 t；另外，正在建设院士工作站和全国首家国家级食用菌研发中心。

工商资本领建园区。其特点是资本充足、企业运营；规模较大、起点较高；专业生产、链式经营。至 2013 年年初已有 32 家工商资本投资 81.5 亿元，建设了农业园区。比如，蓝海集团投资 4 亿元建设的生态种养一体化基地项目，就是工商资本进军农业的典型样本。

合作社领建园区。其特点是园区规模较小，生产水平较低，但因地制宜、灵活多样、特色显明、经营灵活。至 2013 年年初东营有 13 家农民专业合作社投入 4.6 亿元，建成或正在建设农业园区。

（3）集聚产业打造农业竞争力。一个地区的农业资源是有限的，要加速农业转型升级，必须凝集力量，明确主导产业和主攻方向。东营在稳定传统粮棉产业基础上，推进农业产业集聚，瞄准"高端、高质、高效"农业优势产业，明确重点和特色，集聚资源和力量，以重点农业园区、重点企业和重点项目为载体，通过"政策驱动、投入推动、示范带动、市场拉动、组织促动和体系联动"，实现"园区化发展、规模化经营、标准化生产、品牌化营销"。

在种植业集聚上，东营着力重点发展黄河口水稻、饲草饲料、工厂化食用菌、富硒大蒜、花卉苗木等高端种植产业，发展了以黄河口大闸蟹、海参、奶牛、生猪等为重点的高端养殖产业，提升了主导产业竞争力。

在畜牧业集聚上，东营呈现出"一区两带六片"发展态势，饲草饲料、草籽种业、畜产品加工、有机肥料等畜牧关联产业蓬勃发展，畜牧业核心竞争力日益显现。另外，东营在绿色奶牛和生态肉牛养殖方面已经成为行业的领导者。

一批较大的畜牧项目，如山东正邦公司投资 16 亿元的养殖基地，年可出栏种猪 10 万头、生猪 90 万头；澳亚集团投资 4 亿元建设的第二个万头奶牛场等，正在带动畜牧业走向规模化。截至 2013 年年初，饲草种植达 62 万亩，产量达 76.6 万 t；肉蛋奶总产量达 81 万 t。

（4）集聚企业提升农业层次。为推进农业企业集聚，东营制定了鼓励政策和扶持措施。例如，农业企业建设规模化生产基地，可申请项目扶持资金和政策性保险；新办科技型农业企业，两年内免缴行政收费；对认定为国家和省级企业技术中心的企业给予重奖；企业技术改造贷款，可申请贴息支持；企业大型农用生产设备、参保渔船、海域使用权、林权等，可办理抵押贷款。

同时，东营推行了"企业＋合作社＋农户"组织化模式，探索了农村土地承包经营权股权化，推进和规范了土地流转，推行企业保护价收购、股权分红、利润返还等做法，为农业龙头企业集聚奠定基础。至 2013 年年初东营规模以上农业龙头企业达 243 家，年销售收入达 430 亿元；省级龙头企业 38 家，国家级龙头企业 4 家。

3.2.2.3　中部地区

一、产业型农业——河南浚县国家现代农业示范区

浚县的农业主要以农产品精深加工为主。浚县地处河南省鹤壁市，自古有"黎阳收，顾九州"的美誉。作为首批国家现代农业示范区之一，浚县依托自身优势，因地制宜，着力农业的产业化经营，推进农业生产方式的转变，有力提升了农业生产力。浚县县域面积 966km²，耕地 107.6 万亩，基本农田 83.5 万亩。2011 年，浚县农业总产值 27.96 亿元，占地区生产总值的 23.7%；其农村居民人均纯收入 8318 元，同比增长 21.5%。

浚县在农业产业化发展过程中，重点培育龙头企业，积极探索"龙头企业＋合作社＋农户＋担保公司＋金融机构"模式和"政府＋农户＋合作社＋金融＋担保＋保险＋龙头企业"的产业化经营新模式，培育了一批经济效益好、带动能力强的龙头企业；着力打造产业集群，构建现代农业产业化体系；充分发挥合作社的桥梁和纽带作用，依托产业成立合作社，以合作社发展壮大产业，有效促进农业增产、农民增收；发展现代畜牧业，推动产业化生产，积极推进健康养殖和畜牧业现代化发展战略，取得了明显成效；加强科技投入，先后与多家科研单位与高等院校开展技术协作，并且大胆引进先进技术与装备，以提升产业发展速度。

河南是农产品生产大省，也是农产品加工的重要省份。农产品资源优势突出的浚县，多年来大力发展农产品加工产业，集中打造了中鹤集团、粮食精深

加工、特色畜禽养殖加工、林产品加工等四大农业产业化集群，使土地、资本、人才、科技等生产要素有力集聚、合理配置、有效衔接。目前，四大农业产业化集群已初具规模。

第一，中鹤集团农业产业化集群。集群以中鹤集团为核心，至 2012 年有合作社 29 家，加工企业 18 家，龙头企业 5 家，其中国家级龙头企业 1 家，市级龙头企业 4 家。2012 年，该集群销售收入 28 亿元，吸纳就业 6000 人。第二，浚县粮食精深加工产业集群。集群位于浚县产业集聚区，集群内有合作社 247 家，粮食加工龙头企业 28 家，其中省级龙头企业 3 家，市级龙头企业 25 家。2012 年，该集群销售收入 43.5 亿元，带动小麦、玉米、杂粮等种植基地 20 万亩，吸纳就业 2.3 万人。这一农业集群农产品就地加工转化率超过 70%，农产品加工增值率达 65% 以上，集群带动农户 3 万户以上。第三，浚县特色畜禽养殖加工产业集群。这一集群位于浚县城区北段，集群内有合作社 59 家，龙头企业 29 家，其中省级龙头企业 1 家、市级龙头企业 28 家。2012 年，这一集群销售收入 26 亿元，畜牧加工产值 10 亿元。另外，带动养殖基地 3000 个，畜禽产品就地转化率达 60%，农产品加工增值率达 70% 以上，带动农户超过 1 万户，吸纳就业 8000 人。第四，浚县林产品加工产业集群。这一集群位于浚县善堂镇，集群内有林产品加工企业 20 家，市级龙头企业 1 家，主要以得邦利达家具有限公司为依托。2012 年，这一集群销售收入 5 亿元，辐射带动基地种植面积 225 万亩，林产品就地加工转化率在 60% 以上，林产品加工增值率达 65% 以上，集群带动农户超过 5500 户，吸纳就业 3000 人。

第4章 | 榆阳区现代农业的发展

4.1 榆阳区区情分析

榆阳区在行政区划上属于陕西省榆林市,与内蒙古自治区的乌审旗及榆林市内的横山、米脂、佳县、神木相毗邻,是榆神府煤田及陕甘宁大气田重要组成部分,石油亦有相当规模储量,是典型的能源富集区。对榆阳区的总体状况,我们以 SWOT 战略分析方法为框架,对全区内部条件及所处外部环境进行全面分析,着眼于全区的优势与劣势,着眼于其所处的政治、经济、社会文化与技术环境。其内外部环境包括四个维度:优势、劣势、机会和挑战。下文将从这四个维度对榆阳区基本区情进行简要分析。

4.1.1 优势

4.1.1.1 区位优势

区位优势,即某一地区在发展经济方面客观存在的有利条件或优越地位,通常包括自然和人文两个方面的内容。一个地区的区位优势主要由自然资源、劳动力水平、工业聚集、地理位置、交通条件等决定。榆阳区自然资源丰富、交通运输便利、科技文化资源得天独厚,区位优势明显。

一、自然区位优势

榆阳区位于陕西省北部、榆林市中部,位于陕北黄土高原和毛乌素沙地交界处,是黄土高原与内蒙古高原的过渡区域。总面积 $7053km^2$,居全省县域面积第二位。境内以明长城为界,以北为风沙草滩区,约占总面积的 75%;以南属丘陵沟壑区,总体地势北高南低。榆阳区属温带半干旱大陆性季风气候,四季分明,全年平均气温 8.1℃,全年日照 2914.2 小时,日照百分率为 66%,平均降水 400 毫米左右,无霜期 150 天左右。榆阳区境内有大小河流 837 条,其中常年流水河流 570 条,季节性流水支沟 261 条,流域面积超过 $10km^2$ 以上的沟道 53 条,超过 $100km^2$ 以上的河流 23 条。区内矿产资源种类齐全且储量丰富。此外,榆阳区属于灌丛草原植被区,草灌占优势,全区共有草本植物 60 多种,木本植物 40 多种,栽培植物 79 种,植物资源较为丰富。

二、人文区位优势

榆阳区作为榆林市政府驻地,是榆林市的政治、经济、文化中心,同时也是《全国主体功能区规划》、《西部大开发"十二五"规划》、《陕甘宁革命老区振兴规划》、《呼包银榆经济区发展规划》、《蒙陕甘宁能源"金三角"战略规划》五大国家级规划的覆盖区域。

目前榆阳区已基本形成以公路为主、铁路为辅、航空为补充的交通运输网，交通优势显著。榆林至靖边高速公路与陕西至内蒙古在高速公路呈"丁"字形在市区交汇，210 国道南北纵贯榆阳区全境。榆神、榆绥、榆佳高速、包延铁路复线、榆阳机场二期陆空通道等相继建成，使榆阳区对人流、物流、资金流、信息流的集聚效应进一步放大，榆阳区作为榆林市及晋陕蒙交通枢纽的区位优势更加凸显。

榆阳区集中了榆林市主要的优质教育资源，2013 年全区有各级各类学校412 所，在校学生 128 109 人，在园幼儿 80 907 人。榆阳区拥有榆林市唯一一所本科院校榆林学院、陕西广播电视大学榆林市分校及唯一财经类省级重点中等专业学校榆林财贸学校。2013 年，榆阳区共申报国家级科技项目 1 项，省级科技项目 3 项，市级科技项目 73 项，区级科技项目 32 项；全区财政共预算科技经费 5210 万元，较上年增加 1934 万元，占本年度区本级财政预算支出的 2.3%；完成技术市场交易额 3066.5 万元；申报科技成果评议项目 7 项，获奖 7 项，教育和科技实力雄厚。在基础教育方面，榆阳区建有拥有百年校史的榆林中学、陕西省重点高中榆林市第一中学等，学前三年教育毛入学率为 84%，小学、初中、普通高中阶段入学率分别达到 100%、99.98%、96.37%。

榆阳区自魏置上郡以来，已有 2000 多年的历史，保存着大量历史文化名迹。全区文物古迹众多，著名的秦长城由东北向西南斜穿区境，其上的墩、台、堡、塞大多保存完好。长城脚下，黄沙绿洲，羊群草地，相互交织，呈现出一派大漠边关的奇异风景；榆林古城墙是国内保存较为完整的古城墙之一，城内密集分布着星明楼、万佛楼、钟楼、梅花楼和戴兴寺等名胜古迹，显示出塞上古城的独特风貌；被誉为"万里长城第一台"的镇北台和全国最大的巨书宝库红石峡早已闻名遐迩；走马梁汉墓、南门瓮城、古城墙等文物古迹星罗棋布；集风景、艺术、宗教于一体的青云寺、悬空寺、黑龙潭和万佛洞等古寺庙，大多得以修复并重现风姿。这些具有鲜明特色和丰富内涵的文物古迹、游览胜地为发展旅游事业提供了得天独厚的资源条件。

4.1.1.2 农业发展优势

榆阳区地处农耕文明与游牧文化交错带，属典型的毛乌素沙漠与黄土高原过渡地带，北部风沙草滩区地下水资源较为丰富，其人均水资源占有量 1710m³，相较于榆林市人均占有量 979m³、延安市人均占有量 612m³ 以及陕西省人均占有量 1200m³，榆阳区的水资源占有量具有明显的优势，为农业发展提供了强有力的用水保障。榆阳区土地资源十分丰富，2010 年全区土地总面积约 1057.95 万亩，其中耕地 96.78 万亩，人均耕地面积 2.92 亩，林地 494.46 万亩，牧草地 328.18 万亩，发展现代农业具有得天独厚的优势。

农业是榆阳区的优势产业。榆阳区用抓工业的理念谋划农业，走出了一条创基地、建园区、上项目、保生态、促进农业增产、农民持续增收的发展道路。初步形成了以设施蔬菜、高产玉米、脱毒马铃薯、优质小杂粮、大扁杏为主的五大优势产业和以温棚养猪、舍饲养羊为主的两大设施养殖业迅猛发展势头，为农民增收提供了有效途径。

榆阳区农副土畜产品产量可观。在畜牧业方面，榆阳区是陕西省第一畜牧大区，2013 年，全区羊实际饲养量达 221.6 万只，生猪饲养量达 160.5 万头，成为陕西第一大羊、生猪养殖大区；牛饲养量 4.5 万头，家禽饲养量 195.5 万只，肉类总产量 8.8 万 t，禽蛋产量 1.4 万 t，奶类总产量 2.4 万 t；羊绒产量 317.4t，其中麻黄梁镇的白绒山羊基地已被农业部鉴定为优质品种繁育基地。在种植业方面，2013 年，全区粮食总产量达 2.37 亿 kg，粮食生产实现"十连丰"。在特色林果业方面，东南部山区建成的 10 万亩大扁杏基地已开始进入盛果期，预计杏仁年产量可达到 100t 以上。

2013 年以来，榆阳区按照保护草原生态，转变发展方式，促进草畜平衡，推动转移就业的原则，大力开展草产业建设工作，完成人工种草 22.1 万亩。全区实施 1000 亩以上的规模种草点 10 块，相对集中连片 10 亩以上水地优质牧草种植示范点 70 多块，在巴拉素、牛家梁、马合、岔河则、补浪河等乡镇引进饲料桑 65 亩、甜高粱 200 亩、将军菊苣 200 亩进行推广种植，并在青云镇等 3 个乡镇（乡镇办事处）开展轮封轮牧试验工作。同时，以中央财政安排的"振兴奶业苜蓿发展行动"项目为依托，在小壕兔乡耳林村建设优质苜蓿示范基地 3000 亩。

此外，榆阳区还全面提高农业机械装备水平、作业水平、安全水平、科技水平和服务水平。2013 年，全区农业机械总动力达到 37 万 kW；全年机耕作业面积 50 万亩，机械播种作业面积 50 万亩，机械收割作业面积 5 万亩，保护性耕作面积 30 万亩；建成农业机械科技示范村 30 个。

榆阳区重点扶持了一批农业产业化龙头企业，组建了一批农业专业合作社。2012 年，累计建成农业龙头企业 59 家，农民专业合作社 539 个，"一村一品"示范村 150 个。2013 年，榆阳区在南部山区率先探索农民通过土地产权入股成立专业合作社、改变传统农业经营形式的新路径，不仅释放了农村土地资源和劳动力，而且为培养职业农民、壮大农村集体经济、提高农业综合效益提供了范例。在大力发展各项产业和农业产业组织的同时，榆阳区极为重视农业科技的推广与应用。作为榆林市农业发展优势区，榆阳区在北部风沙滩区玉米种植过程中主要采用四项技术,即选良种、增密度、覆地膜、配方肥。其科学方法及规模化种植使玉米种植成为榆阳区农民致富的一条主要途径。其玉米单位产量已经超过榆林市及陕西省平均水平,其中,岔河则乡万亩玉米平均亩产954.5kg,孟家湾乡万亩玉米平均亩产987.7kg,岔河则乡百亩玉米核心攻关田最高亩产1209.3kg。在南部山区,近年来积极推广旱作农业集成技术,即实施配方施肥、地膜覆盖、节水灌溉、优良品种配套等关键技术,实现粮食大幅增产及农民增收。在一系列强农惠农政策支持下,2013年,全区农业总产值达37亿元,农村居民人均纯收入11 331元,是陕西省平均水平的1.7倍,是榆林市平均水平的1.3倍。

4.1.1.3　能源产业优势

榆阳区是国家级能源重化工基地五大核心板块重复叠加的核心板块,能源矿产丰富。其煤炭资源储量485亿t,探明含煤面积约5400km²,占辖区总面积的77%,具有煤层厚、储量大、品质好、易开采的特点,是世界七大煤田之一榆神府煤田的重要组成部分。陕西省八大煤矿均分布在榆阳区,2013~2015年,规划上马三个3000万t级的煤矿。至2015年末,预计煤炭总量达1.2亿~1.6亿t,占陕西省煤炭总量的1/4。榆阳区天然气探明储量820亿m³,含气面积大、纯净度高、开发前景广阔,是陕甘宁大气田重要组成部分。岩盐资源预计储量1.3万亿~1.8万亿t,为氯化钠含量高达95%的罕见精品盐矿,是榆米绥特大型盐田重要组成部分。此外石油、高岭土、泥炭等矿藏亦有相当规模储量。资源富集的特点决定了榆阳区发展的优势在于做大做强能源化工产业。

经过多年发展,榆阳区能源化工工业强势崛起。作为陕北国家能源化工基地的核心组成部分,榆阳区政府强力推进“关小上大”,整合淘汰落后产能,启动金鸡滩循环经济产业园、麻黄梁工业集中区、西红墩煤化工业园、大河塔煤化工业园四个园区,吸引了兖矿、华能、华电等一批大企业、大集团相继落户,实现了榆阳区招商引资的突破性进展。虽然榆阳区各个项目起步晚,但是项目起点高、相关设备先进。截至2013年,煤矿总产能为2905万t/年,共有榆树湾、中能、薛庙滩、麻黄梁等24个煤矿,上河、柳巷、常兴、双山、巴拉素、元大滩、大海则、曹家滩等在建煤矿产能为8000万t;榆阳区已经建成60万t铝镁合金、50万t煤焦油加氢、60万t真空制盐等项目;2013年,榆阳区重点建设小纪汗煤矿、杭来湾煤矿等八大煤矿和未来能化煤洁净利用项目、铝镁合金及电力设施项目等。随着煤制甲醇、煤电循环、煤间接液化等一大批煤化工尖端项目陆续落地,榆阳区初步形成以煤炭采掘为基础,以煤化工为主体,以非煤、新能源、新材料、装备制造为补充的多元化产业集群。同时,榆阳区全面完成了国有企业改制的历史性任务,基本实现了工业体系的升级换代。“十一五"期间，榆阳区工业经济以41％的速度逐年递增，规模以上工业总产值达220亿元。这些重大举措和重要成就表明，榆阳区大型能源化工基地建设起步良好，发展势头强劲。

依托煤炭资源优势，榆阳区电力行发展良好。区内供电网已与西北电网联网，330千伏、110千伏两条输电线路由南向北穿越区境，目前正在筹建750千伏输电线路和110千伏输电线路。现有2×13.5万kW火电厂一座，350千伏变电站一座，110千伏变电站6座，35千伏变电站7座，全区境内各大项目均有可靠的供电保障和送电条件。与此同时，农网改造工程突飞猛进，全区488个行政村全部实现了同网同价。

2013年以来，受国内外经济紧缩、工业产品价格严重下跌的影响，作为榆阳区支柱产业的能源化工工业面临巨大压力，榆阳区区委、区政府积极采取一系列鼓励措施，在全区上下共同努力和新增产能拉动下，最终实现了工业经济在困境中持续增长。新增产能拉动效果明显，支柱行业全面增长，采矿和洗选业产值1～7月同比增长27.4％，占工业总产值的比重为71.9％；电力、热力、燃气及水的生产和供应业产值增长10％，占工业总产值的比重为6.5％；加工制造业产值增长54％，占工业总产值的比重为21.1％。

4.1.1.4　民间资本优势

近十年来，随着榆阳区能源工业的快速发展，榆阳区的社会财富随之迅速积累，民间资本逐渐成为影响经济、社会发展的重要力量。在促进农业产业化经营、提高农业生产率和发展农村经济等方面，民间资本成为不可或缺的重要推动力。截至2013年6月底，榆阳区15家小贷公司实现贷款余额15.02亿元，区级监管的两家融资性担保公司在保余额4.06亿元。据榆林市金融办测算，榆阳区的民间资本存量占全市的40％左右，大约在200亿～300亿元，雄厚的民间资本为当地民间融资提供了良好的资金保障。

榆阳区政府十分重视民间资本作用，并进行了一系列的政策引导。一方面，积极利用民间资本，支持投资实体经济。除了继续实行贷款贴息、营销奖励等扶持措施之外，还出台政策设立民营企业科技创新专项资金，鼓励新技术研发。另一方面，积极鼓励民间资本投资金融服务业。例如，鼓励民间资本参股银行业，投资"只贷不存"小额贷款公司，参与组建农村资金互助社等。目前，榆阳区已构建起以投资公司、金融公司、典当公司、财务公司、保险公司等各类主体构成的多元化民间金融格局，民间资本在现代农业发展过程中起到较大推动作用。

此外，榆阳区政府积极鼓励和引导民间资本进入水利、交通、环保等项目及公共事业建设领域。如引进民间资本投资建设榆神高速、榆佳高速、210国道过境线及城市污水、垃圾处理等项目，有力推动了榆阳区经济跨越式发展。在社会事业领域，政府通过政策引导，鼓励民营企业家进入养老服务领域，取得了很好的社会效益。

榆阳区民间资本循环状况良好。近年来，随着国际、国内形势的变化，民营企业云集的神木、府谷两县，其民间资本市场已经出现较为明显的动荡，个别地区出现信贷危机，民营企业筹措资金相对困难，进而影响民间投资对两县经济发展的拉动力。面对这一变化，榆阳区积极引导民营企业筹措资金，致力于解决民营企业在发展过程中遇到的困难，实现了民间资本的良性循环。

4.1.1.5　产业结构转型优势

作为典型能源富集区，榆阳区在依托能源产业发展的基础之上，主动进行产业结构转型，在宏观经济遇冷、煤炭价格走低的形势下，依然保持经济发展的良好态势。2013 年，榆阳区经济发展呈现出"逆势跨越、转型加快"的良好态势，GDP 总量在陕北各大县区名列前茅，增长速度位居榆林市第一位，成为全市经济发展态势最好的县区。

榆阳区产业结构转型起步较早，多年来致力于结构调整、服务企业、优化企业发展环境，累积的后发优势从 2013 年以来逐渐释放，转化为推动经济持续赶超的发展优势，形成了现有条件下的较优产业结构。在能源化工产业占主导地位的状况下，榆阳区积极发展非煤产业，培养经济增长的"新支点"。区政府几年来紧抓结构调整，出现了 100 万吨煤制油、大匠 140 万只蛋鸡、60 万 t 铝镁合金、60 万 t 真空制盐、5 万台新能源汽车为代表的一批非煤产业项目，基本形成了以能源化工为主体、以特色农业和现代服务业为两翼的"一体两翼"产业新格局。目前已建成企业占到全区规模以上企业的半壁江山，成为除煤炭采掘之外又一批新的经济增长点。

在实行科学主动转型路径的同时，榆阳区对现代农业发展给予了高度重视与支持，并将其视为生态文明建设的主要载体和产业结构优化的重要工程。榆阳区是全省第一养殖大区，有全国最高产量的玉米吨粮田，其旱作农业的科技含量颇有特色，为农民增收提供了坚实的物质保障。从 2012 年起，农村居民人均纯收入已突破 10 000 元，大大高于全省平均水平。此外，现代农业示范园区已晋升为国家级农业示范园区。这些重大非煤产业项目的相继建成投产，使得榆阳区的产业体系日趋多元化，抵抗市场风险的能力日益增强。

4.1.2　劣势

4.1.2.1　产业结构亟待升级

当前榆阳区经济发展迅猛，但经济高速发展过程中也出现一些矛盾和问题，尤其是能源产业的快速发展导致榆阳区形成了"一煤独大、重工为主"单一型产业结构。此外，以高耗能为主的粗放型经济没有得到根本改变，产业之间发展不协调、各产业部门发展层次低等问题依然严重，具体表现在以下几个方面。

一、农业发展产业化水平低，农产品加工业滞后

2013 年，榆阳区第一产业增加值 23.21 亿元，增长 5.3%，远低于第二产业的 29.5% 和第三产业的 12%。农业现代化发展滞后，种植业规模、技术水平有待提升，北部风沙滩区的机械化种植有待进一步提高，南部丘陵沟壑区农业生产效率仍然低下。农业主导产业畜牧业结构单一，产业链延伸程度较低，缺乏专业化龙头企业及高附加值产品带动发展。农产品加工业主要以家庭小型加工业为主，规模小，加工层次低，技术水平不高，抵御风险能力较差。

同时，由于农业产出效率较低，农民种粮积极性不高，东南部山区土地撂荒情况严重；规模养殖开展缓慢，对市场反应迟缓，农副产品深加工和市场化程度不够，制约了农产品附加值的提高，阻碍了农业产业化的发展进程。

二、工业发展"大而不强"，产业结构不合理

2013 年，榆阳区实现第二产业增加值 270.43 亿元，占全年全区生产总值的 58.6%，第二产业在整个国民经济结构占主导地位，三个产业之间的比例为 5：58.6：36.4，经济结构呈现明显的"二三一"结构特征。同时，由于长期依赖煤炭等能源产业，忽视了轻工业发展，榆阳区第二产业内部结构呈现轻重工业结构明显失衡的状态。例如，2013 年，榆阳区 79 户规模以上工业企业中有能源重化工企业 65 户、轻工业企业 14 户，所占比例分别为 83% 和 17%，全区 2014 年 1～8 月规模以上工业企业实现工业总产值 284.14 亿元，其中轻重工业产值分别为 2% 和 98%，轻工业的比重份额远远低于重工业。当前榆阳区能源产业结构单一化严重制约了经济全面协调发展，尤其是近年煤炭产业持续低迷，煤价大跌对全区煤炭行业发展的负面效应持续加大，预计对 2013 年产值的影响将超过 40 亿元。目前，全区工业投资项目众多，但大多以能源开采为主，缺乏科技含量高的高精尖项目支撑，工业产品结构单一，抵御风险能力不强。

三、第三产业发展缓慢，现代服务业滞后

2013 年，全区第三产业实现增加值 167.62 亿元，占全区地区生产总值的 36.4%。服务业近几年虽然有了较大发展，但仍然以住宿、餐饮业和批发零售贸易业等传统型服务产业为主，金融、物流、科技等新兴服务产业发展滞后，传统服务业发展优势不明显，发展后劲不足。

目前全区第三产业经营主体大多是中小企业和个体户，整体呈现小、散、

弱状态，产业化水平较低，受资金、技术、人才等的制约，面对激烈的市场竞争，部分企业经营困难，很难发展壮大。由于缺乏有效的政策引导及强劲的财政支持，现有服务业区域辐射力不强，带动效应不明显。此外，作为现代服务业重要组成部分的农村公共服务业尚未得到足够的重视，由于公共财政对乡村公共服务业投入不足，缺乏合理规划，农村服务业发展受到严重制约，进而影响了服务业的发展规模。

4.1.2.2　现代农业外部组织环境有待提升

一、农业基础设施建设薄弱

榆阳区在农业基础设施建设过程中，缺乏统一的科学规划及强有力的措施保证，农业基础设施存量与增量均无法满足新时期农业发展的要求。农田水利建设不足，许多河道淤积，防洪排涝能力大幅减弱，农田灌溉渠道匮乏；农村公路通达通畅工程覆盖面小，乡乡通油路和村村通油路尚未全面实现；区内尚有部分人面临饮水不安全问题，农村饮水工程补救和新建工作不到位；乡村治理力度不够，沼气、秸秆气化、太阳能等农村清洁能源利用不足，乡村清洁工程未得到足够重视。除了以上几点，榆阳区的农业信息、农业机械服务、农资供应、金融信贷等服务网络尚未健全，农村社会化服务体系建设滞后，严重制约农业现代化建设工作开展。

二、农产品流通环节衔接不畅

榆阳区农村市场体系和物流产业发育不全，缺乏大型专业农产品市场，导致大宗农产品流通渠道不畅。新型连锁经营、电子商务等现代农村物流产业的手段和设施更为落后。若能形成相应的农产品行业协会和中介组织，发挥行业协会和中介组织的集约能力、技术指导能力及行业牵头带动能力，便可在一定程度上促进生产、流通和技术服务的合力形成。

区内农产品加工企业不多，导致市场对农产品的消化能力受限，再加上销售渠道不畅，难以形成规模效益。此外，农产品产业链不够完善，抗风险能力较弱，农产品加工企业难以直接面对市场变化及其他大型加工企业的竞争冲击。

三、专业技术人才短缺

随着榆阳区经济快速增长及产业结构升级换代，现代农业生产过程中高新农业技术和设备运用比重不断上升，专业技术人才需求逐渐增大与农业技术人才短缺之间矛盾尖锐化，已成为制约榆阳区现代农业发展的瓶颈。

榆阳区农业专业技术人才短缺，主要表现为：农业专业技术人员总量不足，农业技术服务队伍素质偏低,特别是高层次、创新型农业科技人才和能带动农民致富的实用型人才严重短缺,科技创新能力弱;基层农技服务队伍年龄普遍偏大,接受新知识、新技术能力较弱,难以适应当前农业生产需求;农业科技推广经费严重不足,乡镇农技推广队伍大多只能以经营农资维持正常工作运转,农业人才待遇过低,难以吸引优秀农业人才流入,先进技术引进后也无力消化,难以转化为生产力。

4.1.3 机遇

4.1.3.1 国家经济布局调整带来的战略机遇

当前世界经济格局正在调整,国际产业转移加快,经济全球化和区域一体化在新的基础上继续发展。

2013年,我国GDP保持了7.7%的增长率,达到56.6万亿元,但对世界市场的依存度依然较高,其中外贸依存度达46%。因此,我国加快了转变经济发展方式的步伐,经济增长正由外需拉动向内需驱动转变。在这个转变过程中,中西部地区战略地位进一步提高,关中——天水经济区与北部湾经济区、成渝经济区已成为西部大开发三大国家级重点经济区,陕西由此在国家发展战略层面占据重要地位,迎来了历史上又一次难得的发展机遇。2010年,党中央、国务院在《关于深入实施西部大开发战略的若干意见》中,明确将陕甘宁经济区和呼包银榆经济区列为西部地区新的增长极,榆林被确定纳入上述两个国家级经济区。《呼包银榆经济区发展规划》批准后,加之已经批准和正式编制的《"三西两东"区域能源开发利用总体规划》、《陕甘宁革命老区振兴规划》和《宁鄂榆能源金三角规划》,榆阳区处于四个国家级区域规划之中。

多个不同层面、不同范围的国家级区域规划交集于一市,这在国内绝无仅有,这给榆阳区破解瓶颈制约、完善基础设施、提升发展地位、升级产业结构、增强发展能力及加快发展、持续跨越带来了前所未有的战略机遇。

4.1.3.2 煤炭主导能源格局带来的市场机遇

全球油气资源日渐衰竭,发展中国家能源需求快速增加,发达国家的能源需求逐步回升,全球性能源供应紧张的态势短期内不会得到根本改变。据国内外多家机构预测,到2030年中国的能源消耗将达到43亿~65亿t标准煤,而我国原煤占一次能源消耗量的比重超过70%,这种格局在相当长的时期内难以改变。在化工产品方面,目前乙烯、丙烯、合成树脂、合成橡胶等国内市场的满足率仅为46%、50%、49%、53%,合纤原料国内满足率也只有56%,而精细化

工产品的国内满足率更低。预计未来 10 年国内化工产品需求仍会保持 6%～8%
的增长率，远高于世界平均水平。

在全球能源需求不断增加、国内能源供应持续紧张的情况下，我国将深入
实施能源安全战略。榆阳区作为国家级能源基地的重要组成部分，在发挥能源
资源优势、建设能源化工基地等方面，面临难得的市场机遇。

4.1.3.3　宏观层面扶持带来的政策机遇

2013 年，中央财政继续实行种粮农民直接补贴，安排资金 151 亿元，原则
上要求发放到从事粮食生产的农民手中，具体由各省级人民政府根据实际情况
确定。农资综合补贴按照动态调整制度，根据化肥、柴油等农资价格变动，遵
循"价补统筹、动态调整、只增不减"的原则及时安排和增加补贴资金，合理
弥补种粮农民增加的农业生产资料成本。为进一步加大对粮食生产的支持力度，
调动农民种粮积极性，国家决定从新粮上市起适当提高主产区生产的小麦、稻
谷最低收购价。

此外，中央财政稳定实施良种补贴政策、生猪大县奖励政策、畜牧良种补
贴政策等。各类惠农政策为榆阳区现代农业发展提供了良好的发展环境，为现
代农业的推进扫清了政策壁垒，为榆阳区现代农业发展战略的实施提供了强有
力的保障，也为榆阳区农业发展带来了难得的政策机遇。

4.1.3.4　地方政府重视带来的发展机遇

榆阳区政府高度重视农业发展，分别从政策、资金及科技推广等方面对农
业发展给予了大力支持。

政策方面，榆阳区推行粮食安全工程、旱作农业技术推广、农村能源工程、
农业产业化、"一村一品"建设、万名农民培训等"六大惠农工程"建设，全面
提高农业特色化、产业化、现代化水平，着力打造农民增收新亮点。此外，推
进财政惠农补贴"一卡通"、实施村级公益事业建设一事一议财政奖补项目，使
农民得到切实的利益。

资金方面，榆阳区近年来逐步加大对农业的支持力度。2013 年，全区落实
农机购置补贴资金 1230 万元，补贴各类农机具 3220 台（件），推广各类农具
9000 台（件），农业机械化综合水平达 55%。

科技推广方面，2012 年，全区 24 个乡镇开展测土配方技术项目，实现土壤
肥力的有效利用和合理化种植，提高粮食生产水平。在南部山区推广旱作农业
集成技术 20 万亩，重点推广配方施肥、地膜覆盖、节水灌溉、优良品种配套及
全膜双垄沟播等技术，实现了旱作技术的综合利用。

4.1.3.5 企业家回村任职带来的人才机遇

近年来，随着能源产业的不断发展，榆阳区经济得到快速发展。一大批民营企业家紧抓机遇，在市场中积累了大量财富和先进理念、经验。在此背景下，榆阳区一大批企业家响应政府号召，积极回报故土，回村任职，将积累的先进理念与思想引入农村经济发展之中，造福农村，有效提升农民收入，形成了企业家带领农民致富，将先进企业运营和管理理念引入乡村的"榆阳现象"。截至2012年9月，已有54名企业家回村担任村干部，带动资金投入数亿元。

企业家们拥有雄厚的社会资源，与各级政府、社会各界、大型企业等联系密切，在信息、技术、人才和资金等方面具有诸多优势。他们具有优于普通农村干部和农民的管理经验、经济实力和敏锐洞察力，能够抓住市场机遇，创新农村发展模式，开拓农民致富道路。同时，企业家的先进发展理念、创新发展思维，也能为培养新型农民和转变农民发展观念起到积极作用。

4.1.4 挑战

4.1.4.1 煤炭市场需求不振

近年来国民经济增长放缓，煤炭下游行业经营困难，煤炭产能、产量过剩，煤炭市场疲软，整体销售价格持续下滑，煤炭企业经济效益呈大幅度下滑趋势，整个行业形势不容乐观。此外，进口煤炭大举进入国内市场，也对国内煤炭产业带来了较大冲击。根据海关相关数据显示，2013年我国煤炭进口3.27亿t，出口751万t，净进口量达3.2亿t，比2012年增加4000万t。2009年，我国一举由煤炭净出口国转变成为净进口国，此后煤炭进口量一路攀升，而2013年进口量再次刷新中国煤炭进口量的新高。

煤炭产业景气度持续下滑、煤炭价格维持跌势，进口煤炭持续增加，致使榆阳区过度依赖煤炭产业的经济发展格局面临严峻挑战，现代农业的推进与发展也受到一定制约。

4.1.4.2 水资源瓶颈制约发展

随着榆阳区经济社会发展，工农业及居民生活的水资源需求越来越大，导致水资源供需矛盾凸显，同时，水资源的污染与浪费现象也不容忽视。

一、水资源的供需矛盾日益突出

榆阳区水资源相对丰富，但由于经济快速发展，用水供需矛盾尖锐。区内以榆溪河水系为主，榆阳区遍布大小河流百余条，中型以上水库 27 座，人均水资源占有量 $1710m^3$，虽然高于陕西省人均水资源占有量的 $1200m^3$，但低于全国人均水资源占有量的 $2300m^3$。相关资料显示，榆阳区 2003 年全区水剩余983.90 万 m^3，但到 2010 年全区缺水 113.49 万 m^3，缺水率为 0.53%；预计2020 年全区缺水将达 1146.82 万 m^3，缺水率达 4.26%。在枯水季节，榆溪河水系行业争水问题尤为凸显，上下游抢水、工农业争水现象时有发生。

在农业灌溉方面，榆阳区榆溪河沿线有近 10 万亩农田依靠榆溪河灌溉，几乎每年从 6 月份开始政府部门便着手抗旱轮灌工作，灌区所在乡、村更是投入大量人力、物力用于轮灌，以缓解工农业之间突出的用水矛盾。在工业方面，工业中的煤矿采选业、冶金、造纸、食品加工及酿造等行业都是用水量较大的行业，其中煤矿企业用水量最大；而且榆阳区目前大多数企业在节水技术改造方面投入相对较少。随着工业化水平不断提高，水资源的短缺矛盾会进一步加剧。

二、水资源污染严重

随着人口增长和工农业生产发展，污水排放总量不断增加，其中生活污水已经取代工业废水，成为主要污染源。污水处理滞后导致大量污水直接排入江河湖泊，造成水源污染加剧，严重影响了农业生产和人民生活。具体而言，主要体现在以下三个方面：第一，煤炭开采使地下水遭到严重破坏。目前，榆阳区东北部采空区地下水位下降，许多井源干涸，小河断流，植被枯死，地面沉裂，房屋破坏，生态环境恶化，部分村民成为"生态灾民"。第二，由煤炭开发造成的废渣、废水、废气、粉尘无节制地向大气、大地、河流排放，导致榆溪河下游水质污染，沿河群众人畜饮水受到影响，并且已威胁到农业灌溉用水。第三，农户大量施用化肥及化学药剂，造成地表水和地下水受到污染，威胁榆林城区居民生活用水。

三、水资源利用效率低下

随着城市扩容和人口聚集，城市用水形势日益严峻。工农业生产和居民生活用水矛盾越来越突出，榆阳区供水形势更加紧张。

农业用水方面，灌溉用水占用水总量的 61.4%，浪费现象也最为严重。榆阳区农业灌溉多采用大水漫灌，加之供水设施老化，跑、漏水严重，灌溉水利用系数均值低于 0.5，平均灌水定额高于 $500m^3$/亩。

工业用水方面，部分重工业企业未配套节水措施，万元产值用水定额高达$900m^3$ 以上，重复利用、循环利用率极低。

生活用水方面，城市供水管网年久失修，渗漏率达 10% 左右。居民普遍缺乏节水意识，造成生活用水浪费现象严重。

4.1.4.3 民间资本环境发育不健全

资本的投资效率取决于投资管理水平和投资环境两个方面。目前榆阳区民间资本开始逐步推动现代农业发展，但也应该清醒的认识到，民间资本环境发育尚不健全，民间资本投资管理水平稍显滞后，投资风险依然较大，其对现代农业的推动作用仍显不足。

一、发展所需资源要素受约束

民间资本投资农业必须与农业人才、农村资金、农村土地等资源要素有机结合才能发挥作用。由于长期形成的城乡二元结构造成农村的交通、通讯、水、电、气等基础设施"硬环境"比较差，农村的教育、技术培训、医疗卫生条件等"软环境"也与城市存在较大差距，导致农村人才与资金等资源流向城市，民营农业企业普遍面临人才缺乏、资金缺乏等困难。

对个体农户及农业生产企业而言，融资问题是制约其发展的关键要素。融资难现象产生的原因众多，如当前农业生产企业发展所需土地只能通过反租农民承包地的方式获得。现阶段农民不具备土地所有权，无法利用土地进行资本评估与抵押融资。十八届三中全会后集体土地入市的相关政策，可望为土地抵押融资拓展一定空间。另外，由于资本的趋利性，民间资本往往流向投资回报率较高的金融行业，进一步限制了农户及农业生产企业的资金来源。

二、行政环境有待改善

政府应明确与市场的关系，充分履行相关职能，促进市场的健康快速发展。然而，当前政府的某些经济管理手段却与市场经济不相适宜，部分部门仍沿用计划经济体制下的管理方法和手段，以直接干预代替市场引导，以任务指标替代政策导向，以检查收费替代监督服务，尚未建立起为企业创造公平竞争环境的管理体系。

政府对非公有制经济的鼓励、支持、引导政策和规范工作有待完善落实。例如，农业产业化龙头企业不具备平等的市场主体地位，存在国家、省、市级之分。各地在大力推进农业产业化过程中，倾向于扶持大企业和培育大集团，在某种程度上忽视了市场中相对弱势的群体，即中小企业及个体农户的权益保护，对建立公平竞争的市场环境存在一定的消极影响。

另外，某些办事手续复杂，流程繁琐，为农产品生产销售等带来了诸多不便。农业生产具有较强的季节性，尤其是鲜活农产品具有较强的时间性，但相关监管部门办理手续复杂，流程繁琐，会造成种苗、种畜销售延误，或者鲜活产品出口受阻,这都为企业的日常运营带来较大困扰。

三、政策不合理或落实不到位

当前,各级政府已经认识到民间资本投资对农业的重要性,纷纷出台相应政策,但往往重政策制定,轻政策落实;重制定新政策,轻政策的连续性和配套性;重吸引外埠企业和外埠资本,轻鼓励本地企业的发展和本地民间资本的投资;重企业和资本的引进,轻引进后的服务和引导。

另外,地方保护主义也越来越成为民营农业企业发展的制约因素。受地方财政硬约束的影响,地方政府通常有偏向本地区的生产者和消费者的倾向,打击外界投资的积极性,这样不仅助长了不正当竞争等行为,还破坏了公平的市场环境。长此以往,不利于本地企业竞争力的培育和民营农业企业的做大做强。

4.1.4.4 职业农民培训亟待加强

职业农民是工业化时代出现的一个新型职业群体,是农业内部分工和产业结构调整的必然结果,是有文化、懂技术、会经营的新型农民,即具有较高科技文化素质,掌握先进农业生产、农业现代化知识与经营技能的农民。从发达工业化国家发展进程看,工业化、城市化、经济社会结构变迁是促进农民身份演进的历史背景。职业农民将务农作为职业,主要从事农产品生产和销售,他们掌握先进的耕作技术和经营管理技术,拥有较强市场经营能力,善于学习先进的科学文化知识,具备雄厚的资金实力。

政府需要加大对农民的培训与引导力度,加强对农民的人力资本投入,使其逐渐转变为与现代农业发展相适应的职业农民。榆阳区可以借鉴其他地区的成功经验,实施农业产业人才培养工程和新型职业农民素质提升工程,以开发农业农村人才资源为抓手,专门制定发布"新型职业农民培育工作实施方案",力推新型职业农民评级持证上岗,免费培训持证新型职业农民,为大幅提高其农业生产技能、市场营销水平和经营管理能力奠定基础。

4.1.4.5 驻地企业社会责任缺位

为发展当地经济,榆阳区政府在招商引资方面提供了诸多优惠政策,很多央企也来到榆阳区安家落户。2010 年,陕西省政府先后与神华集团、华电集团、中煤集团等中央大型企业签署了战略合作协议,之后的 10 年内这些企业在陕西投资将达 6000 多亿元,实现了合作的机制化和可预期性,为陕北能源化工基地建设注入了新的活力。

但是，从目前的情况来看，与地方煤矿相比，央企对当地的税赋贡献率较低，对周边生态环境的破坏程度却较高，这严重影响了当地农村居民的生产生活。央企对于当地的支持非常有限，矛盾日益突出，主要表现在以下几个方面。

首先，资源占用不均衡。相对于地方企业，中央、省市企业占有资源优势明显。据调查，2012年，榆阳区原煤产量为3895万t，其中国有八家煤矿（含省市企业和国有地方企业）产煤量为1994万t，约占总产量的2/3，而14家乡镇煤矿产煤量仅为1159万t，约占总产量的1/3。榆阳区有不少煤、油、气、盐资源重叠共存的地区，地方企业要开采煤、盐，必须经过中、省企业签字同意，地方政府对类似问题作为有限。

其次，地企矛盾突出。地方煤矿对当地治理环境、学校建设、学生上学、群众用煤、贫困户生活与就业等问题都给予了很大支持，肩负起较大的社会责任。而由于体制设置、隶属关系等局限，目前驻地企业基本未能考虑此类问题，导致地企关系紧张，纠纷不断。如果从地方税收的缴纳方面考察企业对地方的贡献，据测算，榆阳区乡镇煤矿平均万吨产煤贡献税收为121.68万元，而国有煤矿仅为64.09万元，国有煤矿的税费负担明显比乡镇煤矿轻，这使得国企与地方矛盾显得突出。

再次，对于沉陷区的治理不重视。部分煤炭企业只重视开采和经济效益，对开采造成的沉陷问题不够重视，有的仅对受影响村民给予一定的经济补偿，造成了"重补偿，轻治理"现象。长此以往，给群众的生产、生活造成巨大负面影响，为该地区的长期发展埋下重大隐患。

最后，财税分配不合理。利益均衡机制缺失，引发各方利益冲突，严重影响区域经济发展及和谐社会建设。现行税制将收入来源稳定、税源集中、增值潜力大的税种都列为中央税或共享税，由于缺乏科学规范的转移支付制度，导致中央与地方收入分配的不均衡，严重制约地方经济发展。税收与税源背离，造成区域之间不合理的税收转移。税费政策不合理，资源税制度不合理造成的背离，地方损失太大，致使榆阳区无法获得相应的税收利益。

4.2 榆阳区发展现代农业的探索与实践

党的十八届三中全会通过的《中共中央关于全面深化改革若干重大问题的决定》这一文件明确指出，城乡二元结构是制约城乡发展一体化的主要障碍，必须健全体制机制，形成以工促农、以城带乡、工农互惠、城乡一体的新型工农城乡关系，让广大农民平等参与现代化进程、共同分享现代化成果。榆阳区在大力推进国家能源化工基地建设的过程中，在经济社会发展各方面都取得了巨大的成就，成为榆林市建设陕西经济第二极和开放开发战略新高地的核心功能区。但是，当前榆阳区二元经济结构依然明显，能源产业对农村经济社会发展的带动作用有限，亟须实现科学发展和战略转型，将全区经济社会发展引入可持续发展的战略轨道之中。

2013 年，全区实现地区生产总值 461 亿元，财政总收入达 91 亿元，地方财政收入 21 亿元，为加快农业农村发展创造了坚实的物质条件。随着工业化、城镇化加速推进，工业经济具备了反哺和促进农业发展的物质基础；大量农业人口进入城镇，为现代农业规模化生产、产业化经营腾出了发展空间、集聚了优势要素、创造了消费市场；全区现代农业体系初具规模，已经形成了较为科学的产业布局，积累了较为丰富的发展经验，具备了突破发展的潜在实力。农业作为榆阳区未来经济发展多元化的重要板块之一，该地区积极依托资源优势，以优质、安全、高效为特征，努力打造以市场主导，产权推动，工业反哺，科技支撑的榆阳区农业发展模式，是榆阳区现代农业发展的必由之路，也是实现可持续发展的内在要求。

榆阳区具有西北能源富集区的典型特征，能源化工产业发达，自然禀赋较差，且城乡二元结构明显，经济发展较为落后，农业现代化过程中困难重重。当地政府与人民吸取周边能源富集区竭泽而渔的发展教训，总结国内外能源富集区农业现代化发展的成功经验，注重本区的长远利益，从而平衡农业与能源产业的发展比重，合理规划本地区农业现代化发展，充分利用当地"煤炭"与"荒漠"现实条件，在生态脆弱的西北土地上创造着农业现代化的奇迹。

榆阳区煤炭行业发展迅猛，区内资金充裕。榆阳区充分结合优势和劣势，合理规划和布局，从农业经营模式改进、土地流转集约化经营、民生保障和科技示范、创新四个方面发展现代农业。

4.2.1 改进传统经营方式

传统种养经营模式，其经营管理和生产技术较为落后，抗御自然灾害能力差，商品经济较薄弱，生产规模较小，分散经营风险较大且效率低下。无法满足农业现代化的发展要求，严重制约经济发展。

经过实地调研发现，当地海流滩村、大纪汗村、麻生圐圙、马合镇分别通过引入先进种植技术及优良品种、创新种植业经营方式、采用种养结合生态经营方式、建立农机合作社四个方面赋予传统种养经营模式新的内涵。

4.2.1.1 海流滩村——先进种植示范村

一、基本情况

榆阳区金鸡滩镇海流滩村位于榆阳区城北 15km 处，地处毛乌素沙漠边缘，为纯农业村庄，全村共有 40 户人家，共 180 人，其中 30 户拥有私家车。

农业生产活动主要以种植业和养殖业为主，其中种植业占主要地位。全村共有耕地 9500 亩，其中 6000 亩采用"玉米宽窄行＋双株密植"、薄膜覆盖、测土配方施肥等科学方法。玉米每亩可以达到 1000～1180kg，每 kg 售价 1.1 元，其高产地每亩地可种植 4500 株。养殖业方面，村中养殖羊、猪和牛，建有三个奶站。该村人均收入可达 1.5 万元，其中种植业收入 7000 元，其他收入 8000元。该村灌溉条件比较好，灌溉成本比较低，并采用科学耕作方法，村民种植业收入相对高于邻村村民，所以村民从事种植业的积极性也比较高，大部分年轻人也在务农。海流滩村农业的特点是循环农业，农业与畜牧业集合发展，效果良好。

二、玉米种植规模化发展具体实践

海流滩村在榆阳区政府的带领下，坚持把解决"三农"问题作为全村的重中之重，认真贯彻区委、区政府的决策部署，落实各项扶持农业生产的政策，有效应对极端天气等多种自然灾害，粮食连年增产，种植业稳定发展。

根据榆阳区政府提出的"一乡一业、一村一品"的发展要求，海流滩村种植业由种植玉米、马铃薯、部分小杂粮为主，逐渐向大规模种植玉米转变。全村玉米种植在市、区农业技术推广部门相关专业技术人员的精心指导下，创建了千亩玉米吨产田项目，实现了统一播种时间、统一供种、统一供肥、统一配方、统一带型、统一地下害虫防治等技术的配套。种植规范、进度快，一般仅用四天时间，就可以使千亩地膜玉米高产示范田全部种植结束。

目前，海流滩村玉米种植规模化发展主要表现为以下几个方面。

(1) 种植区域逐步扩大，玉米亩产量不断提高。近年来，随着种植产业结构的调整和玉米新品种、新技术的引进，特别是地膜覆盖技术在玉米生产上大面积推广应用，玉米种植区域逐步扩大，种植范围已占总种植面积的 2/3，玉米亩产已经达到 1000kg 以上。

(2) 杂交良种基本普及，品种布局趋于合理。全村玉米品种更新速度快，一般 3 至 5 年更新一次，基本形成科学合理的区域布局。目前，除部分鲜食小玉米外，杂交良种普及率接近 100%。其中北部风沙滩区主要以登海 9 号、11 号、沈单 16 号、三北 6 号、哲单 7 号为主。

（3）集成配套高产栽培技术成熟，科技含量较高。全村在榆阳区农技部门的带领下，玉米栽培技术水平不断得到提升，并编制出不同品种、不同土地类型的玉米高产栽培技术规程，玉米种植技术已达历史以来新水平。一是主产区榆阳海流滩村等乡村已实行耕翻机械化、种植机具化、种植规模化。二是大面积推广地膜覆盖栽培技术。地膜覆盖方式已由起垄覆膜改进为旱滩地平覆膜、下湿盐碱地低垄覆膜、旱坝旱涧地单双沟覆膜、滩水地整畦机械平覆膜。三是推广了测土配方施肥技术，榆阳海流滩村以测土配方施肥项目为依托，普遍采用测土—配方—配肥—施肥技术。四是推广病虫草害防治技术。海流滩村玉米病虫害以地下害虫、玉米螟、红蜘蛛、玉米大小斑病、黑粉病为主，通过多年来应用抗病玉米新品种，采用高效低毒农药防治，病虫发生率均比较低，病虫害损失率控制在 3% 左右。

（4）玉米产业链初步形成，玉米市场需求旺盛。玉米既是粮食作物，又是饲料作物，大量种植玉米促进了全村猪、牛、羊等养殖业的飞速发展，畜牧业的发展又带动了中小型饲料加工企业的发展。

时隔一年进行回访，海流滩村在玉米种植业基础上的畜牧业发展也势头强劲，多家企业状况良好。山丰牧业创新养殖模式，采用"公司＋基地＋农民合作社＋农户"的模式，通过"订单养殖"的形式，带动农户，建立了"榆阳杜八黑"生猪绿色养殖基地；俊文旺源牧业有限公司目前资产已经达到 240 万元，有奶牛 400 余头，所产牛奶全部使用自有品牌"旺源"，通过与超市合作、发展代理商网点等方式建立自己的营销渠道，已初步打出品牌；银海养殖有限公司属于家庭牧场，起步阶段是"公司＋农户"模式，现在则是公司化的运营，有奶牛 398 头，日产牛奶 3t，是蒙牛的原料供应商；陕西安博农林水利投资有限公司的羊养殖正处于投资阶段，现有羊 2000 多只。

三、发展启示

（1）坚持把转变发展方式作为种植业发展的根本途径。转变农业发展方式是落实科学发展观的根本要求，是实现农业现代化的必然选择。总体上，榆阳区农业生产力水平还比较低，基础设施依然薄弱，科技创新能力仍然不强，生产方式比较落后，传统农业发展方式与资源环境约束的矛盾越来越突出。必须切实转变种植业发展方式，紧紧依靠科技进步和技术集成创新，科学配置资源，优化种植结构，不断提高资源利用率和劳动生产率，走内涵提升式发展之路。

（2）坚持把完善政策体系作为种植业发展的重要保障。榆阳区政府应不断完善强化农业扶持政策。做尽"减法"，响应国家的政策，对全区全面取消农业税、牧业税、农业特产税、屠宰税。做足"加法"，贯彻中央政策，逐步建立对农民种粮补贴制度，继续实施测土配方施肥、土壤有机质提升、水稻大棚育秧等技术推广。做好"乘法",实行重点粮食品种最低收购价和大宗农产品临时收储政策。此外,榆阳区政府还必须努力做到强农惠农的思想认识只能增强不能削弱,强农惠农政策的力度只能加大不能减小,健全完善强农惠农政策体系,为促进粮食和农业稳定发展提供保障。

(3)坚持把优化区域布局作为种植业发展的基本要求。榆阳区政府应科学确定区域农业发展重点,调整区域功能定位,发挥资源优势,按照"一乡一业、一村一品"的发展要求,在北部草滩区和南部山区因地制宜、各有侧重的发展特色主导产业,促进农业产业结构和产品结构调整,努力实现农业增效、农民增收。在种植业方面,建成以玉米、马铃薯、小杂粮、大扁杏、蔬菜为主导的万亩粮蔬基地。另外,必须紧紧围绕建设现代农业,立足资源禀赋,以市场为导向、科技创新为手段、质量效益为目标,加快实施农产品区域布局规划,把区域资源优势转化为产品优势、产业优势和经济优势,增强农产品有效供给和市场竞争力,提高种植业整体素质和效益。

(4)坚持把加强防灾减灾作为种植业发展的有效措施。近年来,气候有时变化异常,自然灾害多发重发,给粮食和农业生产带来极大困难。为了适应气候变化的新形势,必须一手抓生产技术的推广,一手抓防灾措施的落实,实行主动避灾,推进有效防灾,开展积极救灾,做到防在灾害前面、救在第一时间、抗在关键时点,最大限度减轻灾害损失。同时,要坚持公共植物保护和绿色植物保护理念,积极推广生物防治技术,大力推进专业化统防统治,全力控制病虫害发生和流行。

(5)坚持把提高农村实用人才总量作为种植业发展的有效措施。现代种植业的发展离不开资本的投资。人力资本投资对于种植业发展的重要意义在于为种植业创造具有较高生产效率的劳动力,通过农业生产技术,改变农村居民的精神面貌和生活习惯,提高农村的生活水平。农村实用人才是农村发展中可以利用的人力资本。从现代种植业建设的角度,农村实用人才队伍建设要创新机制,尽快扩大人才总量,改善人才队伍结构,加大财政投入力度,加强对实用人才队伍建设的组织领导,保证农村实用人才队伍建设工作取得成效。

4.2.1.2 大纪汗村——村企合作种植业示范村

一、基本情况

榆阳区小纪汗乡大纪汗村位于榆林城北 23km 处,属典型的风沙草滩区,榆乌公路贯穿全村。总面积 12.4km²,全村有四个村民小组,210 户,共 884 人。

由于靠近毛乌素沙漠,该村耕地较少,2011 年以前,该村的主导产业是生猪养殖业。2009 年,该村扩大规模养殖,生猪饲养量由 1.9 万头发展到 2 万头,羊饲养量由 1.4 万只发展到 1.6 万只,筹建了无公害绿色肉食品加工厂。为有效增加耕地面积、改善农业生产条件,大纪汗村成功地完成了土地开发项目。2008 年开始,科研人员利用国内先进技术,历时三年成功研究和推广"毛乌素沙地砒砂岩与沙成土"核心技术,科学造地。2010 年年底,整治后集中连片、配套齐全的高标准农田移交村组产业化经营与使用。该项目为大纪汗村村民新增加 2327 亩良田,户均新增农田 10 余亩。然后该村以每亩 190 元地价,将新增良田按照土地流转形式,承包给当地民营企业大地种业公司,村民一次性拿到 3 年租金 167 万元。该村农民利用土地流转得到的一次性资金用于建设养猪场,形成了农畜循环经济。村上新整出来耕地统一转包给企业耕种后,而村民则腾出时间打工挣钱。每位村民自己种玉米收入 2 万余元,租地收入近 2850 元,除此之外,还有打工、养猪、养羊收入,一年纯收入能到 5 万元,村里大部分人均年收入在 5 万元以上。

二、土地整治—村企合作—种养结合"三步走"具体实践

(1) 科学造地——变荒沙地为高产耕地。毛乌素沙地是陕北长城沿线和鄂尔多斯高原东南部沙地的统称,主要是由并称"两害"的砒砂岩和沙子组成。砒砂岩又称"红胶泥",是一种生成于二叠纪和三叠纪之间的泥岩,一旦裸露就会风化成沙,遇雨水就板结如石,它的紧密结构能使大部分植物根系窒息死亡;而沙子更是当地常见的东西——在风中流动,形成沙丘,并不断推移,造成陕北及内蒙古等沙漠地区生态严重退化。

陕西省国土资源厅联合专家和科研人员组成项目组,历时近三年,从实验室到实验田块,再到大田推广工程示范,成功完成了毛乌素沙地砒砂岩与沙成土核心技术研究和工程示范项目。该项目科研人员经过长时间的试验观察发现,用沙和砒砂岩组合按 2∶1∼5∶1 的比例合理配置后,可形成松散透气、结构适宜的胶结土层,对作物生长最有利;还可根据不同作物生长的需要,比配形成不同组合结构的优选方案。与此同时,粉末状的砒砂岩和沙子结合形成土壤的团粒结构"上松下紧",保水效果好,有效解决水资源匮乏的问题。

(2) 村企结合。该村将沙地治理的土地全部承包给了当地的陕西大地种业公司,它是一家集农作物良种科研、生产、加工、销售为一体的民营种子企业,是农业产业化国家重点龙头企业和陕西省高新技术企业。该公司注册资金 3000 万元,占地面积 300 亩,总资产 3532 万元。公司下设榆林高新农业研究所、榆阳区郝哥马铃薯种业有限公司和种子加工包装中心,在西安、泾阳、榆阳、横山、靖边设有五个分公司。公司现有员工 35 人,其中高级农业专家 5 人,中级职称 6 人,特聘陕西省突出贡献专家、西北农林科技大学教授、硕士生导师薛吉全为公司首席玉米专家;特聘榆阳区农业局副局长、榆阳区农科所所长、陕

西省马铃薯首席科学家高贵生为公司首席马铃薯专家。公司拥有自主知识产权的"榆单"牌系列产品（玉米杂交品种）3个，"郝哥"牌系列产品（瓜、菜、马铃薯品种）15个。拥有稳定的农作物良种繁育基地1.5万亩，年生产、加工、销售各类农作物种子500多万kg，农资1000多t。

该公司以科技为动力，以市场为导向，以农民增收为目标，广泛合作开发新品种，依托榆林毛乌素沙漠的光热资源，采用"公司＋基地＋农户"的订单模式，发展玉米、马铃薯等制种基地3万亩，年联结制种农户5000多户。公司建有玉米种子常温库1500m²，种子精选加工包装流水线2条，年加工玉米种子能力600万kg，基本满足市场需求。根据"小土豆，大产业，靠科技，能致富"的方针，2008～2011年公司投资1500万元新建脱毒马铃薯综合组培区2000m²、全日光智能温室2000m²、防虫网室6万m²、气调库3000m²，每年可生产销售脱毒试管苗2000万株、微型薯3000万粒、脱毒原种薯5000吨、一级种薯2.5万t，可满足陕北及周边地区40万亩脱毒马铃薯用种需求。近年累计示范推广玉米杂交种、脱毒马铃薯面积5000万亩，增产粮食15亿kg，使制种农户、用种农户增收35亿元，为推动榆林农业产业化经营、带动当地农民脱贫致富中发挥了积极作用。

笔者调研时发现，村企结合后，整治后的土地、水、电、路、林配套齐全，大地种业公司利用已建好的路渠进行规模化经营，2300余亩农田仅需6～7人进行耕作和管理；水从浅井中抽出，经过滴灌、喷灌之后到达每颗作物的根系，不仅节约用水，而且提高作物的品质和产量。现在，经过两年的耕种，平整的地里生长着优质的农作物，使这里原本和周边一样只能种沙棘的沙丘，发展成现在的标准化脱毒种薯繁育基地，大地种业也获得了丰厚的回报，每年种薯的收入达2300万元，多个品种的土豆去年亩产达3吨。

在实际操作过程中，大地种业运用现代高新技术，把精耕细作的传统农业技术加以科学化，把传统农艺发展到一个新的水平。这主要表现在以下三个方面。

第一，不断完善和发展独具我国特色的间套复种制度，引入农作物新品种选育、间套复种技术及小型多用机械技术，使这项精细农艺锦上添花。第二，大力推广机械化高产栽培技术，提高当地土地的产出率。为了使良种、化肥、耕作、排灌等物质和传统农业技术继续在生产中发挥作用，使许多人力、畜力所不能胜任的增产措施得以实现，充分发挥农业机械的技术载体作用。第三，重视生物技术与农业工程技术的结合，推广有利于农业综合增产措施得以实施机械化高产栽培技术和相应配套农业机具，如机械深松技术、精少量播种技术、化肥分层深施技术、地膜覆盖技术、节水灌溉技术。而且在推广这些高产栽培技术的同时，因地制宜，注意技术相关条件的保证，以系统工程原理为指导，把各项高新技术与传统农业技术进行合理组装配套，发挥其技术的相关效应，产生了非常好的增产增收效果。

（3）种养结合的循环经济。大纪汗村土地整理并新增耕地全部承包给企业之后，该村村民利用这笔资金投资建设养猪场，形成了农畜循环经济。

在传统农业发展模式中，种植业、养殖业各自独立，呈单程线性结构，不利于资源节约和高效利用，而大纪汗村在产业链上将二者结合，实现"种养结合"的生态模式，变单程线性结构为循环利用，走出了一条以循环农业促进农业增效、农民增收的新路。动物粪便发酵以后还田，不仅解决了牲畜粪便污染环境的问题，而且充分利用了养殖业的副产品，达到了环保的效果。另一方面，种植业的最终产品可以加工处理后作为养殖业的饲料，互为补充，产业链延长，降低了市场风险。

三、发展启示

大纪汗村的经验充分表明，只要方式、方法得当，沙荒地整治利用的前景极为广阔，完全可以实现治沙、造地、富民的目的。更重要的是，在土地整治之后，大纪汗村将集体土地流转给大地种业，引入了现代化企业经营模式。对此总结以下两点启示。

（1）科学技术助力土地整治。土地整治在科技创新上大有可为。依靠科技创新，解决土地整治的瓶颈技术问题，然后将这些技术进行整合，形成支撑土地整治健康持续运行的技术支撑，技术推广后转化为生产力，实现土地整治从单纯注重数量向质量和生态并重方向转变。健全政府主导、国土搭台、多部门参与的新机制和创新规划引导、科技支撑、产学研结合的新模式，对实施好土地整治和高标准基本农田建设，具有极其重要的引导和保障作用。

（2）村企结合实现农户和企业的双赢。大纪汗村的这种"村企合作"的农业经营模式为当地村民带来丰厚收入的同时，也利用整治过的土地为自己取得了丰厚的利润。在基础设施、机械装备、服务体系、科学技术和农民素质支撑有力的农业现代化进程中，村企合作是一个很好的模式。这有力推动了农业社会化大生产，从根本上提高了农业劳动生产率、资源利用率和土地产出率，为新型工业化提供原料和劳动力；推进了适度规模经营、集约化标准化生产，提高了农业效益；充分利用新型工业化强大的技术和物质生产能力、信息化优势，为新型农业现代化提供有力支撑；拓展新型城镇化的发展空间，加快现代化进程，改变全社会发展的面貌。

4.2.1.3　麻生圐圙村——专业化养殖示范村

一、基本情况

榆阳区马合镇麻生圐圙村位于榆阳区北 65km，马合镇北 24km 处，与内蒙古乌审旗接壤，属于典型的风沙草滩区。该村地下水资源丰富，土地资源广阔，全村总土地面积达 60km²，村内交通便利，村级油路贯通，并与榆乌路相连；通讯畅通，移动联通网络覆盖全村；电力充足，2001 年实施了农电改造工程，2004 年实施了农业综合开发项目，实施面积 4000 亩；乔木、灌木、草地覆盖率约 45%；气候适宜，日照充足，年均气温 8.1℃，无霜期 146 天，年均降水 413.9mm。全村辖 10 个村民小组，共 490 户。

该村现有耕地 6030 亩，全部实现水浇地和半机械化作业，机械化程度达 45%以上，以种植玉米为主。2010 年，全村玉米种植面积达 6000 亩，生猪饲养规模达 11.3 万头，人均实现纯收入 15 400 元。村内建有二元母猪繁育场 1 个，出栏千头以上的生猪养殖场 26 个，其中万头养殖场 3 户，千头以上养殖场 23 户；独资建场 4 户，股份合作、联户办场 22 户；生猪人工授精站 1 个，养猪合作社 1 个，全村已基本形成了以养殖场建设为单元，逐步淘汰分散养猪户的产业化发展格局，生猪产业已成为该村农民增收的支柱产业。麻生圐圙村是一个种植业和养殖业结合的示范村，该村温棚养殖场猪畜的粪便排泄变成了地膜玉米地上好的肥料，玉米地的秸秆及部分粮食产出又被用作牲畜饲草。该村这种"种养互补，以养致富"的新办法，成为农民增收又一主要来源。麻生圐圙村是榆阳区"两园三区两支柱"特色农业园区建设示范村，也是陕西省"一村一品"示范村。

二、种养互补发展具体实践

麻生圐圙村被确定为陕西省一村一品示范村以来，村党支部、村委会多次会议研究，决定以"种养互补，以养致富"为发展思路，继续发挥本村现有养猪优势，走专业化养殖之路。

（1）以"种养互补，以养致富"发展思路为指导，按照"抓班子、带队伍、干工作、创一流"的目标，把致富能人培养成党员，把党员中的致富能手培养成班子成员，以引导全村群众发展养猪产业。

（2）根据市场发展需求，及时组织在生猪养殖、饲料加工和生猪销售等各个环节中涌现出的积极分子，成立了农民养猪协会，为养猪农户提供信息、技术、良种、饲料和销售等系列服务，并常年聘请畜牧专家为疫病防治顾问，有效地抵御了市场风险，增加了广大村民的养猪收入。

（3）按照"统一规划，合理布局，相对集中，适度规模，人畜分离，管理规范，合理利用"的总体要求，坚持走分散小规模，连片大基地的道路，严格实行统一小区规划布局，统一技术培训指导，统一圈舍建设规范，统一品种制种模式，统一饲养管理技术，统一防疫用药规程，统一环境控制标准，统一产品订单销售"八统一"。

（4）积极改进了由原来传统的零散滚槽式饲养转变为自配饲料、自动采食、自由饮水、自动清粪、全进全出的"五位一体"饲养方式，大面积推广优质瘦肉型品牌猪，进一步加快生猪产业化进程，形成"协会＋基地＋养殖户"的生猪产业链，全面提升了优质商品肉猪养殖效益。同时，生猪养殖产业的发展带动了玉米种植、饲料加工、运输等相关产业链，形成了猪多、肥多、粮多的良性循环格局。

三、发展启示

传统的庭院饲养、散放散养，难以解决畜禽业生产与人们的生活环境之间的矛盾，限制了养殖业生产规模的扩大和现代养殖技术的应用。同时，农村人畜混养，防疫条件差，管理粗放，使畜禽的卫生安全难以保证，进而影响到畜产品的质量安全。由于人畜生存空间之间无法隔离，易引起一些人畜共患病的交叉感染。以家庭为单元的小规模生产与目前市场经济体系的组织化程度要求不相适应。麻生圐圙村的种养方式很大程度上避免了传统方式所引发的这些问题，对种养殖业的发展启示总结为以下几点。

（1）标准化养殖园区。麻生圐圙村作为生猪养殖示范村，其标准化养殖园区是在适合畜禽养殖的地域内，按照集约化养殖要求建立的有一定规模的、较为规范的、严格管理的畜禽饲养园区，园区内饲养设施完备，技术规程及措施统一，粪污处理配套，饲养的畜禽品种单一，由多个养殖业主进行标准化养殖。实施标准化养殖后，可以实现"六统一"——统一规划、统一品种、统一投入品（饲料和药品）、统一防疫、统一饲养管理标准、统一销售，其优点主要有以下几个方面：

有利于防疫和消毒工作的开展。发展养猪业，效益在规模，成败在防疫，养殖小区内建设有标准消毒房，可以进行集中消毒，统一防疫，有利于疫病特别是重大动物疫病防治工作的开展。

有利于降低成本，提高养殖效益。从分散型饲养到集中饲养的养殖小区，实行封闭管理，可以有效降低管理成本。由于小区内养殖户集中，形成了规模效应，便于商贩上门，节约销售成本，增加收入。

有利于提高土地利用率。建设标准化园区必须要有科学的规划，集约养殖后，养殖房面积扩大，管理房面积缩小，改善了农民分散发展大量占用耕地的现象，提高了土地的综合利用率。

有利于促进农村劳动力的转移。标准化园区建成后，优先吸纳附近农民进园区务工，同时不愿在园区内务工的农村劳动力还可以外出打工，增加收入，促进了农村劳动力的转移和充分就业。

有利于治理粪便污染。建设标准化养殖园区后，实行生活区与养殖区分开，按照养殖圈舍的分布和面积,修建一定容量的沼气池,既可以治理粪便污染,又可以使用沼气,这种节约能源的方式,符合新农村建设的需要和要求。

(2)生态养殖,种养循环。在畜牧兽医局的统一规划指导下,在养殖园区内每个猪场根据养殖规模的大小建沼气池或储粪池,实行干粪和污水分离,铺设地下排污管道,还建造病死畜处理池。这种生态养殖方式有利于养殖过程中物质循环、能量转化和提高资源利用率,减少废弃物、污染物的产生,保护和改善生态环境,促进养殖业的可持续发展。

以生猪养殖为中心的循环模式,通过玉米种植满足了养殖过程中的饲料需求,同时沼气池发酵等循环媒介实现了污染物零排放,有效破解了生猪养殖的环境污染问题,同时废弃物的再利用和资源化降低了农村对传统能源的依赖性,促进了清洁能源的使用,而其产生的有机肥减少了农业化肥和农药使用,提高了产品质量,尤其是显著增强了牲畜抗病能力并促进了蔬菜瓜果无公害化生产。对于降低生产成本提高农民收入和改善农村生活环境起到积极作用。

(3)合作互助,联保贷款。该村建立了生猪养殖合作社,形成一定养殖规模,由合作社联保进行贷款。通过合作社联保贷款,能解决以前养殖户贷款难、利息高的困难,为该村进一步发展提供了资金保障。目前该村通过自愿组合、联户联办,投资入股,资金捆绑利用等形式,进一步增强了抵御市场风险的能力。

(4)组织机构和制度健全,责任分工明确。

麻生圐圙村养殖园区以村合作社为载体,按照农业合作社的形式,农户自愿入股、利益均摊、风险共担。合作社建立了完善的民主决策、民主管理、民主监督、资金管理及利益分配制度。社员代表大会是合作社最高权力机构,每年召开一次社员代表大会,主要负责选举和罢免理事长、监事长及其成员,制订和修改章程等重大事宜。为了保证社员的利益,合作社坚持"谁投资、谁受益"的原则,年终进行决算分红。

(5)建设养殖小区。政府搭台建小区。由于镇党委、镇政府的积极推动和区上相关部门的大力支持,该村的标准化养殖小区在很短的时间内建成并投入运行,提高了农户的积极性。在养殖小区的建设过程中,政府全程参与指导,并为养殖小区配套了水、电、路等基础设施,园区内沟渠、绿化等也由政府负担,为养殖小区的发展创造了良好的条件。

4.2.2 创新土地流转方式

土地是不可再生的稀缺资源,是一切产业发展的基础和前提。经济发展的过程是传统农业逐渐转变为现代农业的过程,在此过程中,传统的分散式的小农经济因其生产率较低而必将被淘汰，土地的流转及因之而兴起的现代农业经营模式将是趋势。

　　经过实地调研发现，榆阳区李官沟村、赵家峁村分别通过承包经营方式和共同经营方式进行土地流转，整合土地资源，实行集约化生产，提高土地生产效率，推动农业现代化发展。

4.2.2.1　李官沟村——土地流转承包经营示范村

一、林牧场发展实践

　　榆阳区南部山区属于典型的丘陵沟壑区，梁峁起伏，沟壑纵横，包括 13 个乡镇，人口约 18 万，占全区总人口的 38%，总土地面积 3100km²，约占全区面积的 25%，人均土地面积约为 26 亩。李官沟村原有 7 位村民，借由土地流转和整村搬迁，全部人口搬迁到金海南村和金鸡滩村。因此，李官沟村的所有土地全部撂荒，出于对土地的热爱和为家乡做贡献，李姓商人承包了李官沟的土地，建造生态林牧场。

　　李官沟林牧场位于榆阳区南部丘陵沟壑区，地处榆阳区东南 42km，土地流转面积 10 448 亩。该林牧场计划总投资 7347.52 万元，总体规划分为生态经济林区、山地苗圃区、现代特色农业种植区、生态文化体验区、林牧一体化养殖示范区和管理区。目前林牧场已完成前期的准备工作和部分建设任务，已架设农电线路 8km；新修、改造道路 16km 与邻村侯峁大路相连；建设小型拦沙坝 2 座，购置配套灌溉设施 5 套；栽植生态经济林 1300 亩，补植原有经济林 1700 亩。在生态文化体验区栽植鲜食李、桃、杏、玉皇及果树等采摘型品种 14 500 株，并在坝地苗圃栽植新疆杨 4000 株，国槐、白蜡两个品种 1000 株，旱柳 2000 株，其他苗木 1000 株；生态治理区栽植油松 9000 株，樟子松 42 000 株，侧柏 1550 株，玫瑰、刺玫等其他苗木 17 200 株，完成投资 900 万元，占总投资的 12.25%。初次调研时，林牧场还未达到旅游区标准，道路需要硬化，预计修建蓄水坝来解决水资源短缺的问题，也计划发展各类养殖业。

　　我们时隔近一年进行回访，李官沟生态庄园正在建设中。道路硬化基本完成，观景台已经成型；山上种有蔬菜，栽有桃、李、杏、苹果树等；开始发展生态养殖业，已经养了几只土猪；政府承诺资金陆续到位，蓄水坝项目已经得到落实，输水管已经接到山上；计划保护窑洞，保留村庄原始风貌，建设村落文化。

二、发展启示

　　李官沟林牧场作为榆阳区集体林权改革及土地有序流转的一个典型案例，

同时作为山区现代特色农业发展、山区生态综合治理、林地经营利用、林牧一体化发展、山区土地流转、山地苗圃经营发展、大农业科技实验、生态文化体验的实践范例，对于解决榆阳区南部山区土地撂荒和土地流转具有非常好的借鉴意义，具体表现在以下几个方面。

（1）政府在土地流转过程中起到了很好的政策引导和支持作用。第一，正确引导作用。引导农民尽快超越土地流转无合同、无固定期限、自发盲目的局限，规范土地流转，积极推进农村土地整治，大规模建设旱涝保收的高标准农田，加强现代农业示范区建设，引导农业生产向规模化、专业化方向发展，引导家庭分散经营，通过土地经营权流转向规模化、专业化方向发展。

第二，充分发挥好依法监管作用。政府不是土地流转的决策者和当事人，是善意监管土地流转双方的第三人，监管职能的要义是土地流转必须依法进行。政府要加大对土地流转违法责任追究和处罚力度，责成有关部门及时受理土地流转纠纷。

第三，帮扶服务。制定农村土地承包经营权流转管理办法和意见，解答农村关于土地流转的问题。搭建相应的管理部门和机构，对土地经营权流转进行专管，完善土地承包经营权登记制度，建立土地流转合同、登记、备案等制度。政府的服务是一个过渡，随着土地流转供求中介服务机构的建立，政府的服务职能要逐步让渡给土地流转中介组织完成。

实地调研发现，李官沟林牧场的建设，当地政府和各部门给予了充分的帮助和政策支持。例如，县农机局将在科技上给予支持，加大科技投资，加大灌溉设施投入。林业局将会安排 1000 亩的大扁杏栽植，并安排 2000 亩的退耕还林。水利局将利用财政资金进行项目扶持，计划投资 80 万，规划立项修建一个拦水坝，目前正处于招投标阶段，其次，还将会修建一个淤地坝。

（2）整村流转后土地流转的交易成本更低。农户间自发流转规模小、难度大、交易成本高，已不能满足现今土地流转的需要。由政府村委会等集体介入，通过以田换田、以远换近、以好换坏、整村集体搬迁等方式对各方进行协调，可以有效解决经营大户与分散农户之间谈判难的问题，有力地促进了土地的大规模集中流转。

实地调研过程中发现，为了改变土地撂荒的现状，榆阳区近年来在南部山区推行土地整村流转。整村流转充分降低了土地流转过程中的交易成本。在十几年前，李官沟村因为居民太少（全村只有 7 个人），在政府的帮助和政策支持下，全村搬迁到金鸡滩村和金海南村。流转以后，土地归当地政府所有，由政府牵头进行流转，流转格局区域化、规模化，不涉及个别农户，交易成本非常低。

（3）整村流转的基础上实行大户经营，走规模化经营模式。农业适度规模经营是指农业生产经营单位拥有与耕地资源条件、社会经济条件、物质技术装备条件以及管理水平相适应且合理数量的土地规模；或生产经营单位突破土地规模狭小制约，通过主要生产环节的合作服务，实现农业生产布局区域化、生产专业化、服务规模化和社会化，从而获得良好的经济和社会效益。借鉴国外的经验，适时地推进农业规模经营是我国发展现代农业的客观要求。

农业经营大户是我国农民在家庭经营基础上，在发展农业商品生产的实践中，通过土地使用权流转和生产要素的集聚而出现的一种新的经营方式。主要包括种植大户、养殖大户、农产品营销贮运大户和农产品加工大户。农业经营大户主要由农村种植能手、养殖能手、专业户通过土地流转和资源、生产要素集聚而产生，还有一些经营大户是借助一些地方农业开发、对外开放的机会，由城镇职工、工商企业投资到农业经营中来的。大户经营的优点主要体现在以下四个方面。

第一，带动了社会力量投资农业，促进了农业投资主体的多元化，解决了当前农业投入不足的问题。尽管近年来我国加大了对农业的投入力度，但是与工业相比，农业资金供给仍相对不足，这就大大削弱了农业部门的扩大再生产能力，而通过大户经营农业，则可以对此有所补充，起到吸引更多的外部资本投资农业的作用。

第二，解决了当前一家一户经营规模小、经营水平低、经济效益差的问题。由于我国在推行家庭联产承包责任制的过程中，农户土地经营规模小，耕地细碎，不利于提高劳动生产率。通过大户经营，则可以较大程度地提高土地经营效率。有研究表明，在我国现有的农村经济体制下，户均 30 亩左右耕地规模的土地产出率最高，粮食产量可达 2.07 万 kg。

第三，提高了农业生产效益，有利于加速推进农业现代化步伐。目前，尽管我国谷物、肉类、棉花、花生、水果等农产品的绝对数量较大，但我国农产品的增长是建立在巨大的劳动投入基础之上的，与国内非农产业比较，我国农业的劳动生产率极低。大户经营农业，对于农业的深度开发和集约化经营，对于提高农业的管理水平，对于促进科技在广大农村的普及以及广大农民科技文化素质的提高，都有着十分重要的推动作用。

第四，有利于农民观念更新。由于农业大户的示范作用，吸引了众多散小农户的跟进，由此将会形成了不少具有一定规模的农业基地，因而促进了当地农业产业化的发展。另外，通过大户经营，使土地适度向善于从事和愿意从事农业生产的农民手中集中，也可以使那些不愿意从事农业生产的劳动者没有后顾之忧，集中精力专门从事他们擅长的其他各种经营活动。

（4）倡导"企业家精神"，鼓励个人回乡创业，反哺家乡。李官沟村是由李增权出于对家乡的热爱，依靠自己经营其他产业所得资金收益，回乡创业的成果。这充分体现了企业家返乡创业，能够以新的财富观回报社会，为城乡协调发展、和谐发展作出贡献。这些企业家土生土长，与当地有着天然的经济、社会、文化联系，本土根植性强，回报家乡的积极性高，这是其他人难以相比的。此外，对于以能源化工产业发展为龙头的陕北来说，陕北籍企业家的回归，带回的不只是资金，更有区域经济发展、产业平衡发展的新理念。

4.2.2.2　赵家峁村——土地流转集体经营示范村

一、土地合作社建设实践

古塔镇赵家峁村位于榆阳区南部山区，距离城区大约 20km，现有 116 户居民，是榆阳区土地合作社试点村之一。2013 年 5 月经赵家峁村两委会提议，决定村集体通过个人出资和村民承包地入股的形式，注册成立农民专业合作社。由公司对入股土地进行统一经营，优先发展高效农业，力争三年将亩均产值提高到 2 万元左右，让入股群众既有保底收益，又有盈余分红，还可获得务工收入。2013 年 8 月，以 500 余亩土地承包经营权入股，自发成立了"赵家峁村农民专业合作社"。村民拿自家土地入股，变身"股民"，获得土地差价和年终分红，合作社每年拿出 3 万元，平衡入股村民土地差别，年终根据公司盈利情况分红盈余，村民也可通过参与公司生产经营，获得与市场价格相同的工资性收入。

合作社计划通过三年努力，建成高效设施蔬菜生产区、特色养殖小区、新农村示范区、农业生产服务区四个板块，发展无公害蔬菜种植、净菜包装销售、观光采摘以及农业综合性开发经营等业务。我们初次调研时，合作社正在进行土地整理。时隔一年进行调研回访，当地正在半山推出大片平地用于建设新农村住宅区，计划建设住宅、社区服务中心、幼儿园、医疗服务社等。在已经推出的比住宅区地势低的平地上，正在建设日光大棚，包括种植反季节蔬菜的三面墙大棚以及栽种桃树的两面墙大棚，桃树还套作芝麻香瓜；还建有草料棚以及羊圈。另外，赵家峁的大扁杏已经有 2000 多亩，产业链基本形成。退耕还林项目也进展顺利，有林业局的技术人员做指导，村民还购买良肥，保证每棵树的成活率。

二、发展启示

赵家峁村作为榆阳区深化统筹城乡发展的典范，其农户通过土地产权入股成立专业合作社，改变传统农业生产经营形式，不仅释放了农村土地资源和劳动力活力，而且对于培养职业农民、壮大农村集体经济、提高农业综合效益提供了有益的借鉴意义。具体表现在以下几个方面。

（1）农民专业合作社优于传统的农村集体经济组织。赵家峁农民专业合作社于 2013 年 5 月份由村两委会提议建立，通过个人出资和村民承包地入股的形式成立。该村支部书记既是村干部也是合作社的"领头人"，在组织模式、农户地位及运营模式上，农民专业合作社都具有传统农村集体经济组织无法比拟的优点。具体体现为：第一，农民加入合作社以后依然保持了独立的市场地位，同时还能够享受合作社提供的各类专业化服务。第二，农民自愿加入合作社，有利于培养农户生产积极性，减少专业合作社发展阻力。第三，合作社坚持民主管理，在决策过程中实施一人一票制。第四，合作社作为新的市场主体，能够增强农业生产抵御风险能力，提升农业生产竞争力。

（2）专业合作社有效整合农村零散土地资源，提高农民收入。现代农业要求实行规模化经营、标准化生产，这就对发展农民专业合作社提出了新的要求，而农民专业合作社能够有效满足现代农业发展的产业制度需求。农民专业合作社是推动农业经营体制机制创新，促进农业生产和提高农民组织化程度的重要载体。通过合作社把零散的土地连成片，使分散的农民抱成团，凝聚了广大农民的智慧，放大了农村的人才效应，整合了农村的闲置资源。通过加强农民专业合作社的规范化建设，密切了合作社和社员的利益关系，农业部门帮助合作社开拓市场、打造品牌，提升了产品竞争力，延长了产业链，拓展了农民增收渠道，使农民专业合作社发展呈现出质量提高、产销两旺、加快发展的良好局面，成为引领农民闯市场的农村经济主体。

（3）专业合作社提高涉农项目效益和农村社会管理水平。依靠农民专业合作社，推动农业产业化从"龙头企业＋农户"向"龙头企业＋专业合作社＋农户"转变，不仅可以解决农产品销售难、农产品加工增值低等问题，而且可以进一步发挥农民的主体作用，促进农民增收和共同富裕，这是对农业产业化经营的完善和创新。特别是"合作社办企业"，尽管目前数量较少，但它代表着农民专业合作社发展的方向。采用这种形式，农民既可以在生产经营中增加收入，也能够从加工、销售增值中获得利润，真正形成"风险共担、利益共享"的机制。此外，农民专业合作社是农民自己组建的联合体。把有条件的农民专业合作社作为承担涉农项目的主体，能够提高涉农项目的效益，使广大农民直接受益。另外，农民专业合作社既有经济功能，又有社会功能、文化功能和教育功能；既是农村经济组织，又是农民自我教育、自我管理、自我服务的平台。

4.2.3　提高农民福祉

实现农业现代化的过程就是不断解决民生问题、完善惠民保障的过程。民生问题是经济攻坚的主要问题，其关系社会稳定发展和经济稳步增长。地区经济发展应该以民众利益为重心，不断改善民众的生活质量、提高民生福祉。

榆阳区什拉滩村、黄家圪崂村、金鸡滩镇分别通过矿区拉动民生、企业利润回报民生、完善养老制度三个方面推进农村民生状况改善。

4.2.3.1 什拉滩村——矿区拉动完善民生示范村

一、基本情况

什拉滩村位于榆阳区牛家梁镇，距离市中心 15km；交通便利，榆神公路和神延铁路纵贯全村，与榆阳区运煤专线相接；煤炭物资集装站设于村中，经济发展有着得天独厚的优势，地下资源丰富，村内有中型煤矿 4 个。由于拥有这样的能源、区位优势，什拉滩村并没有通过向入村企业收取土地征用费，然后人均发放给农民的方式致富，而是通过土地做"股份"、农民当"股东"以及村里搞起运输队、建筑队的方式，走上一条持续致富路。

近年来，什拉滩村村委会按照"生产发展、生活宽裕、乡风文明、村容整洁、管理民主"的总体要求，带领村民全力发展生产，多渠道增加农民收入。2011 年，村集体收入达 1000 多万元，村集体固定资产达 800 多万元，村民人均纯收入达 1.5 万元。

二、矿区带动新农村建设实践

（1）服务矿区增强经济实力。什拉滩村内目前有中型国营煤矿 1 个、私营煤矿 3 个以及焦化厂 3 个、加油站 2 个、砖厂 3 个、木材加工厂 1 个。企业入驻时，该村将占用土地全部补偿费作为原始股参与企业分红和管理，企业地面土建工程和短途运输工作由什拉滩村集体建筑队和运输队承担。2003 年，神延铁路还在建设中，榆阳区三愚公司准备在什拉滩建一个煤炭运输集装站。该村与三愚公司的进行交涉、协商，最终双方达成合作协议。2006 年，三愚集团在位于什拉滩村北的牛家梁镇火车站建的集装站竣工，什拉滩将村里的土地折价入股，村民成为公司的股东。集装站和附近电厂的建成，煤炭的需求量激增，村里很多村民买车搞煤炭运输。目前，村里有支由 83 辆自卸运输车组成的运输车队，由村委会统一管理、联系业务。

2007 年，村里开始统一管理车队，运输队逐年获取盈利，每辆车年收入达 7 万～8 万。村委会负责管理、统一安排、轮流派活，规定每户人家最多只能有一辆运输车参与，可以合伙，但仅限于本村人，保证了本村大多数人的利益。村集体按照每吨 1 元的标准收取管理费，2008 年村委会仅运输队的收入就达 100 多万元。

不同于运输队，村中的建筑队是属于村集体。自 2003 年成立至今，建筑队已经盈利 2000 多万元。村集体的这些收入将全部用于村里的基础设施建设和公益事业。目前，什拉滩村正在建设一个面积 200 亩的葡萄采摘园，已完成建设 130 多亩，修路、葡萄架、铁丝等全部由村委会投资。

（2）加强各地基础设施建设。随着经济的发展，什拉滩村围绕煤炭产业积极构建村矿和谐，成立联合党支部。2003 年，煤炭综合物资集装站建成后，该村的集体产业迅速壮大，组建了榆阳区兴明汽车运输公司，拥有 110 辆大型自卸车，同时，还成立了榆阳区兴民建筑有限责任公司。在此基础上，又以土地折价入股的方式参与驻村企业的经营、管理和分红，并以这三大经济组织为支撑，统筹发展，促进集体经济迅速壮大。这些举措既大大增加了村集体的经济创收，又解决了村民在农闲时从事第三产业的工作岗位。

几年来，什拉滩村不断加大基础设施建设投资力度，在市城乡规划建设局的帮扶下，投资 700 余万元，修通了村内水泥硬化道路 10km，推动乡村企业发展；2007 年，村集体又筹集资金 120 余万元，建造起蓄水能力为 1000m³ 的自来水塔一座，同时打了 153m 的深井两眼，有偿为周边厂矿供水，又解决了村民饮用自来水的问题；2008 年，该村投资 50 余万元，在村学校东黄土洼梁搞"三化一片林"及"绿色采摘园"经济建设基地。同时，创办机械化小农场一个，种植面积达 75 亩。

此外，什拉滩村还注重加强农田水利、耕地质量和生态建设，砌护灌溉渠 3500m、维护灌溉渠 9000m，力保人均土地 2～3 亩；加强农村卫生环境的管理和人居环境的治理，改变农村垃圾乱倒、住宅与畜禽圈混杂、有新房无新村的现状；建设餐饮、娱乐、休闲、住宿为一体的旅游度假村，带动本村的种植业和养殖业发展，解决村民的就业问题；建设占地 800 亩的养殖基地，变过去的零星散养为现代化规模的大型饲养，提高村民的经济收入；修建占地 100 亩的活动广场，活跃群众文化生活；修建文化活动室，配置图书、电视、电脑、棋牌等，丰富村民的精神文化生活；修建村医疗室，确保村民有病能及时得到治疗。

2006 年，什拉滩村被确定为市级新农村示范村，在统一规划的基础上，计划重建一个高起点、高标准的新村。2009 年，为进一步推进新农村建设，确保采空区村民的居住安全，在榆阳区政府的统一安排下，什拉滩村开始实施整村移民搬迁工程。

为了保障村民的居住安全，什拉滩村结合矿区群众搬迁和改善村民居住环境，规划新村建设 1530 亩，其中，建设社区服务 162 亩，一期建设 275 栋别墅式民居，二期建设 145 栋别墅式民居及农牧产业基地。资金来源以煤矿投资为主、村组自筹为辅，资金概算投资 3.5 亿元。预计 2013 年将全部建成由小康家园、公共服务、设施农业、规模养殖 4 大功能板块于一体的新农村建设项目。

目前已经开工建设的什拉滩村新农村建设项目总规划面积达 918 亩,其中,建设社区服务中心广场一个(建设老年公寓两栋、村办公楼、幼儿园等)、村民居住别墅 275 栋,建设现代设施农业大棚 102 个,项目概算总投资 2.5 亿元,在2013 年 12 月全部建成。

三、发展启示

特色就是新农村建设的突破口,找到本地特色,就找到了发展商机。什拉滩村新农村建设的特色就是服务矿区支撑下的村里集体产业,集体经济带动了农民就业,增加了农民收入,促进了农村社会事业的发展。什拉滩村新农村建设经验表明,要重点利用集体企业的带动作用。

(1)促进农民就业,增加农民收入。本地集体产业不仅吸纳了本村剩余劳动力,还解决了附近村落的农民就业问题。此外,集体经济还带动了第三产业的发展,如运输队用于联系货车与货物的信息部与饮食业的发展。村里集体经济与村民利益是紧密相连的,也是双赢的。一方面,集体经济拓宽了农民就业渠道,增加了农民收入;另一方面,农民不仅解决了企业的用工问题,在工作中还增长了自己的见识,提高了自己的技术,培养了自身的市场意识,有利于农民自谋职业和自主创业。

(2)活跃农村市场,扩大农村消费需求。这与增加农民收入一脉相承。只有农民口袋拥有资金,才有资本进行消费,只有农民物质富裕,也才能享受精神生活。集体经济参与新农村建设,能为农村提供一个多元、竞争、活力的生产、生活环境,有利于提高农民的市场经济意识,从而扩大农村市场消费需求,增强农村发展后劲,促进农村稳定健康的改革。

(3)促进农村民主政治建设。农民到集体经济中就业,不仅学到新技能,增强了自身的致富能力,还受到企业中民主竞争氛围的影响,打破了农村狭隘封闭的观念,使现代民主观念、信息观念、市场观念逐步深入人心,为新农村建设提供了民主文明的精神风尚。

4.2.3.2 黄家圪崂村——企业家回报社会示范村

一、基本情况

黄家圪崂村地处典型的黄土高原丘陵沟壑区,生态环境恶劣,水土流失严重,农业生产条件落后,居住条件差,农民生活窘迫。自 2011 年以来,从黄家圪崂村走出来的企业家张文堂响应区委、区政府呼吁民营企业家返乡创业的号召,坚持土地是农业根本、水利是农业命脉、机械化是农业出路、现代农业是农民持续增收保证的理念,高标准完成集生产、生活、生态为一体的新村建设,村容和村貌发生巨大改观，富裕、秀美、文明、和谐之村呈现在古塔镇青山秀水之中。黄家圪崂的新农村建设，准确把握生产发展、生活宽裕、乡风文明、村容整洁、管理民主的要求，切实转变传统的农村观念，力求革新落后的生产模式，改变守旧的生活方式，为榆阳区新农村建设事业创造出一个新标准，闯出了一条新路。

二、新农村建设实践

2008 年，榆阳区开展民营企业家返乡创业建设新农村活动，引导和鼓励在本地有一定影响的民营企业家与其家乡的村长结对子，张文堂在这个背景下回到家乡当上了村主任。随后，他和村委会领导制定计划并投资 3 亿元人民币，彻底改变黄家圪崂村的生产生活条件，初步实现机械化、产业化、水利化目标，使村民人均收入从当年的 2000 元上升到 2 万元。

该村新农村建设规划分为两期工程，第一期是从 2008～2012 年，文昌集团总共投资 2 亿元，工程包括基本农田改造、村庄建设、水利、道路、桥梁、农网改造、绿化等基础设施建设及文物恢复修缮工程。其中为村民免费修建别墅和老年公寓是该村新农村建设的最大亮点。两年来，村里修建了 6 座蓄水池，蓄水总量约 21 万 m^3，足以保证山上的农田以及平地的灌溉；铺设灌溉暗管 1.2 万 m；修建人畜饮水点 1 处、抽水站 7 个；砌护河堤 3000m；进行了全村电网改造，铺设高压线路 2.3km、低压线路 1.7km，并新增 5 台变压器；修筑了 8km 混凝土路、30 多 km 入山道路及 3 座桥；购置了 20 余台农机设备，使农田建设初步实现了机械化；开展了"千家万户"绿化工程，已绿化荒山荒坡 230 亩。还把已经建成的 80 亩葡萄园承包给 14 户村民，文昌集团不仅提供专门的技术培训，还在头三年给承包户每亩每年提供补助金 1000 元。第二期工程主要是增加农民收入项目，开发生态农业、观光农业、旅游度假农业、现代休闲农业等，并进行石山寺村 134 户村民住宅建设及全镇幼儿园、中心小学、初级中学建设等，预计投资 1 亿元，于 2015 年建成。

三、发展启示

黄家圪崂村的发展启示总结为以下几点。

（1）要充分利用民营企业家价值优势，促进农村经济社会发展。优秀的民营企业家利用自身技能和管理才能回馈社会，是充分发挥自身价值的表现。黄家圪崂村的优秀企业家张文堂，创办了文昌集团，充分发挥企业家个人价值，为本村的经济建设和社会发展做出了实实在在的贡献。

企业家回村任职，回报社会是工业反哺农业、城市反哺农村的有效载体，是加快农村发展，增加农民收入，保持农村稳定，繁荣农村经济，促进社会和谐,实现城乡一体化,全面建成小康社会的有效途径。

首先,企业家具有丰富的致富和管理经验,有驾驭市场经济的战略眼光,有超前的经济判断能力和适应市场经济的应变能力,企业家能开阔农民致富道路,能创新农村发展模式,能拓展农民致富渠道,这是一般农村干部和农民不具备的素质。

其次,企业家背后的民营企业是新农村建设一支不可忽视的重要力量。民营企业参与新农村建设不仅是农村经济社会发展的内在要求,也对民营企业自身发展具有促进作用;同时,新农村建设也为民营企业提供了发展空间。民营企业参与到新农村建设中来,解决了农村改革过程中的很多问题,包括为农民修建别墅解决农民住房问题、促进农民就业增收。对农村基础设施的投入、办学捐款等农村社会公益事业,也使本村的经济社会事业取得了巨大的进步。

而且,企业家有雄厚的社会资源,他们与各级政府、大型企业有很好的联系,在信息、技术、人才和资金等方面有很多的优势,是建设社会主义新农村不可缺少的宝贵财富。他们先进的发展理念、创新的发展思维,为转变农民的发展观念、培养新农民起到积极作用。他们能密切联系群众,为群众排忧解难,能为农民致富开辟新路,是繁荣农村经济的需要。

(2)加大政府对新农村建设的支持力度。我国政府对新农村建设已经形成基本的政策框架。包括农业和农村的投入政策、现代农业发展政策、农村公共事业发展政策、农村基础设施建设政策、关于农村小城镇、村庄建设和第二产业、第三产业发展政策、农村扶贫开发政策、关于农村劳动了转移政策等,这些政策从农村政治、经济、社会、科技、文化等方面对新农村建设予以支持。尤其是对于那些没有集体经济带动或者企业家回乡投资的村庄,就应充分发挥好当地政府的引导和支持作用,因地制宜,选择适用于当地新农村建设的方法来推进现代农业的进程。

首先,加大对示范村成功经验的宣传力度。作为示范村,就要起到示范和榜样的作用,恰如其分的宣传使其真实可信,让群众乐于接受,从而引发他们对自己村镇建设的思考,使示范村和周边村庄都能从宣传中受益。

其次,重视政府部门的作用。在缺乏特色的乡村推进新农村建设,尤其需要政府的积极引导和大力支持。这包括物质、人力资本的投入,财政和相关政策的支持等。

再次,广泛动员村民和社会力量的参与,合力推进新农村建设。缺乏充足的硬件支持,当地乡村领导和村民的积极性和主动参与就显得尤为必要。领导要有推进新农村路径的想法和规划,肯动脑子,勤动脑子,充分利用本村优势,深度挖掘自身特色项目,带领村民走出一条适合本村的新农村建设之路。

(3)发挥广大农民群众的主体作用。任何活动都需要有人的参与,新农村建设也不例外。农民是新农村建设的主体，新农村建设的原则和目标是以人为本，增加农民收入，维护农民权益，促进农民的全面发展。新农村建设的主要动力也是农民，没有农民的有效配合支持，新农村建设就不能顺利开展；没有农民的积极参与，新农村建设将面临困境。但是，在现实社会中，农民作为新农村建设的主体，还存在一些问题，主要表现为：第一，历史因素导致农民养成了遵守规则，缺乏主见的习惯，这使得农民缺乏创新意识和竞争意识，不能有效发挥自身的主体能动性。第二，农民综合素质不高，大部分农民受教育程度低，留守的主要是人力资本含量和劳动技能较低的儿童、妇女和老人，更凸显出从事农业生产的留守农民文化水平低。第三，农民群众对新农村建设思想认识不深，主体意识淡薄。第四，各级干部的主导作用发挥不够，缺乏对农民的宣传和教育，也没有积极的动员广大农民参与，主导和主体之间没有沟通的桥梁，不利于新农村建设的顺利进行。因此，只有大力发展农村教育，积极培育新型农民，不断提高农民素质，才符合新农村建设的要求和目标。大力发展教育，首先应在思想意识上加以重视，积极引导、鼓励农民重视教育、支持教育、参与教育，并做好宣传，将基本的文化知识输送到农民身上，并提高农民的民主性，鼓励农民参与农村公共事务的管理，提高农民自我管理能力。

首先，丰富教育资源，创新教育模式。精神文化是经济社会发展的软实力，而教育是精神文明建设的载体，没有先进的教育设施，没有现代的教育理念，精神文明建设也只能是纸上谈兵。要加强农村基础教育，把提高适龄儿童入学率和农村教育质量作为兴民之基。各农村应根据各自所具备的条件和素质，建立适合自身特点的教育发展模式。以什拉滩村为例，本村先期已集资新建了一所现代化小学，但只有硬件是不够的，还需要吸引、培养、丰富师资力量，加强教师队伍建设，提高教师教学水平。此外，农村中小学生辍学严重，一旦升学无望，就会前功尽弃。其中重要的原因是农村教育模式的单一，因此要努力探索适应新农村建设、培育新农民的农村教育模式，开展多层次、全方位的农村教育，既要考虑升学有望，又要考虑致富有路，如对学习成绩好的学生给予鼓励，培养其上大学，对成绩一般的学生，进行必要的技能培训，加强职业教育，为农村社会可持续发展做准备。教育基础设施作为农村教育的基础，不仅为培养有文化、懂技术、会经营的新型农民提供学习场地和平台，更重要的是从小学开始抓教育，从村民身边开始重视教育，为本村以后发展培养人才，为新农村建设提供智力支持。

其次，发展农村职业教育，培养新型农民。新型农民是有文化、懂技术、会经营的新农村建设主体，他们符合专业化、知识化、市场化和组织化的农民，但无论具备哪种素质，都需要加强相关职业教育。一是对从事农村非农产业的农民而言，要提高其所在工作领域的专业知识，稳定他们的就业；二是对从事农业生产的农民，按照自愿有偿的原则，健全土地流转市场，发展适度规模经营，加强农业科学技术培训，提高农业生产率，塑造留守农民的专业化、知识化，通过多种形式的教育，以及农村劳动力转移阳光工程等，培育有技术、懂经营、会管理的知识化农民。

4.2.3.3　金鸡滩镇——养老示范村

一、基本情况

金鸡滩镇位于榆林城东北 27km 处，总土地面积 330km²，辖 12 个行政村，94 个村民小组。总人口 15 678 人，共 5617 户。现有耕地 3.8 万亩，人均 3 亩。镇辖区内有企事业单位 17 个，其中基层党支部 17 个、党员 501 人、商业协会 1 个、敬老院 1 所。2011 年人均纯收入达 11 623 元。

金鸡滩镇区位优势明显，地处榆神矿区腹部，神延铁路、榆神高速、204 省道横贯全镇，交通极为便利。辖区内煤炭分布广、储量大、品质优。农业基础条件较好，畜牧业相对发达，全镇养猪 8.1 万头，其中温棚养猪 6.5 万头，舍饲养羊 9.3 万只、牛 0.48 万头，笼养鸡 10.5 万只，种植业与养殖业比例为 6∶4。小城镇建设步伐较快，市场经济贸易十分活跃，种、养、企业、商业初步形成了"一线三带"的产业格局。陕西有色（5×330 兆瓦自备电厂、年产 60 万吨铝镁合金、年产 35 万吨预培养极）、银河电厂、榆树湾煤矿（年产 800 万吨）、银河煤矿（年产 300 万吨）、东风煤矿（年产 60 万吨）、金鸡滩煤矿（年产 800 万吨）、杭来湾煤矿（年产 800 万吨）、常家梁煤矿（年产 120 万吨）、兖州甲醇、蒙西水泥厂等上亿元投入的大型企业的入驻，中、小企业建设规模不断扩大，非公有制经济迅猛发展。2011 年，全镇农业总产值达 1.95 亿元，粮食总产量 17 198 吨。村村实现了通水泥（油）路，电力设施完善，户户饮用自来水，村级文化、教育、卫生等网络健全，目前户用天然气正在实施。

二、养老示范村具体实践

金鸡滩敬老院内共有 7 位老人，其中 6 位由政府公费供养，1 位自费。7 位老人基本能够实现生活自理，对于无法自理的老人，院方将雇人照料其生活。另外，由于当前敬老院内老人并不多，因此每位老人住一间房子，房内有暖气。敬老院缴费标准为：2012 年以前政府供养老人每年缴费 3000 元，全部由区财政拨付，从 2012 年起，上调 1000 元；而有儿女的老人每月自己缴纳 300 元。敬老院收养老人基本为本乡老人，并无指标限制，包括但不限于五保户、孤寡老人。敬老院设有院长一名，由当地干部兼任；管理员一名，负责敬老院各项具体事务，由镇政府退休干部担任；炊事员一名，负责老人饮食。针对农村留守空巢老人吃饭难的现状，金海南村试办了 70 岁以上留守空巢老人"敬老灶"，敬老灶上灶老人每天只需缴纳 5 元钱，剩余费用由镇财政补贴。敬老灶的开办得到社会广泛的赞誉与关注，金海南村一位个体老板无偿捐赠 35 万元，为这些老人修建了 10 间房的活动场所。初次调研时，上灶老人已有 17 名，取得初步成效。时隔一年进行调研回访，正值老人午餐刚结束之时，宿舍、活动室、灶房、餐室都干净整洁，有老人在活动室玩麻将、象棋，还有老人在院内聊天、散步。老年灶运行良好，对农村养老服务体系建设起到良好的示范带动作用。

三、发展启示

金鸡滩社会养老启示有如下几点。

（1）农村养老水平应与当地经济社会发展水平相适应。国民经济的发展对社会保障水平起到很重要的作用。依据经济决定分配，分配决定社会保障水平的逻辑定式，社会保障水平必须同经济的发展和社会的承受能力相适应，社会保障水平不能过高，也不能过低，否则对社会经济的发展都会产生不良影响。因此，在确定社会养老保障水平时，一定要对农村经济状况及社会能力进行综合分析，确立与之相适应的养老保障标准。金鸡滩近年来经济发展较快，人均收入高于我国平均水平，因此金鸡滩镇根据其实际经济状况，建立起社会养老为主，家庭养老为辅的养老模式，既不会给政府和农民增加太多负担，也能够保障老年人基本生活。

（2）政府应加强财政投入。农村社会养老保障的发展需要大量的资金，大部分地区农村集体和个人的缴费能力比较有限，就金鸡滩农村现实情况而言，政府也必须加大资金投入，因此，金鸡滩政府加大了对农村养老的财政投入，积极兑现国家对农村社会保障的财政责任，极大地调动了农民参加社会保险的积极性。据有关经验表明，发达国家农村社会保障制度的建立和完善都是与国家所给予的充足资金支持（政府财政支持与政府掌管的其他方面的资金支持）密不可分的。改革开放以来我国农村社会保障制度建设的经验也表明，如果有了政府的资金支持，农村社会保障制度的建设就比较顺利，农村社会保障事业就会得到较快的发展；如果没有政府的资金支持，农村社会保障制度建设就会遇到种种障碍和困难，农村社会保障事业就会止步不前。例如，农村社会救助制度由于有政府基本的财政支持，因而发展得比较快。21 世纪初期启动的新型农村合作医疗制度的试点也由于政府兑现了自己的财政责任，目前进展比较顺利。而 1992 年开始试行的农村社会养老保险就由于政府没有兑现自己的财政责任，因而步履维艰，农民对此信赖不够，热情不高。

（3）坚持家庭养老与社会养老相结合。一方面，社会化养老能够提供大量的资金改善老人生活，然而在老人精神慰藉和生活照料上却远不如家庭成员所给予的。家庭在对老人生活照料和精神慰藉方面具有无可替代的作用，为了保障农村老年人生活质量，家庭必须参与进来。另一方面，在榆阳区二元经济结构依然存在的情况下，如果仅靠家庭这一单一养老模式，不仅使无子女老人面临经济供给不足的养老危机，而且在家庭结构日趋简单化的情况下，会使农村家庭负担加重。大量农村青壮年外出打工，对老人生活照料和精神慰藉减少。这就要求国家、集体、个人来共同承担养老的责任。基于此，金鸡滩镇在推行以社会养老为主的农村养老过程中还十分重视家庭养老的作用，加强对子女赡养老人义务的宣传工作，对于积极赡养老人的家庭给予一定财政补贴和扶持，从而提升了家庭养老在当地养老过程中的作用。

4.2.4　科技创新驱动

科学技术是第一生产力，若要发展农业和农村经济，大幅度提高土地利用率、劳动生产率和产品的商品率，提高整体效益，就必须依靠科学技术的进步。近年来，我国农业科技整体水平有了很大提升，农业科技进步贡献率不断提高，农业综合生产能力不断增强，特别是我国已进入加快改造传统农业、走中国特色农业现代化道路的关键时期，农业、农村正经历着广泛而深刻的变革，农业科技的支撑作用更加突出。通过专家与农民、科研与农业的紧密结合，推动农业发展方式加快转变。依靠科技进步发展现代农业的成功探索和创新实践，这不仅符合西北能源富集区实际情况，而且具有全局性意义。

榆阳区农业科技创新驱动主要以榆林现代农业科技示范区和榆阳区鱼河峁镇白家沟村的旱作农业示范村来体现农业科技创新的巨大力量。

4.2.4.1　榆林现代农业科技示范区——国家农业科技园区

2013 年 9 月，榆林现代农业科技示范区通过科技部审批，正式升级成为国家农业科技园区，成为陕北第一个国家级农业科技园区，同时也是陕西省继渭南国家农业科技园区和杨凌国家农业科技园区之后第三个国家农业科技园区。这标志着榆阳区现代农业迈入一个全新的发展时期，并为榆阳区现代农业发展提供了更加有力的支撑和千载难逢的发展机遇。

榆林现代农业科技示范区是以当地生态环境、资源禀赋和农业发展实际状况为基础，通过大量资金整合，集合了农业高新技术展示、精品农产品生产、种苗繁育、技术培训及旅游观光等多种功能于一体的现代农业示范基地。现代农业科技园不仅是现代农业发展中集约化生产和企业化经营的一种创新形式，同时也是农业科技与农村经济紧密结合的切入点，对榆阳区现代农业的发展具有十分重要的示范、促进作用。

一、基本情况

榆林现代农业科技示范区始建于 2009 年，由市、区两级政府共同建设，2012 年被批准为省级现代农业园区，2013 年 9 月成功获批国家级农业科技园区。

园区按照"核心区→示范区→辐射区"渐进的方式进行布局，核心区位于榆林城北 10km 处，规划面积 13.8km²；示范区为榆林市 12 县区；辐射区为晋陕蒙宁周边省市。核心区规划面积 13.8km²，位于榆林城区东北 10km 处牛家梁镇，地势平坦，水资源丰富，自然条件优越，交通便利，农业基础雄厚，具有明显的农业科技推广和辐射带动的优势。

目前，进入园区的项目有陕西大匠农科集团榆林春蕾绿色禽业有限公司建设年产 140 万只蛋鸡养殖国际标准化生产示范项目，榆林市农业科学研究院2300 亩马铃薯小杂粮试验示范基地项目，榆林市榆阳区奥华食品科技开发有限公司年产 2 万吨杏仁蛋白饮料生产投资项目等 107 个项目，其中种养殖业项目36 个，农副产品加工项目 64 个，仓储、销售、服务业项目 7 个，总投资达 54.5亿元，投产后可实现产值 125 亿元。2012 年，园区内规模以上农业产业化企业生产总值 13 亿元，销售收入 4 亿元，其科技对农业经济增长的贡献率达 56%。

园区已建成道路 41.5km，信息网络线路 29km，天然气管线 13.6km，供水主管道 25.6km、排水管道 36.2km，并已完成排污系统工程和 13 条道路、南北区入口景观的绿化，达到道路、防护林体系、给排水、网络通信、污水处理等的综合配套。

二、园区发展实践

农业科技示范园区不仅作为现代农业技术示范基地和农业科技创新成果基地而具有辐射带动功能，同时也具备先进农业技术引进、农产品加工招商引资和服务城市居民农业休闲观光需要的功能。归结起来，农科园的功能主要包括以下几个方面。

（1）科技创新研发与示范推广功能。榆林国家农业科技园区将根据园区自然生态脆弱性特征，围绕园区主导产业发展和榆林市特色农业基地建设的需要，以良种引进繁育技术、规范化种养技术、节水农业技术、设施农业技术和农产品精深加工技术为重点，开展科技创新研发和示范推广，推动榆林市现代农业发展。

（2）观光农业和农耕体验服务功能。尽管榆阳区的观光休闲设施将随着城区的发展而不断扩张完善，但绿色作物和农业耕作，仍然对城市居民具有独特的吸收力。在发展农业科技示范推广功能的同时，农业科技园区建设也具有全面服务榆阳区及周边县域居民进行农业观光休闲和体验农耕活动的重要功能。

（3）示范和传播设施农业技术和经营理念功能。打破榆阳光照和温度等自然条件的限制，发展设施农业种植和养殖，是榆阳区现代农业发展的重要方向。园区作为一个设施农业重点项目集中区域，很好地向农民示范和传播了其农业技术和经营理念。

（4）示范和推广生态技术措施功能。示范和推广园区内企业最大限度地利用资源，减少浪费，降低成本。利用无污染的水域如湖泊、水库、江河及天然饵料，或者运用生态技术措施，改善养殖水质和生态环境，按照特定的养殖模式进行养殖，投放无公害饲料，生产无公害绿色食品和有机食品。

（5）农产品加工技术研发和消化吸收功能。加快农产品加工业发展是现代农业发展的重要组成部分，加强农产品加工研发，引进和吸收先进的农产品加工技术，发展适度规模的绿色无污染农产品加工项目，促进当地农产品加工业发展，是农业科技园区的重要任务。

（6）农业科技合作交流和农民技术培训功能。农业科技园区应该加强与省内外有关农业科研单位和农业院校的联系和合作交流。同时，农业科技园区示范推广的先进农业品种和技术也要通过农民才能得到广泛应用。加强农民技术培训和技能提高，成为农业科技园区的重要职能。

（7）成立园区经营开发有限公司。经营开发有限公司隶属于农业园区，公司性质为国有独资企业，以后可吸收社会资金发展为股份制企业。经营公司注册资金拟为 2000 万元，公司设立董事会。

公司主要体现市场的导向作用，真正做到政府引领、科技支撑、企业运作，为园区的后续发展注入活力。按照政府支持推动、企业建设运营、创新发展模式的发展定位，服务广大中小企业、电子商务运营商、农民专业合作社和周边群众，联系国内外知名企业，实行产、学、研相结合，促进榆林传统农业向现代农业转变。

公司将出资 1000 万元加入科技部"一城两区"投资结盟，促进园区内部科技金融政策联动，创新资源整合，聚集优势产业，积极创新国家农业科技园区社会化管理模式。

园区本着适度超前、集约发展、产业集聚和可持续发展的原则，制定了示范园的总体目标，即以现代农业科技为先导，以发展设施农业、特色农业和观光农业为主体，建成一个省内领先、国内知名的现代农业科技示范园。将园区建设成为包括现代农业科技引进、试验、研发、示范推广和辐射带动基地，高科技设施农业示范基地，陕北传统特色农产品及其良种繁育基地，观光农业和农耕体验基地，农业科技宣传教育和农民技能培训基地，特色农产品加工基地，新农村建设示范基地等于一体的现代化农业科技示范园区。通过若干设施农业专业园区建设，进行现代农业科技示范，带动当地农业产业化发展，推进榆阳现代农业技术革新，加快榆阳区新农村建设步伐，促进传统农民向现代农业经营者转变，实现榆阳及其周边地区农业和农村经济可持续发展。

榆林现代农业科技示范园区被批准为国家级现代农业科技园区，不仅仅体现为榆阳区现代农业发展阶段性目标的实现，而且对于榆阳区乃至榆林市、陕西省都具有非常重要的意义。

（1）推进农业现代化的重要抓手。在全国支农惠农政策的大背景下，榆阳区政府着手建立农业科技园区，通过多种渠道筹集资金，加强农业基础设施建设，提升农业装备技术水平，不断发展和推动农村生产力，而且通过加强现代农业示范园区的交流与宣传，不断提高和扩大农业科技园区的示范效应，有力地提升了该区的农业现代化水平。

（2）发展农业产业化的重要举措。长期以来，企业、农户、政府、行业协会之间的利益摩擦延缓了农业产业化进程，在一定程度上制约了农村经济的发展。现代农业示范园区通过多种渠道筹集资金，加强农业基础设施建设和市场开拓，有利于提升农业发展水平。在这个过程中，农户、企业、金融机构和政府逐渐建立起一体化的农业生产合作形式，对农业产业化发展格局的形成具有促进作用。

（3）增加农民收入的重要手段。农业科技园区的建设是通过加大农业生产投入，改变传统的农业生产方式，以园区化运作、企业化管理等手段对分散的农业资源进行整合开发的过程。在这种运作模式下，农户不仅获得农业劳动收益，而且还能够分享农产品加工、流通、销售、品牌建设、食品安全保障等环节产生的收益，因此农业科技园区农户的收入水平较高。

（4）支持农业发展的重要平台。榆阳区农业人口基数大，占全区总人口数的 63.9%，因此平均每位农民靠国家的农业转移支付政策获取的福利较为有限，难以对改善农业生产条件、促进农业发展起到根本性的推动作用。发展农业科技园区，搭建起政府支持农业、农村发展的平台。政府可以通过财政投入引导社会资本参与园区基础设施建设，同时加大政策支持，从而促使园区农业生产方式发生根本性改变，不断提升农业、农村经济发展水平。

（5）推进"四化"同步建设的重要桥梁。长期以来，榆阳区工业化、城镇化、信息化和农业现代化发展，缺乏很好的协调和整合，致使城镇化、信息化、农业现代化发展滞后于工业化。加强示范园区基础设施建设，提高农产品加工水平，可以有效地推动城镇化、工业化、信息化和农业现代化的共同发展。因此，发展农业科技园区是推进四化同步建设的重要桥梁。

4.2.4.2 榆阳区鱼河峁镇白家沟村——旱作农业示范村

一、基本情况

榆阳区鱼河峁镇白家沟村地处市区东南 45km，是典型的黄土丘陵沟壑区，年降水量仅 400 毫米左右。2010 年，榆阳区农业技术推广中心一改过去在山区乡镇零星布点示范为整村集中连片示范，首次在白家沟村建立了 2000 亩旱作农业示范园。通过土地整合，实现了农作物合理布局与轮作倒茬良性循环的种植模式。2011 年，在白家沟村实施的旱作农业示范田中，全膜覆盖双垄沟播玉米平均亩产 872.6kg，创榆林市南部丘陵沟壑区旱地玉米高产纪录，也填补了山区集中连片种植玉米的空白；双沟覆膜"大明绿豆" 354 亩，平均亩产 129.4kg；马铃薯脱毒种薯"紫花白"种薯繁育 300 亩，平均亩产 1271.3kg；水平沟谷子"香谷" 500 亩，平均亩产 171.4kg；"镰架条"黑豆 352 亩，平均亩产 100.6kg。2010 年，实施旱作农业之后，白家沟人均纯收入即达 6500 元。

二、旱作农业实践

白家沟旱作农业示范基地把以往分散种植的土地和资源整合起来，由村里进行统一规划种植、统一标准生产。通过整合村民耕地，将耕地科学规划成玉米、马铃薯、绿豆、谷子、大豆五大块集中连片种植区和一个自由作物种植区，实现了农作物合理布局与轮作倒茬良性循环的种植模式。

在种植实践过程中，示范园旱作农业主要有以下几个方面特征。

（1）示范园管理模式是统一规划、分户管理，政府在设施、技术服务上给予示范园最大的支持，包括种子、地膜、肥料、机械等都不需要农民自己承担。需要农民做的只是平时除草，最终成熟后的农作物属于农民自己。

（2）全面推广玉米全膜覆盖双垄沟播技术，即在地表起大小双垄后用地膜全覆盖，形成了集"全膜覆盖、膜面集雨、垄沟种植"为一体的高效集成技术。在绿豆、大豆生产中，推广旱地双沟覆盖集雨节灌技术，即集沟垄覆膜、双沟集雨、平衡施肥等多项技术综合配套。

（3）在谷子生产中推广水平沟种植技术，采用套二犁大垄沟种植，具有集雨、保墒、抗旱作用，同时应用测土配方施肥技术，对不同土壤通过取样化验分析后，按照不同作物、不同产量指标科学制定施肥方案，有效节约了肥料投入，提高单位面积产量。

（4）在推广病虫害统防统治技术方面，开展统一药剂、统一时间、统一防治的综合统防统治技术，既节约成本，又提高防治效果。

三、发展启示

（1）农业最终要靠科学解决问题。科学技术作为第一生产力，不仅改善着作物的品种品质，而且使作物的立地条件和生长条件也在不断发生变化，使农业越来越成为可控性产业。年降水量较少的半干旱山区，如今可以种植采用传统种植方式不能种植的经济作物，完全是科技进步的结果。因此，发展农业，必须把立足点放在推进科技进步上。依靠科技推进农业发展的潜力还很大，在良种、肥料、设施、病虫害防治、土壤改良、农业机械化等方面不断取得突破的同时，尤其要重视农业技术的集成创新，发挥农业科技的综合效应。

（2）旱作农业发展必须实现科学、自然、经济规律的有机统一。旱作农业相对灌溉农业来说，面临的自然风险更大，对自然的依赖性更强。发展旱作农业必须顺应自然规律，因地制宜，推进旱作农业技术创新也要在顺应自然规律的基础上改造自然条件。要把科学规律、自然规律、经济规律有机统一起来，进一步调整农业结构，大力发展特色农业，促使旱作农业向现代农业转变。通过把旱作农业技术推广作为切入点，合理压缩夏粮面积，增加秋粮面积，加快区域性特色优势产业培育进程，大力发展养殖业和农产品精深加工业，积极培育新型农业专业合作组织，逐步把种植业、养殖业、加工业各个环节有机衔接起来，努力形成产、加、销一体化的发展格局，较大幅度地提高旱作农业的比较效益。

（3）推进农业科技进步必须发挥政府的主导作用。由于农业受自然和市场的双重约束，本质上是一种弱势产业，所以世界各国对农业都采取扶持政策。推进农业科技进步，就是要以政府为主导，建立健全农业科技推广体系。全膜双垄沟播技术的推广运用，政府及时有力的推动发挥了重要的作用。要进一步加大投入，加强农业、农技、财政、科技、水利、金融、扶贫等部门的协作配合，形成扶持旱作农业技术推广和农业产业开发的良好机制。要把政府主导和典型示范有机结合起来，组织农业技术部门搞好全过程的技术服务，解决技术推广中存在的各种实际问题，增强广大农民采用新技术的信心和能力。要进一步加强农村基层组织建设，建立健全以党支部为核心的充满生机与活力的村民自治机制，为新技术的推广提供强有力的组织保证。

4.2.5　榆阳区现代农业发展实践总结

通过对榆阳区现代农业发展过程中典型案例的分析，我们深切感受到现代农业在榆阳区的蓬勃发展，也更加明晰了西北能源富集地区现代农业的发展道路。

种植业和养殖业选取的三个案例，一是以个体农户经营为主要特点的海流滩村，一是以企业进驻、村企结合模式的大纪汗村，还有生猪养殖已成规模的麻生圐圙村，为我们勾勒出榆阳区现代农业经营方式的新内涵。

海流滩村以 529 户农民，创造了连片玉米吨粮田全国最高纪录的奇迹。更令人振奋的是，全村的 80%以上的青壮年劳动力留在村里从事粮食生产及畜牧养殖，全村小汽车保有量 70%以上，农民开车去种田让我们也大开眼界。海流滩村的启示是只要能够实现农业科技与产业化的完美结合，从事农业完全可以带给个体农民体面的生活和较高的收入。

与海流滩村以农户为单位的经营方式不同，大纪汗村是以村企结合的形式为主要特点，以农业龙头化企业的强力入驻及大规模机械化生产为主要特征的农业经营方式。村民不再从事种植业，而是将新增土地出让给企业，获取规模经营收益；村民们则利用原有土地从事养殖业或外出务工，农户家庭收入渠道多元化，走出了一条以循环农业促进农业增效、农民增收的新路。

养殖业以麻生圐圙村的养猪业为代表。这个陕蒙交界的村子拥有内蒙古东胜煤田、榆林大部分地区及山西部分地区的生猪市场，是该区域最有名的养殖大村。在近十年的发展中，这个村土地细碎化整理、规模养殖、生态养殖也为全区畜牧业发展提供了良好的典范。该村劳动力同样也是以青壮年为主，外出打工较少，因为在家务农可以带来丰厚的收入，家乡更有浓厚亲情环绕，农牧交错带文化独具特色，农民坚守着自己的家园，坚守着现代农业文明。科学合理的制度创新及科技支撑是未来中国农业发展的希望和魅力所在。

土地产权改革选取的两个案例均处于榆阳区南部山区。此区域为丘陵沟壑区、梁峁起伏、沟壑纵横。我们在这一地区选取了两个村作为考察对象，一是以农民自发建立农村专业合作社为特色的赵家峁村，一是以空壳村治理、整村流转为特色的李官沟林牧场。赵家峁村实行的是以农民土地产权入股建立农民专业合作社为切入点，以公司化经营及农民以土地产权入股为主要特征的农业经营方式。村民利用土地承包经营权入股，合作社每年拿出 3 万元，平衡入股村民土地差别，年终根据公司盈利情况分红，也可通过参与公司生产经营，获得与市场价格相同的工资性收入，农民通过土地产权入股成立专业合作社，改变传统农业生产经营形式的新路径，不仅释放了农村土地资源和劳动力活力，而且为培养职业农民、壮大农村集体经济、提高农业综合效益提供了有益的借鉴。

与赵家峁村是村民自发建立农村专业合作社，进行现代化、公司化运营不同，李官沟林牧场是在榆阳南部山区"空壳村"现象日益严重形势下的一种土地流转方式，50 多岁的民营企业家怀着对土地的热爱和深厚的感情，对这个只剩下五户人家的村庄进行了承包，建设生态牧场。除了投入资金，更多的是要倾注精力和劳动。政府对李官沟农牧场给予了政策和资金的大力支持，目前该村建设顺利，发展势头良好。榆阳区南部山区有众多的空壳村，也有大量的撂荒土地，民营企业家承包荒山，建设生态农牧场，榆阳区的企业家们为家乡贡献着自己的力量，为乡亲父老们奉献一份温暖和亲情，令人感动和震撼。

榆阳区在各项事业快速发展的同时，非常注重民生工程建设。在提高民生福祉方面也选取了三个案例，一是驻地几家煤矿联合出资为当地村民免费建别墅的什拉滩村，二是民营企业家回报社会为 300 户村民修建住房及发展产业的黄家圪崂村，三是金鸡滩镇的敬老院以及金海南村的敬老灶。这两个养老示范点所有运行资金都是财政支付，帮助老年人颐养天年，实现了政府让广大人民群众共享改革开放成果的承诺，塑造了良好的政府形象。

科技创新驱动是榆阳农业走向现代化的重要影响因素，榆林现代农业科技示范区通过国家级农业示范园区审批，成为陕西第三个现代农业示范园，对于榆阳区现代农业的发展和推进具有重要意义，其不仅体现在现代农业发展的科技含量不断提升，更体现为现代农业科技示范园的建设和发展能够为榆阳现代农业发展起到的引领和示范作用，能够促进农业科技在基层的推广力度，提升现代农业发展效率。白家沟村的旱作农业区使我们看到了科技的伟大创造力和生产力。从贫瘠低产到覆膜技术所带来的旱作农业技术革命，再一次明确了干旱区农业未来的发展道路。

榆阳区在现代农业发展过程中做出了积极的尝试和努力，形成了独具特色，行之有效的现代农业发展模式，体现了榆阳区在推进现代农业建设、推进全面小康建设方面取得的重大成就，也为未来陕北乃至西北其他地区现代农业的稳步推进起到了很好的示范作用。

榆阳区现代农业的建设是一个政策设计与探索实践不断协调与结合的过程，应吸取李官沟林牧场、赵家峁村在土地流转、农民专业合作社构建过程中形成的经验，以产权制度改革为基础，加快耕地、建设用地流转及农村集体经济组织产权的制度改革进程。同时，充分吸收海流滩村、大纪汗村、麻生圐圙村在其各自主导产业发展过程中形成的积极经验，加强产业体系设计，因地制宜发展规模种植业和养殖业。借鉴大纪汗村等地变荒地为耕地的先进经验，重视生态环境防护体系，健全自然资源资产产权制度和用途管制制度，划定生态保护红线，实行资源有偿使用制度和生态补偿制度，改革生态环境保护管理体制，综合整治工程的建设，以及水资源保护体系的建设，提升榆阳区生态环境承载力，使现代农业在生态系统，尤其是水生态系统良性运转的框架内发展。积极发挥榆林农业科技园区的示范引领作用，大力推广白家沟旱作农业示范效应，提高农业科技含量和农业生产力，同时注意延伸农业产业链，做大做强农产品加工业。最后，通过对什拉滩村、黄家圪崂村在新农村建设、金鸡滩镇在新型农村养老模式构建过程中形成的积极经验调研，榆阳区的民生福祉也可以在企业社会责任、企业家人文乡土情怀上有更多作为。榆阳区在农村养老方面形成了很好的经验，塑造了良好的政府形象，为进一步推进农村养老体系改革提供了宝贵的实践经验。

通过以上分析，可以总结出榆阳区现代农业的基本特征是：因地制宜、规模效应、制度创新、科技支持、民生保障。

农业发展的条件因地理、自然环境不同而各异。榆阳区地理环境相差很大，不同于平原地区地理环境大多相似的特点，因此决定了其发展现代农业只能是因地制宜。榆阳区充分利用各个乡镇农业发展的特色，打造出了种养结合、生态农业、循环农业等多种形式的现代农业体系，形成了良好的现代农业生态系统。

规模效应是现代农业发展的必备条件，也是农业实现利润的关键。榆阳区通过个体大规模经营、村企合作、农业合作社、公司带动、现代农业示范区等多种形式实现了现代农业经营的规模化，有效地降低了农业的生产成本，保证了农业发展的利润空间，也为农民留下来从事农业生产打下了坚实的基础。

制度是制约发展的瓶颈，家庭联产承包责任制已经不适合现代农业发展的新需要，必须实现大规模的土地流转，实现规模经济，才能推动机械化、现代化为标志的现代农业发展。榆阳区大力推动土地制度创新，通过产权改革，实现了土地承包给企业、合作社等多种形式的土地流转，有效的集中了土地，形成了良好的现代农业发展基础。

科技是现代农业的标志。现代农业的发展与科技进步是紧密联系的，榆阳区在农业科技推广如肥料、设施、病虫害防治、土壤改良、农业机械化等方面不断取得突破的同时，十分重视农业技术的集成创新，通过农业示范园区发挥农业科技的综合效应。走出了一条以科技创新为驱动的现代农业发展道路。

发展的目的是惠民，民生也是发展现代农业的根本保证。榆阳区通过加大对民生方面的财政投入和民生工程的建设，使得民生得到了很大的改善，农村的面貌发生了翻天覆地的变化，增加了老百姓的乡土情怀，提高了老百姓从事农业生产的积极性，保障了现代农业发展的劳动力。

4.3 榆阳区现代农业模式的发展与推广

榆阳区在经济发展转型和社会建设过程中，逐渐探索走出了一条独具特色的现代农业发展道路，形成了良好的示范作用。本书结合榆阳区现代农业发展的个案，分析榆阳区现代农业未来发展的方向，总结出颇具特色的"榆阳模式"，并结合西北能源富集区的地理、自然条件等探索出榆阳区现代农业推广的方式。

4.3.1 榆阳区现代农业发展方向

传统农业向现代农业的转变需要物质资本的不断深化和人力资本的不断积累。能源富集区的现代农业发展，同样要坚持用现代物质条件装备农业，用现代科学技术改造农业，用现代产业体系提升农业，用现代经营方式推进农业，用现代发展理念引领农业，培养新型农民发展农业，着力突破瓶颈制约，努力推进农业现代化发展道路。榆阳区乃至西北能源富集区现代农业的发展，都要从加快转变农业发展方式关键环节入手，重点加强事关现代农业发展全局、影响长远的八个方面建设。

4.3.1.1 完善现代农业产业体系

保持并增强现有种植业和畜牧业优势，结合资源潜力、现有条件和开发前景确定优势产业，积极推动优势农产品向最适宜区域集中。稳定粮食播种面积，优化品种结构，提高单产和品质，加强生产能力建设，确保粮食安全。稳定玉米播种面积，积极恢复小杂粮种植面积，着力提高单产水平。增加优质马铃薯种植面积，积极开发和选育马铃薯优质专用高产品种，提高脱毒种薯供给能力，积极扩大良种繁殖面积。

发展农产品加工和流通业。现有农产品加工大多处于低级、初级加工阶段，产品附加值低，造成了产品原料的大量损耗和浪费。农产品深加工基础薄弱，有很大的发展空间。要加强榆阳区主要农产品优势产区加工基地建设，引导农产品加工业向种养业优势区域集中。注重农产品加工提升，推广产后贮藏、保鲜等初加工技术与装备；大力发展精深加工，引入先进农产品深加工技术，提高生产流通组织化程度，培育大型加工和流通企业集团。强化流通基础设施建设和产销信息引导，升级改造农产品批发市场，支持优势产区现代化鲜活农产品批发市场建设，大力发展冷链体系和生鲜农产品配送。发展新型流通业，推进订单生产和"农超对接"，落实鲜活农产品运输"绿色通道"政策，降低农产品流通成本。

建设设施农业。利用人工建造的设施，为种植业、养殖业以及产品的储藏保鲜等提供适宜的环境条件，获得速生、高产、优质的农产品，这在一定程度上可以克服传统农业难以解决的限制因素，加强资源的集约高效利用，从而大幅度提高农业系统生产力。地膜覆盖栽培、以塑料大棚温室栽培和现代玻璃房栽培为主的园艺作物温室栽培是发展设施农业的三个重要措施。结合榆阳区当地情况，为了创造条件以栽培高附加值作物，提高农民收入，可以积极利用荒地、沙地发展设施农业。对荒地、沙地进行统一规划后，采取自愿报名、统一整地、统一标准、统一技术、到户建设的措施，鼓励建设高标准日光温室。

4.3.1.2　强化农业科技和人才支撑

增强农业科技自主创新能力。改善农业科研条件，建设农业科研基地和重点实验室，加强基础性、前沿性、公益性重大农业科学技术研究，强化技术集成配套，加快农业技术引进消化吸收再创新的步伐，加强农业科技领域之间合作。完善农业科技评价机制，激发农业科技创新活力。

大力发展现代农作物种业。整合种业资源，培育具有重大应用前景的突破性优良品种，建设标准化、规模化、集约化、机械化良种繁育和生产基地，打造育种能力强、生产加工技术先进、市场营销网络健全、技术服务到位的现代种业集团。构建以产业为主导、企业为主体、基地为依托、产学研相结合、育繁推一体化的现代种业体系，提升种业科技创新能力、企业竞争能力、供种保障能力和市场监管能力。

加快农业新品种新技术转化应用。加快高产玉米、脱毒马铃薯、优质小杂粮等品种推广，加强全膜覆盖双垄沟播、旱地双沟覆盖集雨节灌、水平沟种植、测土配方施肥、病虫害统防统治等关键性技术的集成应用。推进联合育种，加快畜禽遗传改良进程。创新农业技术推广机制，大规模开展高产农田创建，力争实现优势产区和主要品种全覆盖。大力推动精准作业、智能控制、远程诊断、遥感监测、灾害预警、地理信息服务及物联网等现代信息技术在农业中的应用。

壮大农业、农村人才队伍。大力培养农业科研领军人才、农业技术推广骨干人才、农村实用人才带头人和农村生产型、经营型、技能服务型人才。围绕农业生产服务、农村社会管理和涉农企业用工等需求，加大农村劳动力培训阳光工程实施力度。大力发展农业职业教育，加快技能型人才培养，培育一批种植业和养殖业能手、农机作业能手、科技带头人等新型农民。吸引高校毕业生和各类优秀人才投身现代农业建设，鼓励外出务工农民带技术、带资金回乡创业。

4.3.1.3　改善农业基础设施和装备条件

大规模开展高标准农田建设。拓宽资金渠道，加大投入力度，大规模改造中低产田，建设旱涝保收高标准农田。大力开展农田水利建设，增加农田有效灌溉面积。加强田间工程建设，开展农田整治，完善机耕道、农田防护林等设施，推广测土配方施肥等培肥地力技术。完善高标准农田建后管理和维护支持政策和制度，延长各类设施使用年限，确保榆阳区农田综合生产能力长期持续稳定提升。

改善养殖业生产条件。加速培育一大批设施完备、技术先进、质量安全、环境友好的现代化养殖场。加快实施畜禽良种工程，支持畜禽规模化养殖场（小区）开展标准化改造和建设。

加快农业机械化。全面落实农业机械购置补贴各项管理制度和规定，加强先进适用、安全可靠、节能减排、生产急需农业机械的研发和推广，优化农业机械装备结构。大力发展高效植物保护机械，积极推进养殖业、农产品初加工机械化。加快实施保护性耕作工程。支持农用工业发展，提高大型农业机械和农药、化肥、农膜等农资生产水平。

加强农业防灾、减灾能力建设。加快构建监测预警、应变防灾、灾后恢复等防灾、减灾体系。建设规模合理、标准适度的防洪和抗旱应急水源工程，提高防汛抗旱减灾能力。强化气象灾害监测预警预报和信息发布系统建设。加强种子、饲草料等应急救灾物资储备调运条件建设，推广相应的生产技术和防灾、减灾措施，提高应对自然灾害和重大突发事件能力。

4.3.1.4　增强农产品质量安全保障能力

大力推进农业标准化。以农兽药残留标准为重点，加快健全农业标准体系。推行统一的标准、操作规程和技术规范，集中创建畜牧业养殖标准化示范场。加快发展无公害农产品、绿色食品、有机农产品和地理标志农产品。

加强农产品质量安全监管。完善投入品登记、生产、经营、使用和市场监督等管理制度，完善农产品质量安全风险评估、产地准出、市场准入、质量追溯、退市销毁等监管制度，健全检验检测体系。建立协调配合、检打联动、联防联控、应急处置机制。推动农产品生产、加工和流通企业建立诚信制度。

4.3.1.5　推进农业产业化经营跨越式发展

制定扶持农业产业化龙头企业发展的综合性政策，启动实施农业产业化经营跨越发展行动。对经营水平高、经济效益高、辐射带动能力强的龙头企业予以重点扶持。引导龙头企业采取兼并、重组、参股、收购等方式，组建大型企业集团，支持龙头企业跨区域经营，提升产品研发、精深加工技术水平和装备能力。鼓励龙头企业采取参股、合作等方式，与农户建立紧密型利益联结关系。

强化农民专业合作社组织带动能力。广泛开展示范社建设行动，加强规范化管理，开展标准化生产，实施品牌化经营。加大合作社经营管理人员培训、培养力度，加强合作社指导人员队伍建设。支持农民专业合作社参加农产品展示展销活动，与批发市场、大型连锁超市、学校、酒店、大企业等直接对接，建立稳定的产销关系。鼓励农民专业合作社开展信用合作，在自愿基础上组建联合社，提高生产经营和市场开拓能力。扶持合作社建设农产品仓储、冷藏、初加工等设施。

发展多种形式的适度规模经营。在依法自愿有偿和加强服务的基础上，完善土地承包经营权流转，发展多种形式的规模化、专业化生产经营。引导土地承包经营权向生产经营能手集中，大力培育和发展种养大户、家庭农（牧）场。严格规范管理，支持农民专业合作社及农业产业化龙头企业建立规模化生产基地，进一步加速强村富民工程建设。

4.3.1.6 大力发展农业社会化服务

规范生产经营性服务。健全农民专业合作社，落实完善各项扶持措施，优化合作社发展环境；深入开展示范社建设，完善合作社内部规章制度，建立信用管理制度，健全生产记录制度，加强标准化和品牌化建设，提高合作社规范化建设水平。集约扶持产业化龙头企业，发挥龙头企业集群、集聚优势，集成利用资源要素，提升辐射带动能力，实现做大龙头企业、农业生产基地、农产品品牌、农产品流通和创新农业经营体制机制；建立新型利益联结机制目标。强化其他社会化服务机构职能，增强生产经营性组织与科研机构、高等院校的合作，对应用型研究、技术推广等提供必要的资金支持。

发展农村金融服务。支持合作社开展信用合作，与金融监管部门联合成立农民专业合作社信用合作领导机构，扶持示范社开展内部资金互助和合作社之间资金互助，探索成立农村资金互助社，加强对筹集资金额度、互助资金使用情况的监督管理和风险防控。拓展农业信贷担保，鼓励有条件的地区成立由政府出资、农民专业合作社和农业产业化龙头企业参股的担保基金或担保公司，扩大农村有效担保物范围和信贷供给，带动各种担保机构发展。持续扩大政策性农业保险与专业保险机构共同建设一支高素质的保险队伍和业务网络，建立和完善宣传引导机制、工作推动机制、市场竞争机制、运行监督机制和组织保障机制，探索农村经济部门在保险政策审核、保险活动实施、保险定损赔付和政策性保险补贴标准确定等方面发挥积极作用的工作机制，扩大农业保险覆盖农村的范围，提高保障能力。

增强公共监管服务。建设公共监管服务能力，因地制宜、科学合理的设置公共服务机构，切实保证财政投入，充实公共服务人员，加强基础设施建设，不断改善工作条件。创新基层公共服务机构管理体制和运行机制，改革用人制度、健全考评制度、完善分配制度。进一步完善加强乡镇农业技术推广和动植物疫病防控机构，依托现有农业技术推广和动植物疫病防控体系联合建设乡镇农产品质量安全监管机构。

4.3.1.7　加强农业资源和生态环境保护

加强农业资源保护。继续实行最严格的耕地保护制度，加强耕地质量建设。科学保护和合理利用水资源，大力发展节水增效农业，继续发展旱作农业。加强畜禽遗传资源和农业野生植物资源保护。

加强农业生态环境治理。鼓励使用生物农药、高效低毒低残留农药和有机肥料，回收再利用农膜和农药包装物，加快规模养殖场粪污处理利用，治理和控制农业面源污染。继续实施农村沼气工程，大力推进农村清洁工程建设，清洁水源、田园和家园。

大力推进农业节能减排。榆阳区要大力推广节地、节水、节种、节肥、节药、节能和循环农业技术，淘汰报废高耗能老旧农业机械，推进形成"资源—产品—废弃物—再生资源"的循环农业方式，不断增强农业可持续发展能力。

4.3.1.8　加大榆林现代农业科技示范园区的示范引领作用

示范园区作为现代农业技术示范基地和农业科技创新成果基地，具有辐射带动功能，同时也承载着先进农业技术引进、农产品加工招商引资和服务城市居民农业休闲观光需要等诸多功能。园区通过产业拉动、技术辐射和人员培训等，可有效带动周边地区现代农业快速发展。还可以通过借鉴示范区发展现代农业的好做法和好经验，扩大示范带动范围，形成与其他各级示范区互为借鉴、互相补充、竞相发展的良好格局。

4.3.2　榆阳区现代农业发展模式核心内容

不同于中原、东北等主要粮食产区，榆阳区独特的地理位置和自然条件决定了其现代农业发展具有独特的发展模式。西北能源富集区现代农业发展模式可以概括为：以完善现代市场体系为核心，充分发挥市场在资源配置中的决定性作用；以产权制度改革为突破，充分激发土地要素的市场活力；以生态文明建设为主线，全面考虑农业发展过程中的生态环境承载力；以能化产业反哺农业为推手，全面统筹三个产业协调发展；以科技推广、人才培养为支撑，着力提高科学技术与人力资本对农业的贡献率；以产业特色经营为支柱，着力打造地区特色农业品牌；以资金、政策支持为保障，积极拓宽农业发展融资渠道；以城乡发展一体化为引导，积极创新农村社区管理、服务农村建设、使广大农民平等参与现代化进程，大力发展规模化、产业化、特色型、节水型的现代农业发展模式。

经过理论分析和实际调研，我们认为榆阳区现代农业发展模式的核心内容主要包括以下几个方面。

第一，严守生态红线，以现代农业促进生态文明建设。西北地区是我国重要的生态屏障，西北地区生态恶化将会直接关系到我国的生态安全，必须严守生态红线。现代农业本身可以成为生态景观的一部分，且可以修复由于能源开采带来的生态破坏、环境污染等问题，因此榆阳区现代农业的发展将极大地促进当地生态文明建设。为此需要做好几项工作：首先，大力推动榆阳区经济发展方式的转型升级，走循环经济、可持续发展道路，在适宜的地区积极推动现代农业的发展。其次，要做好自然资源产权登记工作，落实最严格的源头保护制度、损害赔偿制度、责任追究制度，完善环境治理和生态修复制度，切实用制度保护生态环境。最后，通过农业生态文明建设及各类生态环境保护体系和生态环境综合整治工程的建设，以水资源可持续发展为重要内容，将能源产业发展过程中出现的各类生态环境问题引入良性治理的循环过程之中，从而提升能源富集区生态环境承载力，为地区经济社会的高速发展保驾护航。

第二，加大能化反哺，以能源优势促进现代农业发展。榆阳区具有丰富的能源资源，其能源化工产业占据了很大的份额，这在一定程度上约束了该地区的发展路径。但若转型得当，能源化工工业一枝独秀也将是一种巨大的优势，因为它积累和集聚了发展所需的大量资本、技术和管理等生产要素。榆阳区现代农业的发展必须借能源化工产业之力，在城乡统筹背景下建设工农互惠、城乡一体的和谐农业。首先，依托中央、省属企业的科技、资金及管理优势，助力地方经济发展及社会服务升级。其次，在现代农业发展过程中，重视中央、省属企业的社会责任分担机制建设，明确责任主体和内容，通过外部政策强制规范企业的社会责任。最后，建立完善合理的生态补偿机制，严格制定相关法规，规范中央、省属企业的生产行为，使其承担对地方造成的环境破坏的治理义务。同时要利用发达的工业基础，大力发展农产品加工业，延伸农产品产业链。此外，积极发展都市休闲农业，充分发挥农业的文化传承、休闲度假和旅游功能，打造农业观光园和生态农业园区。

第三，巩固农业地位，以市场机制促进现代农业腾飞。从三大产业的比重来看，农业所占的份额是逐渐缩小的，但是农业始终是国民经济的基础，既关系着我国的粮食安全，也为非农产业提供大量的原材料。现代农业更是国民经济增长的重要源泉之一，是国民经济不可缺少的有机组成部分。因此必须明确和巩固农业应有的地位，以市场机制促进现代农业的发展。必须正确处理政府与市场的关系，充分发挥市场对资源配置的决定性作用，健全现代市场体系，建立城乡统一的建设用地市场，实现农村集体经营性建设用地与国有土地同等入市、同权同价；完善农村金融体系，满足资金对农民增收的支持和保障作用；深化农业科技体制改革，发挥市场对各类创新要素配置的导向作用。加快转变政府职能，加强发展战略、规划、政策、标准等制定和实施，加强市场监管、公共服务、社会管理和环境保护等职责。

第四，培育现代农民，以人力资本深化推动现代农业。现代农业的标志是现代生产要素的使用。无论是现代技术的研发和推广，最终都要落实到农民头上。没有高素质的现代农民作为匹配，生产要素之间就无法协调。我国的农民素质整体水平不高，因此发展现代农业必须大力培养有文化、懂技术、会经营、高素质的现代农民，以人力资本的不断深化推动现代农业的发展。从科技扶持以及农民基本素质提升的角度出发，加强科技、人才对现代农业发展的支撑力度，引入多元化农民培训及科技扶持模式，重视农村"失地农民"向城市"兼业工人"的转变。同时，继续鼓励企业家、高素质人才等回到农村发展，使得高素质的人才和企业家成为农业发展的带头人。

第五，推动农村产权改革，以现代农业促进农民增收。农民具有发家致富的需要，现代农业是实现农民增收的关键。而限制农民增收的关键因素是农村产权制度，因此必须以产权制度改革为突破，加速农村各项事业的改革，推动现代农业发展进程。在守住耕地红线，保障粮食安全的前提下，坚持农村土地集体所有权，深入开展土地承包经营权流转改革；保障农户宅基地用益物权，稳妥推进农民住房财产权抵押、担保、转让；积极推进农村集体经营性建设用地出让、租赁、入股。大力推进农村集体经济组织产权制度创新，通过土地确权、颁证、增减挂钩等具体方式，集中连片发展大中型农牧场和家庭农场，提高农业生产效率，推进现代农业的规模化与集约化发展，同时也要更加注重农产品质量和食品安全，转变农业发展方式，抓好粮食安全保障能力建设。

第六，健全财政金融体系，加强对现代农业的保障。现代农业的发展需要大量的资本投入，除了农民自己的投资外，必须健全财政金融体系，多渠道筹集现代农业发展所需的资金。要管好、用好政府公共资金，推进现代农业多元化资金支持体系建设。要积极地发挥政府政策引导作用，加大地方金融机构对农村的支持力度；规范对民间资本的管理，引导社会资本向农业部门流入；充分发挥市场在资源配置中的决定性作用，调动市场投资农业的积极性，多渠道为地区现代农业发展提供资金支持。不断尝试创新农村金融体系，积极探索完善农业保险制度，鼓励社会资本投向农村建设，为现代农业的安全稳定发展提供充足的资金支持与完善的制度保障。

第七，创新社会管理模式，推动城乡发展一体化。现代农业的发展是促进城乡一体化的关键，农业的全面现代化也标志着城乡二元经济结构的终结。在城市化进程不断加快、城乡一体化不断加深的趋势下，坚持走新型城镇化道路，不断探索和创新社会管理模式，推进农业转移人口市民化，逐步把符合条件的农业转移人口转为城镇居民，加快户籍制度改革。在政府承担公共服务主导责任的同时，鼓励社会团体参与公共服务建设，扩大公共服务的社会参与度，同时，推进政府向社会力量购买公共服务的进程。在农村社区管理中突破传统管理模式，加大基层民主建设力度，加快农村社会保障制度的构建和完善，建立健全养老资金的筹集与运行机制，打造多元化的农村社区管理模式。

4.3.3 榆阳区现代农业发展模式推广的条件

现代农业的发展具有一定的规律。现代农业作为传统农业更高层次的发展，也有一定的发展门槛和不同模式。榆阳区根据自身的条件，因地制宜的发展出了一条独具特色的现代农业道路，为西北能源富集区经济发展转型升级提供了很好的经验借鉴。西北能源富集区地理和自然条件各异，榆阳区现代农业发展模式推广有一定的适用条件。

第一个条件是有足够的土地供应。现代农业需要规模化经营，虽然不能与西方大农场式的土地集中规模相比，但是也必须保证一定的适度规模。土地规模大、流转成本低、行政阻力小的地方，具备土地规模化的基本条件。规模化经营是现代产业发展的重要条件，没有规模，就没有产业布局的区域化，农业生产的机械化，农业技术的标准化。如果农业经营的规模过于狭小，机械化作业难以展开，生产成本无法降低，新的要素就难以流入农业，农业要素报酬率就难以提升，农民种田的效益就得不到提高，农村劳动力就会流向城镇寻求打工谋生，这就影响了农业发展的基础。榆阳区北部有广阔的风沙草滩区，为其农牧业发展提供了充足土地资源储备，西北能源富集区除了个别处于沙漠、山地等极端地理区域外，大都在土地平整、广阔、具有一定肥力的平原、高原上。这为现代农业规模化、机械化作业提供了最基础的自然条件。

第二个条件是要有足够的水源支撑。农业产业的直接作业对象是动植物等生物，生物的生存需要水，因此水是发展农业不可或缺的重要资源。现代农业的水资源支撑可以从水资源的供给和需求两方面去理解。一方面，农业历来是用水大户，充足的水资源才能保证农作物的正常生长发育。水资源不足就难以维持农作物的生长，农业就无从谈起；另一方面，通过现代农业技术的引进，可以采用喷灌、滴灌等节水技术在缺水区适当发展现代农业，打破传统技术条件下农业生产受水资源的约束，从而提高农业发展的规模的质量。

第三个条件是气候适宜。西北能源富集区发展农业的自然条件无法与东北平原、华北平原等传统农业产区相比，主要体现在土地肥力差、气候环境恶劣等方面。气候变化对农业、林业和渔业的发展影响巨大,西北地区深入欧亚大陆腹地,大都属于干旱半干旱区,许多粮食作物和经济作物不适宜甚至无法生长。因此能够发展现代农业的西北能源富集地区,要有适宜农、林、牧业发展的基本气候条件。也就是说,西北能源富集区要发展现代农业,针对不同的农产品对象,要符合一定的"气候准入门槛",一般要求因地制宜发展能够适应当地特殊自然条件的农业产业。当然,由于技术进步,农业的"气候准入门槛"会越来越低,但是气候等自然因素始终是制约农业发展最重要的因素之一。

第四个条件是要有科技、资金、人力资本等要素支撑。科技创新是现代农业的本质特征,科学技术渗透到了现代农业的每一个环节。同传统农业相比,现代农业是明显的技术密集型产业。现代农业日益依赖不断发展的新技术,这包括生物技术、信息技术、耕作技术、节水灌溉技术等农业高新技术。这些科学技术的应用,一是可以提高单位农产品产量,二是可以改善农产品品质,三是可以减轻劳动强度,四是可以节约能耗和改善生态环境。新技术的应用,使现代农业的增长方式由单纯地依靠资源的外延开发,转到主要依靠提高资源利用率和持续发展能力。现代农业是建立在工业化成果的基础上的,是科学技术支撑下的农业。正是科学技术的投入使得农业有可能成为效益最好、最有前途的产业之一。因此,西北能源富集区农业的发展必须有一定的科研实力和科技要素投入做支撑;现代农业是资本、技术密集型产业,初期的发展必须要有充裕的资金做支撑,西北能源富集区依靠数十年来能源工业的发展,积累了较为充裕的社会资本,这客观上为其发展现代农业奠定了资金基础;发展现代农业最重要的是人力资本的投入,必须要有一定数量与质量的人才队伍做支撑。现代农业的经营主体是高素质的现代农民。现代化的生产要素必须和高素质的现代农民相匹配,实现生产要素的均衡协调才能产生最大的收益,才能提高农业生产的效率。目前,部分能源富集区已经出现了高素质人才从事农业的现象(如榆林市榆阳区黄家圪崂村企业家回村),并出现了职业农民资格认证的积极探索。只有大量职业农民等相关人才的投入,现代农业才能获得可持续的发展。

第五个条件是要有政府的强力推动。政府拥有强大的社会资源支配和协调能力。榆阳区政府在能源工业大发展的时候具有前瞻性地意识到要想使经济社会实现可持续发展,必须协调产业之间的平衡,于是对现代农业的发展给予了大力关注和扶持,并建成了榆林国家级现代农业科技示范园区。使现代农业形成了产业规模,有效地带动了地区产业均衡发展。因此政府的强力推动是区域现代农业发展的有力保障。

总之,现代农业只能在具备一定自然条件、拥有一定规模的技术、资金、人力资源原始积累,并且政府能够强有力介入并引导现代农业发展的地区推广。只有在具备这些条件的区域内,才能实现对传统农业的改造和突破,实现现代农业独有的高效益、高收入，使得农业成为经济增长一个不可忽视的增长源泉。

4.3.4 能源富集区农业发展的其他模式

4.3.4.1 可持续农业发展

可持续农业是可持续发展思想在农业中的应用，可持续农业的发展更加注重对自然资源的合理利用，更加注重对生态的保护。可持续农业本身就是生态景观的一部分，是生态文明建设的一部分。

西北能源富集区水资源十分缺乏，如黄土高原年降水量在 400mm 左右，新疆及青海大部降水量在 200mm 以下，南疆的塔里木盆地等降水量不足 100mm。同时西北能源富集区又属于生态脆弱区，主要体现在水土流失严重，土地沙漠化加剧，土壤盐碱化，森林破坏、自然灾害频发等。加上小农意识、科技落后、基础设施薄弱等不利因素，制约了其发展现代农业。对于这些地区，可持续农业是重要的选择方向。

可持续农业首要的目的是生态环保，同时兼顾农业的发展。可持续农业不仅是生态景观的一部分，更应该成为生态的屏障。对于那些废弃、污染的能源产地，可持续农业无疑是恢复生态的一种良好措施。同时还能起到农民增收等其他作用。

可持续农业发展的具体形式也多种多样，主要有有机农业、石油农业、生物农业、生态农业等。其中有机农业是遵照一定的有机农业生产标准，在生产中不采用基因工程获得的生物及其产物，不使用化学合成的农药、化肥、生长调节剂、饲料添加剂等物质，遵循自然规律和生态学原理，协调种植业和养殖业的平衡，采用一系列可持续发展的农业技术以维持持续稳定的农业生产体系的一种农业生产方式。生态农业主要是通过提高太阳能的固定率和利用率、生物能的转化率、废弃物的再循环利用率等，促进物质在农业生态系统内部的循环利用和多次重复利用，以尽可能少的投入，求得尽可能多的产出，并获得生产发展、能源再利用、生态环境保护、经济效益等相统一的综合性效果。

各地区应根据本地区的实情，制定合乎实际的可持续农业发展方案，生态环保具有不同的要求，就需要可持续农业不同的模式，如对于加强水土保持，就需要发展农林牧相结合的可持续农业，防止水土流失。

发展可持续农业要加强宣传，说明发展可持续农业的重要意义，提高农民生态保护的意识。自觉保护生态、珍惜资源、发展农业。同时政府应该加大投入和补贴的力度，以保证从事农业的农民收入能够明显提高，给老百姓看得见的实惠。

4.3.4.2　传统农业改造

现代农业是农业发展的未来方向。目前中国大部分地区仍处于传统农业阶段或者传统农业向现代农业的过渡阶段。西北能源富集区很多地方仍然是以传统农业为主，且其自然、地理等条件不适合发展现代农业，对于这种情况，本研究的思路是对传统农业进行改造。

传统农业的改造来源于诺贝尔经济学奖得主舒尔茨的思想，通过深入对农业的调研和研究，他发现传统农业是有效率的，但是效率太低，是"贫穷而有效率"。要想发展农业就必须对传统农业进行改造，而对传统农业进行改造的思路就是要素替代，用现代农业所需的要素如技术、资本等来替换传统的劳动、资源等要素，尤其重要的是人力资本的投入。

如何对中国的传统农业进行改造，目前仍然存在着争议，主要存在三个思路。一是在理论上坚持以社会化大生产改造传统农业，在实践中又转化成以集体化为载体改造传统农业。二是以农户、村社为基础发展合作社及纵向一体化改造传统农业。三是通过引进新的生产要素及人力资本投资来改造传统农业。其中第三点就是舒尔茨的思想。

西北能源富集区部分地区，因为受到土地等资源的约束不具备发展现代农业的条件，或者与现代农业相差太远，现代农业对其只是遥远的愿景。对于这样的地区，我们的思路是对其传统农业进行改造，提高传统农业的效率，提高其产出水平。同时，这些农业大都是分散的小农，不具备从合作化、集体化为载体进行传统农业的改造。因此对其主要是通过农户合作进行纵向一体化，以及用新的要素代替旧的生产要素。最重要的或者最关键的就是以人力资本投入来改造传统农业。

人力资本投入改造传统农业，主要是对农民进行培训，提高农民的生产经营能力，让农户家庭成为一个家庭小农场，提高农业的盈利水平。而改造农民的关键在于政府的投资和引导。人力资本的积累不可能一蹴而就，是一个长期的过程，这也就决定了改造传统农业是一个长期的过程。

第5章 ｜

西北能源富集区现代农业发展

　　党的十八届三中全会指出，要加快完善现代市场体系，处理好政府和市场的关系，使市场在资源配置中起决定性作用和更好发挥政府作用。又进一步指出要加快构建新型农业经营体系，赋予农民更多财产性权利，并推进城乡要素平等交换和公共资源均衡配置。鼓励承包经营权在公开市场上向专业大户、家庭农场、农民合作社、农业企业流转，发展多种形式规模经营。这为未来西北能源富集区在农业生产、加工、流通等领域的市场化探索，以及政府在促进农业发展、农村建设和农民增收等方面的职能转变指明了发展方向。西北能源富集区要积极促进产业结构调整、经济协调发展、推动城乡发展一体化。而发展现代农业是西北能源富集区破解农业、农村和农民问题的重要突破口，是破除城乡二元结构、推动城乡发展一体化的重要着力点，是优化产业结构、促进经济协调可持续发展的高效助推剂，因此推进西北能源富集区现代农业发展势在必行。基于经典理论、国内外发展经验，以及榆阳区实践成果，本书提出西北能源富集区的现代农业发展模式。

5.1　现代农业发展指导思想

　　西北能源富集区现代农业的发展有其特殊性，肩负生态保障和经济发展双重任务。再加上西北能源富集区独特的地理、自然、经济等条件，决定了其现代农业发展的独特模式。西北能源富集区现代农业发展的指导思想主要有以下几点。

　　第一，西北能源富集区现代农业的发展必须紧跟国家现代农业发展规划和指导方针。在西北能源富集区现代农业发展模式的构建过程中，要始终坚持以科学发展观和十八届三中全会精神为指导，以"美丽中国"和生态文明建设为主线，坚持以发展农村经济、促进农民增收、保护农村生态环境为中心任务。将解决好农业、农村、农民问题作为全区各项工作的重中之重，将推动城乡发展一体化作为解决"三农"问题的根本途径。加大统筹城乡发展力度，增强农村发展活力，逐步缩小城乡差距，促进城乡共同繁荣。充分整合当地矿产及其他优势资源，充分发挥能源富集区的资源优势和区位优势，坚持"以工促农"的方针，加大强农惠农富农政策力度，让广大农民平等参与现代化进程、共同分享现代化成果。大力促进农业发展方式的转变，加快发展现代农业，增强农业综合生产能力，确保国家粮食安全和重要农产品有效供给。用现代设备"武装"农业，用现代科技提升农业，用现代经营方式管理农业，用现代知识培训农民，走出一条新型、高效、科学的现代农业发展之路，形成以工促农、以城带乡、工农互惠、城乡一体的新型工农、城乡关系。推进加快农村土地流转，释放土地红利,不断提高土地产出率、资源利用率和劳动生产率,提高农民财产性收入与从事农业生产经营的积极性,提高农业综合生产能力和农业综合竞争力,提高农业规模化、产业化和市场化水平。建设在农民收入中占有重要份额、在地区经济中占有重要位置、在全国农业中具有重要影响的强大农业产业;建设市场完善、经济发达、环境优美、生态和谐、人民满意的社会主义新农村。在能源富集区实现农村发展、农业增效、农民增收,将其建设成为农业生产能力强、农业科技含量高、农业物资装备新、农业经营机制活的现代农业发展示范区。

第二,西北能源富集区现代农业发展必须遵循自然规律,因地制宜,不搞"一刀切",也不搞"遍地开花"。农业是生产自然产品的产业,其发展路径受到自然气候、地形地貌、水资源等很多因素的制约。现代农业的发展和市场经济、工业化是紧密相连的,现代农业的发展渗透了很多工业化发展的思维。但是仍然离不开自然因素的制约,因此西北能源富集区现代农业的发展绝不能完全按照工业化发展的思维,而应该因地制宜,根据各地区特殊的自然、地理条件制定出本地区特色的现代农业发展模式,不搞"一刀切"。对于那些不适合搞现代农业的地区,绝不强行上马,现代农业的发展不追求"遍地开花"。西北能源富集区现代农业发展绝不走思维僵化的道路,也不走形式主义的道路,而是坚持实事求是的原则,深入调查研究,真正做好适合本地区的现代农业产业,做好本色,谋求特色。

第三,西北能源富集区现代农业的发展必须具备现代思维,走出传统农业的发展模式。中国的农业发展有着几千年的历史,一直是传统的小农经济,技术进步发展缓慢,始终处于低水平的"马尔萨斯陷阱"中,农民的生活水平也始终无法提高。现代农业是中国农业发展的唯一出路,是提高农民收入的有效手段。传统农业和现代农业有着本质的区别,主要体现在生产要素上,其中最重要的是人力资本的投入。因此西北能源富集区现代农业发展,必须十分注重现代生产要素的投入和基础设施的建设,尤其是注重人力资本的投入,培养出一大批高素质的现代农民,否则现代农业发展无从谈起。

5.2 现代农业发展基本原则

西北能源富集区现代农业发展是在能源产业面临下行的压力、经济发展迫切需要转型升级的背景下提出来的。面对环境污染、生态破坏与农民增收困难、城乡差距扩大的两难困境,发展现代农业是转型的重要出路之一。在这种战略思想的指导下,打造西北能源富集区现代农业发展模式有五个基本原则。

5.2.1 确保生态安全和农民增收的原则

确保生态安全和农民增收是首要原则。虽然西北能源富集区没有划入我国重要的粮食生产基地，但却是我国重要的生态屏障。因此其现代农业发展的首要原则是确保西北地区生态安全，同时兼顾农民增收。农业作为生态景观的一部分，可以很好地修复被破坏的生态环境，同时产生巨大的经济效益。这就决定了西北能源富集区现代农业是一个容经济作物、畜牧业、粮食等于一体，综合发展的多元化发展模式。

为此需要细化现代农业生产布局，提高现代技术的利用效率，将农业发展和生态文明建设、民生保障等有机结合起来，加大对现代农业的投资力度，在耕地红线和生态红线的双重约束下，积极推进现代农业的发展进程。

5.2.2 市场配置资源原则

十八届三中全会明确了市场在资源配置中的决定性作用。现代农业的基本特征是商品化，是市场经济的产物。从事农业不再是为了自给自足，而是具有商业的性质。农业作为市场经济重要组成部分，农民作为市场经济重要主体之一，必须具有公平参加市场竞争的资格。农业部门和非农业部门之间生产要素的流动，必须符合市场经济的原则，由市场来决定资源的配置。

为此必须不断推进市场化改革，大幅减少政府对资源的直接配置。凡是能由市场形成价格的都交给市场，政府减少干预。推动完善农村建设用地、农产品投入、加工、流通等各个环节的市场化运营机制。完善农产品价格形成机制，注重发挥市场形成价格的作用，达到市场竞争效率最大化和效益最优化。

5.2.3 优质安全高效原则

农业是国民经济的基础，关系到国家的粮食安全。农业为从事其他产业的人提供必不可少的生活保障，关系到无数人的生命安全。在有限的土地、水资源等条件下，必须贯彻优质安全高效的原则，才能保证农业生产的效率，才能发挥农业的战略作用。

在稳定和提高粮食综合生产能力的基础上，推进农业结构战略性调整，发展优质高效特色农业。创建和培育农业品牌，提高无公害农产品、绿色食品、有机食品以及地理标志产品的市场份额，建立健全农产品生产规范、质量安全监督管理体系及可追溯制度。着力转变农业发展方式，健全农业科技创新体系、农业技术推广体系和农民培训体系，提高科技进步对现代农业发展的贡献率，增强粮食安全保障能力，提升农业综合竞争力。

5.2.4 产业化发展原则

现代农业市场化、商品化特征，决定了它不再适合零散化的生产经营方式，必须以适度规模为保障，以产业化发展为基础。"农户＋合作社＋企业"成为基本的经营模式。只有以产业化发展为原则，才能增强农业参与市场竞争的实力，才能更好地抵御市场不可预测的风险。

为此需要充分考虑资源、技术、资金、人才等各种因素和各地经济发展特征，优先发展具有比较优势，并对当地经济发展和农民增收有一定支撑作用的优势产业和优势产品。按照区域经济生态特点，发挥市场配置资源的作用，形成科学合理的产业分工和产业布局。坚持以发展龙头加工企业带动产品的产业化经营，按照产业链规划项目、产业化经营项目的要求，挖掘农业产业化的潜力，构建产业链完整、经营项目优势突出的现代农业产业。

5.2.5 可持续发展原则

现代农业的发展离不开可持续发展，农业的发展要兼顾生态保护的需要。现代农业虽然具有产业化发展的特征，然而是在可持续发展的框架下进行的，是科学性、包容性的发展。

合理开发利用农业资源，健全资源资产产权制度和用途管制制度，实行资源有偿使用制度和生态补偿制度，改革生态环境保护管理体制，加强资源节约型、环境友好型农业生产体系建设，加强对农业资源和生物多样性的管理和保护，加强林业生态保护工程和自然保护区建设，加强污染治理，实行责任追究，统筹人与资源、生态和环境的和谐发展，确保社会经济发展的可持续性。

5.3 现代农业发展路径依赖

5.3.1 正确处理政府和市场关系，构建新型现代农业发展环境

5.3.1.1 充分发挥市场在资源配置中的决定性作用

要紧密围绕"使市场在资源配置中起决定性作用"这一方针，深化经济体

制改革，促进农业企业充分利用各种生产要素，拓展市场空间，自主经营，公平竞争，推动农民合理流转资本、土地、人才等要素，建立自由流动、平等交换的现代市场体系，积极完善各类农业生产要素及农产品交易市场，提高农业资源配置的效率性和公平性。

（1）完善主要由市场决定价格的机制。凡是能由市场形成价格的都交给市场，政府不进行不当干预。要完善农产品价格体系形成机制，注重发挥市场形成价格的作用。通过市场确立农产品价格，有利于西北能源富集区各种资源要素以市场为导向向农业流动，加速农业企业的规模化、产业化、科技化发展，还有助于农业参与主体更多更公平地加入市场竞争，享受现代农业的发展成果。需要注意的是，在这个确立过程中，部分农产品价格波动幅度可能较大，有可能对农民收入形成较大冲击。因此，西北能源富集区政府要采取各种措施处理好这种冲击对农民产生的影响，维护农业生产的稳定与繁荣。

（2）建立城乡统一的建设用地市场。在符合规划和用途管制前提下，允许农村集体经营性建设用地出让、租赁、入股，实行与国有土地同等入市、同权同价。同时，要健全能源富集区土地租赁、转让、抵押二级市场，形成对城乡统一建设用地市场的有益补充。要注意通过缩小征地范围、规范征地程序，完善对被征地农民的合理、规范、多元保障机制。建立兼顾国家、集体、个人的土地增值收益分配机制，合理提高农民的个人收益。

（3）完善金融市场体系。首先，在加强监管的前提下，允许具备相关资质条件的民间资本，依照法律规定发起并成立中小型银行等金融机构，鼓励其将资本投向能源富集区农产品加工、农业基础设施建设与管理等与农业发展密切相关的项目或企业。通过投资来源多样化、渠道多元化，加快发展资源富集区现代农业。

其次，完善保险经济补偿机制，建立巨灾保险制度。通过风险分担机制，即将巨灾风险在政府与市场之间进行合理分配，使各主体分别承担相应的风险，促进社会资源优化配置，避免救灾资源的过度转移甚至是浪费性转移。要注意风险分担方式的多样化，采取包括政府救助、保险保障、自我积累和社会救援等多元化手段，切实有效地帮助农民避免巨灾风险。

最后，发展普惠金融，让每个人都有获得金融服务的机会。传统金融服务倾向于将资金投向高收益的非农产业，因此，应鼓励政府资本与民间资本关注低端客户甚至是贫困人口，提供小额信贷，缓解农民的资金难问题。

（4）深化科技体制改革。要健全技术创新市场导向机制，鼓励生态富集区的农科部门、农业企业等发扬原始创新、集成创新、引进消化吸收再创新等各种创新机制，发挥市场对农业技术研发方向、路线选择、要素价格、各类创新要素配置的导向作用。要建立生态富集区产学研协同创新机制，强化企业在农业技术创新中的主体地位，发挥大型企业创新骨干作用，激发中小企业创新活力，推进应用型技术研发机构市场化、企业化改革，建设农业技术创新体系。

5.3.1.2 充分发挥政府对现代农业发展的推动作用

在充分发挥市场的决定性作用的同时，也要重视政府的作用。市场作用和政府作用不是对立关系，而是优势互补、各扬所长、相辅相成。一方面，要从更深层次的广度和深度上推进市场化改革，大幅度减少政府对资源的直接配置，推动资源配置依据市场规则、市场价格、市场竞争实现效益最大化和效率最优化。另一方面，政府也要发挥好"看得见的手"的作用，加强市场监管，维护市场秩序，推动相关体制机制建设，弥补市场失灵。政府应在以下四个方面有所作为。

（1）统筹农业发展战略与路径。深入贯彻落实国家关于农业、农村、农民的路线、方针、政策等，在宏观政策指导下，大胆借鉴国内外优秀现代农业发展经验，根据地区实际情况，因地制宜，设计制定出适合本地区农业发展的可选路径和具体实施步骤与措施，统筹实施。政府要高屋建瓴，加强顶层设计，明确地区现代农业发展的战略目标与规划路径，推动建立不同发展阶段的不同支持政策，设立不同发展阶段的评价标准。同时，监督与维护农产品市场的良好秩序，确保现代农业发展的可操作性、可评价性与可持续性。

（2）健全农业支持保护体系。改革农业补贴制度，完善粮食生产利益补偿机制。进一步从资金投入、价格支持、基础设施建设等方面完善政策机制，加大支持保护力度，形成支持保护农业的长效机制。改革农业补贴制度，充分发挥农业补贴对提高农业特别是粮食生产能力的促进作用，调整补贴方式，粮食生产直接补贴、良种补贴、农机具购置补贴、农资综合补贴等补贴资金的使用要向种粮农民等粮食生产者集中，特别是新增补贴资金要向粮食主产区、种粮大户、家庭农场、农民合作社等倾斜，形成农业补贴同粮食生产挂钩机制，让农业补贴真正发挥支持粮食生产的作用，让多生产粮食者多得补贴。同时，积极探索新增农业补贴资金集中用于改善粮食生产条件等农业基础设施的有效途径，发挥补贴资金集中力量办大事的作用。

（3）推进城乡基本公共服务均等化。统筹城乡基础设施建设和社区建设，大力推动社会事业发展和基础设施建设向农村倾斜，加大公共财政农村基础设施建设覆盖力度，统筹城乡义务教育资源均衡配置，健全农村三级医疗卫生服务体系，实施农村重点文化惠民工程，健全新型农村社会养老保险政策体系，加快农村社会养老服务体系建设，完善城乡均等的公共就业创业服务体系，整合城乡居民基本养老保险制度、基本医疗保险制度，推进城乡最低生活保障制度统筹发展，努力缩小城乡发展差距。

（4）完善自然资源监管体制。建立统一监管农产品生产企业污染物排放的环境保护管理制度，独立进行环境监管和行政执法，确保对污染源头问题及时发现、实时处理；建立生态系统保护修复和污染防治区域联动机制；健全国有林区经营管理体制，完善集体林权制度改革等。在农业现代化发展过程中，建立农村生产与生活垃圾分类、收集、转运及处理机制，健全农村饮用水水源保护，推动畜禽养殖小区和畜禽养殖密集区域的畜禽养殖污染防治等，适时制定并施行相应政策措施，确保经济与环境发展相得益彰，并行不悖。

5.3.2　以产权制度改革为突破，促进城乡要素平等交换

农村产权制度在农业发展、农民增收和农村进步等方面起着关键性的作用。随着城镇化进程的不断加快，土地资源日益稀缺，迫切需要解决农村土地产权问题，严格界定和保护农民的土地权，真正解决农村人地矛盾，保障农民集体经济组织成员权利。西北能源富集区在发展现代农业的过程中，可以以产权制度改革为突破，从农村土地承包经营权、农村集体建设用地增减挂钩以及农村集体经济股份制三个方面进行产权制度改革，促进现代农业发展及各项事业的改革创新。

5.3.2.1　开展农村土地承包经营权流转改革——土地银行模式

促进土地规模经营是资源富集区现代农业发展的需要，也是构建新型经营制度的关键。鼓励地区土地规模经营，在此基础上促进家庭农场发展，进一步推行土地流转，赋予农民财产权。可在较大范围内推广土地银行模式，即农业资源经营专业合作组织采取银行运作模式，农民自愿将土地承包经营权存入"土地银行"，收取存入"利息"，"土地银行"再将土地划块后贷给愿意种植的农户，收取贷出"利息"，其实质就是农户以固定资金存入土地，土地银行通过把存入的土地贷出获得存贷价差。

一、土地银行模式应坚持的原则

（1）耕地红线不动摇原则。在能源富集区农地承包经营权流转制度改革中，坚持耕地保护的原则，不得擅自改变集体土地的农业用途。耕地红线要严防死守，同时现有耕地面积必须保持基本稳定，并积极扩大。对"以租代征"、"农地非农化"等现象加强监管；不得无故弃耕抛荒、破坏地力；稳定承包关系，实施耕地保护制度的同时，应调动和保护好"两个积极性"，让农民种粮有利可图、种粮有积极性，探索形成农业补贴同粮食生产挂钩机制，让多生产粮食者多得补贴，把有限资金真正用在刀刃上。切实引导农民珍惜土地，增加投入，

培肥地力，逐步提高产出率。在保证耕地总量和质量的情况下，培育农地经营权流转市场。

（2）坚持农村土地家庭承包经营制度不变的原则。实行农村土地集体所有、家庭承包经营是我国农村的基本经济制度，同样也是符合资源富集区经济社会发展实际的制度选择。在现阶段，农村土地具有农业生产和社会保障双重功能，而实行家庭承包经营是实现土地经济功能的有效形式。资源富集区在农村土地承包经营权流转改革中，必须要坚持农村土地集体所有权，改革现行农村土地流转制度，赋予农民对承包地占有、使用、收益、流转及承包经营权抵押、担保权能，进一步丰富和完善农村土地家庭联产承包责任制，最终使农村土地集体所有制更加牢固、稳定。稳定农村土地承包关系并保持长久不变，给农民以稳定的预期，促使从事第二产业、第三产业的农户转出农村土地，从而推进土地承包经营权流转，促进地区现代农业发展。

（3）尊重农民意愿原则。农民是土地承包经营权流转的主体，其流转意愿直接决定土地流转的效率。资源富集区在进行农地承包经营权流转制度改革中，应尊重农民的意愿，尊重农民的首创性。制度创新方案要经过农民充分讨论，争取广大农民的理解和支持。要最大限度地保障农民的经济利益，而不能变相地损害甚至收回农民的土地承包经营权。

二、土地银行运行机制

能源富集区农村土地合作社应采取村民自治、政府扶持、市场运作、合作经营的方式，坚持"村集体＋合作社＋公司＋农户＋基地"的运作模式，实行"合作社"组织形式。能源富集区政府应在土地银行的运作过程中发挥主导作用，积极鼓励地区土地承包经营权农户加入合作社，合作社再以此来开展"土地存贷"业务。

对于土地持有者，在农村土地确权的基础上，由合作社为其确定一个相对合理的价格，农户依据依法自愿有偿原则，以一个生产队的连片土地为基础，若干农户联合申请，如同在银行存入货币资金一样，自愿选择将土地作为资本定期存入合作社。而合作社则在地区政府的支持下负责将该地区的土地进行开发和整理，同时将各类土地进行分类、打包、整合。对于土地需求者，尤其是企业投资者和种植大户，在维持土地基本农业用途和原有承包权不变的前提下，将这些打包整理划块后的土地"贷给"有需要的龙头企业或种植户。由这些"土地贷入者"向合作社支付用地"利息"，并在规定期限内按照与合作社协商的规划、合同的规定和要求进行种植。特别是为了鼓励土地"贷出"，合作社还应同有意向的龙头企业签订土地贷出和合作协议，由这些单位为"土地贷入者"提供种子、化肥等农资和技术指导，在提供保底价的基础上对农业产出品进行收购；合作社赚取差额利息用于自身发展和建立风险资金。土地的存入价格（即为储存价值）由合作社根据土地的地理位置、肥沃程度和升值潜力等因素确定；理想的土地贷出价格则为合作社服务费、土地的整理开发成本和储存价值之和（包括其同期贷款利息）。资源富集区农村土地承包经营的土地银行模式运行流程如图 5-1 所示。

针对土地流转过程中容易出现的各类纠纷，土地银行在运行过程中应明确规定土地流转必须签订《土地流转存地合同》和《土地租赁合同》，合同中应对存入土地基本现状（性质、坐落、四界等）、存入方式、土地用途、费用、存入期限、农户与合作社双方的权利和义务、违约责任、争议解决方式和其他内容做出明确规定；而《土地租赁合同》中应明确规定土地"贷出"的起止时间、租赁价格、租赁双方权利义务、续租、租金交付方式、租赁场地的交换、违约责任、争议解决方式和其他内容。

作为土地银行模式的主要机构，各土地合作社应在现有业务的基础上扩大业务范围，向农户和企业提供土地流转中介服务、土地开发整理、土地代种植和代销售、农作物种植、农业技术服务等，此外还应积极开展农户培训教育；解决存贷之间因存贷关系产生的纠纷；对贷出者是否按照协议规定要求用地的监督；保证土地"存入利息"的按时支付、督促"贷出利息"的按时支付；吸收新农户和储地户，扩大合作社规模，同时寻求新的龙头大户和企业投资者，保证土地贷出量，以维持合作社的正常运作和保障农户的土地收入。

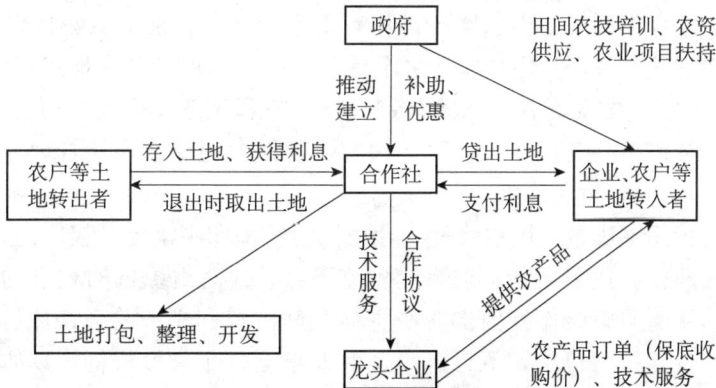

图 5-1　土地银行模式运行流程图

能源富集区应开拓思路，开展各类合作形式，促进农户和有用地意向或农业投资意向的企业和大户进行合作，实现多种形式土地流转，包括土地集中转租、"农户＋企业（公司）＋合作社＋基地"模式、业主承租、中介组织、入股、反租倒包、托管等多种流转和经营形式。为鼓励土地合理流转和适度规模经营，支持合作社初期发展，推进农业规模化和产业化，能源富集区政府还应专门为这类合作社提供参股支持、财政补贴、政策扶持和税收优惠等，同时为合作社发展完善政策和法律环境。

三、合作社的参与及退出机制设计

入社成员应享受平等权利，坚持"入社自愿，退社自由"。有意愿将自己承包的土地存入合作社的农户均可以加入合作社。自愿入社的农户需填写《入社申请书》和登记农户信息，并据此建立土地流转登记台账，包括农户姓名、人口、承包土地面积、委托经营面积等内容，作为加入合作社的原始档案。合作社在对登记的农户和地块审核之后，与农户签订《土地流转存地合同》（或《协议》），明确双方的权利义务，农户按照存入土地面积大小获得利息和二次分红资格。农户可以选择将土地折价入股和单纯存入享受利息两种方式。一般来说，在合作社建立初期，作为合作社固定资本的折价入股的土地资本，既可以享受保底利息，出资成员还可以作为股东参加年终收益二次分配，这类土地一般不得提前收回；若单纯以土地"存入"的方式贷给合作社，不能享受（或只能享受少量）年终分红，但土地可以自由取出，取出后土地不再继续计息。

此外，农户不仅能够凭借自己拥有承包经营权的土地获得租金利息，还应获得在贷出企业或公司打工的机会。

四、产权结构及治理机制

（1）制定合作章程。为保障土地银行的有效运行，能源富集区政府应制定合作章程并下发至各个基层合作社之中贯彻运行。章程应明确规定合作社宗旨、性质、合作方式、经营范围、管理机制、社员权利义务、管理机构、财务制度、收益分配、合作社的变更终止清算等内容，从而为规范合作社管理和运转提供坚实保证。

（2）实行民主决策、民主管理。合作社的管理和决策控制权应通过"三会"制度实现，即社员代表大会、理事会、监事会，并对组织机构相应的职权范围进行规定，从而明确合作社内部各个主体之间的权利义务关系。社员代表大会是合作社的最高权力机构，下设理事会和监事会两个常设机构，具体情况见图5-2。

合作社每年至少召开一次社员代表大会，由理事会负责召集，理事长主持；由社员推荐选举产生社员代表，以村民小组为单位。合作社实行一人一票制；社员代表大会依照合作社章程行使以下权利：修改章程，选举、罢免理事和监事，审议、批准理事会、监事会工作报告，批准本合作社预决算报告、资产负债表、利润表等，决定增加新成员数量和股本金以及年终分配方案。

理事会是社员代表大会的常设机构，也是合作社的经营决策机构，向社员代表大会负责。理事长是合作社的法人代表，由理事会选举产生。理事会职权范围是：执行社员代表大会决议，负责管理合作社，确保合作社工作的正常开展，提出审议合作社的年度计划、财务预决算和年度工作报告，聘任专兼职工作人员，健全各项经营管理制度，坚持社务公开和民主管理，确保土地资产增值，制定年度分配方案并对章程提出修改意见以及其他职权。

监事会是合作社的监督机构，负责监督本社的业务机构。合作社监事会监事不得由理事和财务负责人兼职，理事和监事均由党组织提名，由股东代表大会从股东代表中选举产生。监事会职权范围是：检查监督合作社财务、经营活动和其他事务，包括账目、现金、票据及资产负债的合法性和真实性，检查监督理事会经营活动，代表合作社与理事会进行交涉，保护社员合法权益，出席理事会及其他职权。

根据农村经济社会发展实际状况，合作社下还应设置财务部、劳务部、营销部等办事机构，并制定相应的工作职责，对合作社各项工作进行合理分工。

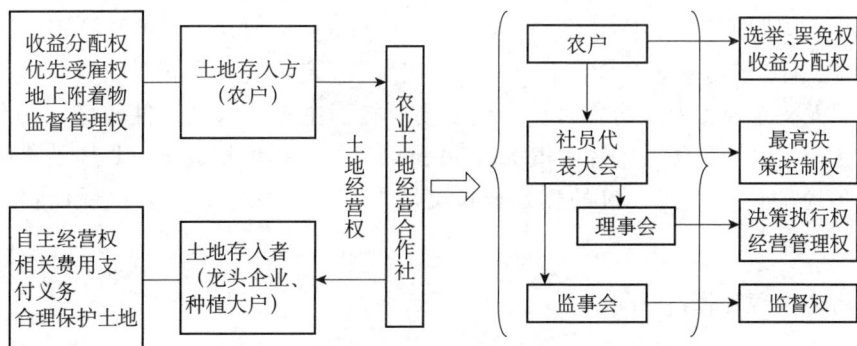

图 5-2　农村土地经营合作社组织结构及各主体权责示意图

（3）按照"三权分离"思路开展土地流转业务。农村土地银行模式应坚持"三权分离"思路来进行土地流转，即存入的土地只改变经营权，不改变所有权和承包权，土地所有权仍属存入方所在村集体所有，对于存入者来说，仍然享有土地的承包权、地上附着物的监督管理权、对农业优惠补贴政策的享有权（如粮食直补、良种补贴、综合补贴等），且当土地在存入期限内被国家依法征用时有权获得土地补偿费用。合作社仅在土地存入期限内有偿获得存入土地的生产经营自主权，同时规定在土地存入期限内，需要承担政策、法规规定的与农业有关的费用和生产费用，支付存入土地的"一事一议"筹资酬劳，还应合理利用和保护存入土地及附近林木、沟渠、道路建筑配套设施等，不得改变土地原用途，不得非法出卖土地，不得弃耕和抛荒。

（4）以土地承包经营权颁证。土地确权就是对土地所有权、使用权和他项权利的确定，即依照法律、政策规定对某一范围内土地的所有权、使用权及其隶属关系、他项权利等内容的确认。土地确权在土地流转和资本化过程中有重要意义。土地权属不清将难以量化土地价值和预期收益，还会导致在流转过程中的土地权属矛盾和纠纷。能源富集区要陆续开展农村土地确权颁证工作，其内容应包括明确集体经济组织和农民对承包地、宅基地及农村房屋、集体建设用地、林权等的物权关系，这将为能源富集区土地银行顺利开展土地流转业务奠定基础。通过对农民承包的土地进行确权，并为其颁发《土地承包经营权证》，对每户农户所拥有的承包地的位置及四界、面积大小、权利范围等内容及其物权关系都做出明确界定，从而有效保障农民权利。

（5）奖励制度。为加快农村土地承包经营权流转，促进农业产业结构调整和规模经营，推动现代农业发展必须对土地流转实行奖励制度。对于那些在土地流转中作出突出贡献和突出成绩的要给予适当的奖励，以提高土地流转的积极性和效率。奖励的对象主要有开展农村土地承包经营权流转工作成绩显著的乡镇（镇办事处）、村集体；集中连片流转土地 500 亩以上，签订规范书面流转合同，合同期限 5 年以上，登记备案齐全的村（组）、村民；集中连片流转土地 500 亩以上，签订规范书面流转合同，合同期限 5 年以上，登记备案齐全的种养大户、龙头企业、专业合作社、家庭农场等经营主体；水利条件较好，具有优质水稻种植区域，集中连片种植水稻 50 亩以上的水稻种植大户。具体的奖励金额因各地的情况而定，目的就是通过奖励，推动土地流转，促进现代农业的发展。

五、资金来源和收益分配

（1）合作社的初始资金来源主要来自村委会、社员的货币出资及土地等固定资产、政府的补贴等。

（2）合作社收益主要来源于土地存入与贷出差额、实际丈量面积与入社面积的差额面积的贷出资金、企业或业主与合作社合作所支付的服务费等。

（3）合作社收益分配以村民小组为单位，采取"保底＋分红"的方式进行收益分配，以此鼓励农户加入。合作社除了按照土地存入量向社员支付固定的土地利息之外，还应根据合作社的经营状况和收益情况对集体经济组织成员和农户社员进行年终二次分红，其中利润的 50％～60％用于理事会人员报酬和农村集体经济组织成员分红，其余的 30％～40％用作风险金、公益金和公积金的提取（风险金用于合作社发展，公益金用于成员各项社会公益事业，公积金用于合作社成员的社会福利事业），剩余 10％用作办公经费；二次分红为每年一次，在每年年终结算兑现。

（4）合作社在农户存入土地加入后，不仅应给予其稳定的资金收益，在经营状况较好合作社有盈余的时候给予农户二次分红，还应给予其在意向合作公司务工的机会和接受培训、服务的权利，使农户获得收入的同时较好地解决农户就业问题。

六、监管与登记审批制度

首先，能源富集区各级土地合作社首先在拟建社时提出建社申请，报送主管部门备案；其次，根据《农民专业合作社法》，合作社需要在民政局和工商局办理注册登记，取得法人资格，依法领取农民专业合作社法人营业执照；最后，合作社实行自主经营、独立核算、自负盈亏、民主管理、风险共担、利益共享，但受市、区农村集体资产主管部门的指导和监督，并在法律法规和政策范围内开展经营活动。

5.3.2.2　探索基于增减挂钩的建设用地流转模式

城镇建设用地增加与农村建设用地减少相挂钩是指依据国家土地利用的总体规划，将若干拆旧地块（拟整理复垦为耕地的农村建设用地地块）和相等面积建新地块（即拟用于城镇建设的地块）共同组成建新拆旧项目区，通过土地整理复垦和建新拆旧等土地措施的实施，在保证建新拆旧项目区内各类土地面积平衡的基础上，最终实现耕地面积的增加（或不减少）和耕地质量的提高，节约和集约利用建设用地，城乡建设用地布局更加合理的目标。

能源富集区可以充分依托其集体经济组织活力和雄厚的民间资本，探索以农村集体土地所有者为主体的建设用地流转模式。同时，鉴于我国各地在土地整治及增减挂钩过程中出现的土地流转价格不合理的问题，能源富集区要创新土地价格决定机制，将土地的出让价格由传统的行政命令决定改革为市场供需决定。在能源富集区的建设用地流转模式中，农民将直接成为建设用地交易的主动的、平等的出让方，而不再是政府或集体组织征地过程中被动的、不平等的接受方或配合方。

一、能源富集区建设用地流转项目区的构成

项目区包括建新区和拆旧区，建新区即调整增加为城镇建设用地的地块，拆旧区即农村建设用地通过整理，复垦为耕地的地块。项目区内建新地块总面积必须小于拆旧地块总面积，拆旧地块整理复垦耕地的数量、质量，应比建新占用耕地的数量有增加、质量有提高。项目区内拆旧地块整理的耕地面积，大于建新占用的耕地的面积，实现占补平衡。在审查核定指标中，以建新地块占用农用地（耕地）、未利用地的规模为依据，归还时保证农用耕地数量不减少、质量不下降。

能源富集区建设用地流转项目区的操作主要分为两大块：首先由能源富集

区政府或其出资的农投公司垫用财政资金完成项目拆旧区的农村新居住房建设和农村集体建设用地的整理与复垦，然后把节省下来的建设用地指标转移给城镇建新区。城镇建新区拿到指标后完成农转非农用地的审批并上报征用为国有土地。然后就可以通过一般的征地程序在完成相应的征地补偿后通过招拍挂的方式出让国有土地。

二、能源富集区建设用地流转的范围及思路

能源富集区农村建设用地挂钩范围应包括：整理规模（即拆旧规模）、挂钩周转面积、安置面积和城镇建新面积。

其建设用地流转的思路包括：确定城镇建新面积。根据规划期能源富集区城镇人口及人均城镇工矿用地，测算规划期能源富集区城镇建设用地的需求量。在城市生态规划和发展框架清晰界定的基础上，以能源富集区生态城市构建为目标，在新增城镇建设用地需求量中，扣除未来规划中的建设用地。其净增量即为能源富集区建设用地流转过程中的城镇用地需求量。结合能源富集区农村建设用地整理潜力，确定城镇建新面积，确定整理规模。城镇建新面积除整理增加农用地的系数求取整理规模，从而确定挂钩周转面积，根据国家以及上一级行政区挂钩政策要求，整理规模即相当于挂钩周转面积。确定安置面积，拆旧规模与城镇建新面积之差即为安置面积。

挂钩周转指标是按照各种农村建设用地经整理后形成的耕地面积来等量核定的，挂钩指标在项目区内实行建设用地总量和耕地面积的双控制，也就是在项目区内报批的建设用地占用的耕地规模不能超过经过批准的挂钩指标规模，同时，报批的建设用地规模不能超过农村建设用地减少的规模，最终实现项目区耕地和建设用地的均衡。

三、建设用地流转原则

（1）切实保障农民的土地财产权。切实保护农民的土地财产权有三个方面的要求：一是同样的权利应当是平等的。应赋予国有土地所有权和集体土地所有权同等重要的地位，不能因权利主体不同而权利内容有所不同。土地权利的确定只能按照规划和用途管制制度，而不是按其属于何种所有制。二是收益分配要规范。要按照初次分配基于产权、再次分配税收参与的原则，合理分配集体建设用地使用和流转中的土地收益。集体建设用地有偿使用的收益归集体土地所有权人，集体建设用地流转收益主要归集体建设用地使用权人。取得集体建设用地有偿使用收益和流转收益的权利人要依法向国家纳税。三是特别注意农民的就业和社会保障。农民集体土地流转要与农民向二、三产业的转移相适应。在土地使用权转移时，要优先安排农民的就业要求。在允许农民取得地租、获得财产性收入的同时，要注意研究这种财产性收入实现的形式。

（2）加强总量控制与用途管制。集约节约利用土地资源是国家指导土地开发利用的基本方针，也是能源富集区集体建设用地流转必须遵循的基本原则。通过经济、行政、规划等手段和措施，改变农村建设用地粗放、无序、低效的状况，促进土地的节约集约利用。要将"重增量、轻存量"的外生性增长转变到要"既重增量更关注存量"的内生性增长理念上来，加强政府服务，为能源富集区经济发展创造良好环境。

在允许集体建设用地进入市场的同时，需加强集体用地的规范化管理。应加强集体建设用地供应总量控制，并以土地利用总体规划和地区城市建设总体规划为蓝本，同时将集体建设用地供应指标纳入年度供应计划。加强乡镇土地利用总体规划、村庄和集镇规划的编制和衔接，严格按规划用地，严格控制建设用地总量，集体建设用地无论是存量或增量的流转都应在一定总量控制下进行。只有在总量控制下，能源富集区集体建设用地流转才能形成良好的土地供求关系，才有利于有序的土地市场，切实保障农民获得建设用地的资产收益，使国有、集体两种土地资源供应结构合理，土地市场有序运转。对于农用地转为建设用地，必须根据土地用途管制原则，依法履行征地申请和审批。

（3）确保国家土地法律政策妥善衔接。制度创新有路径依赖效应。因此，能源富集区集体建设用地流转制度的改进，要在继承现行流转制度的基础上，寻求突破和创新，而这一突破和创新仍须在经济社会发展可承受的范围之内，并且要求较小的制度创新成本即可实现。能源富集区在农村集体建设用地流转过程中，必然涉及相关制度和政策衔接，如土地征收、城市总体规划和土地利用总体规划、土地用途管制、土地收益分配等一系列配套政策。健全和完善相关政策，保证集体土地流转程序的公开、公平、公正，体现农民对土地的权利，保障农民合法权益，确保国家土地政策的衔接，以保证改革的顺利进行和能源富集区农村社会的稳定。

四、建设用地流转基本形式

各能源富集区应将辖区作为一个整体统筹安排，依据就近集中原则，将各乡镇农民集中至各个新建的新型社区内居住，把经过确权、登记、颁证后的集体建设用地，以及经过土地综合治理、节约出来的集体建设用地，扣除农民新居用地后的剩余部分全部集中起来，统一对外流转交易。其具体的做法有以下七点。

（1）土地确权。明晰产权是确定流转主体和收益主体的关键。在承包地确权到户的基础上，将建设用地确权到各个村民小组。

（2）成立新型集体经济组织。建立起以村为单位，以全体村民为成员，以有限责任公司为组织形式的新型集体经济组织。各新型集体经济组织又以集体建设用地使用权入股，组建起全辖区范围内的集体资产经营管理有限责任公司。

（3）成立涉农政策性投资公司。成立由政府出资的涉农政策性投资公司，并由该公司进行土地流转和整理开发。

（4）成立农投公司。由地区政府投资的农投公司开发经营，并通过土地流转交易中心再次流转给产业项目业主。

（5）市场方式出让。通过招拍挂等形式，以市场方式出让集体建设用地。

（6）收益分配。集体建设用地出让获得的收益应首先用于归还政府前期投入，由地区农投公司偿还银行贷款和利息，主要包括土地流转费用和土地整理成本。其次，扣除村民的社保费用，剩余部分全部用于分配，各村新型集体经济组织按照各自拥有的农村集体建设用地占全区农村集体建设用地的比例进行分红。

（7）为农民提供身份转换渠道。在农村建设用地流转过程中，对那些自愿放弃土地承包经营权、放弃宅基地使用权、放弃集体经济组织成员身份和权利的农民，给予合理补偿并纳入城市社保体系。原承包地由各个集体经济组织负责耕种，原宅基地使用权予以注销，宅基地进行复垦，集体建设用地指标纳入国土部门指标储备库，同时在推行农村集体经济组织社区股份合作制改革过程中，确定改革时间和改革所涉部门和人员，量化集体资产到每一位股东。在推动农民向新型社区集中的过程中，以签订赔偿协议为基准，明确规定时间及人员范围，以后新增的人员全部登记为城市居民，纳入城市人口管理。

5.3.2.3 推进农村集体经济组织产权制度创新——社区股份合作制

社区型股份合作制是将股份制的某些制度机理引入农村社区中，将原来的村社集体经济组织改造成股份合作制。它把社区内集体资产部分或全部折股量化到社区每个成员头上，并参照股份制的治理结构成立股份合作组织，保持统一经营，实行民主管理，按股分红。

农村集体经济组织通过对集体资产量化分配给集体成员，集体成员因此而成为股份经济合作社的股东。股东拥有股权而成为股份经济合作社资产的所有者。股东也不同程度拥有股份经济合作社的控制权和剩余索取权。因此，股份经济合作社产权较清晰，且股东是股份经济合作社的所有者。

在股权设置中，要体现"村民股、集体股、岗位股"三种形式，其中村民股需占大部分，同时股权需要体现一定的动态性，对新增、新婚、年满16周岁的村民允许入股，对死亡股东的股份进行继承变更。村民股由符合条件的集体经济组织成员在集体净资产按农龄量化后，按照改革时设定的条件进行入股。同时为充分调动改革后管理层工作的积极性，应在集体经济之中设置岗位股，岗位股由经营者以现金认购，在岗持股，离岗退股。

在股权流转上，为了保证农村集体资产的社区性和福利性，地区集体经济组织的股权流转应严格限制在社区范围之内，社区以外的自然人和法人不能进入，社区内的股权不允许流出。村民个人股权作为分红的依据，一般情况下不能退股，也不能转让，特殊情况下如出现股东死亡等事项，要按程序规范、合法地在社区内部继承或流转。

在利益分配上，集体经济组织在分配上应采用按股分红的做法，由董（理）事会提出股份分红方案，经股东（成员）代表大会讨论审核后执行，一般采取保底分红。改制后由股东自行决定集体扩大再生产和分配的比例，平衡长远发展和当前利益的问题。

在组织机构上，集体经济组织的发展规划、年度工作计划、财务预决算、分配方案、项目投资等必须由股东（成员）代表大会讨论决定。在决策机制上采取一人一票原则，每个成员拥有平等的权利，对于共同的决策事项，拥有同等话语权。

社区股份合作制采用股份形式界定和组织乡村社区集体资产，使产权明晰，满足了由于农村城市化的发展导致农民对集体资产的产权需求，同时落实社员在集体经济中的主人地位，从而调动社员积极性；它按股份制形式治理结构模式组建经济组织的管理结构，形成股东会、董事会、理事会、经理团四位一体、各执其权，而又相互监督的体制，这就为独立法人责权明确、政企分开、民主管理的实现奠定了制度基础。同时它又能提供城市郊区在土地征用后失业农民的就业和生活保障功能，承担社区公共事业的建设。基于此，社区股份合作制非常适合城乡一体化进程不断加快的地区情况，但其在实际运行过程中也暴露出了产权不清晰的问题，因此需要在集体经济组织产权制度创新过程中重视产权关系明晰化。

产权关系明晰化有助于明确交易界区、规范交易行为、形成稳定的预期、强化产权制度的激励功能，因此既有利于提高资源的利用效率，又有利于提高资源的配置效率，是产权制度改革的根本目标。地区农村集体经济组织要实现进一步的发展，必须实现集体资产产权关系明晰化。在构建社区股份合作制，推进农村集体经济组织产权制度改革过程中应从以下几方面着手。

（1）对集体股进行改革。集体股是造成现有社区股份合作制产权不明晰的重要原因。应分阶段逐步减少直到最终取消集体股。最初可保留集体股，但规定集体股具有优先股的权益，以保证农村公共事业有稳定的资金来源，但应逐步减少集体股所占的比例，并且规定集体股不参与决策。当农村管理逐渐与城市接轨，社区集体的公共事业建设职能减弱时，就可以取消集体股。

（2）使个人逐步拥有完备的产权。即使完全取消集体股，若个人股份产权残缺，产权改革仍然没有彻底明晰。个人具有完备的产权，从根本上说，就是股东对股份具有转让、继承和抵押等权利，其中转让权利是关键。股权流转是资源合理配置的前提，放开转让权可以逐步进行，如转让对象可以先规定在村庄内部，在条件成熟时再规定向外部转让。同时完善治理结构，保证股东对经营者的监督权利。

（3）土地征用后改革农村公共产品供给体制，促进乡村政企分开。目前农村集体经济组织承担着大量的公共福利和公共事业建设职能，这导致集体产权难以明晰，集体股的设立以及税后利润分配时，首先要考虑公共福利和公共事业的需要。在土地被征用时，农民除了获得一部分补偿外，其就业安置和生活保障需要由集体经济安排。对失地农民的公共福利和公共事业支出需要成为明晰产权、政企分开的最大障碍。在土地被征用之后，农民失去了基本的社会保障，政府就应该把其纳入到与市民相同的社会保障体系之内，而不应该由集体经济组织承担。改革的思路应该是当地政府将土地补偿用于农民个人的社会保障支出，而不是支付给集体经济组织，再由集体经济组织来做出安排。对于公共事业支出，特别是纯公共产品，如道路建设、社会治安等，在农村城市化程度达到一定水平之后，应由政府提供。而对于一些俱乐部公共产品，如托幼养老、卫生保健等，可以逐步实行企业化经营。总之，应将农村公共职能从集体经济组织中分离，使之专门从事生产经营，避免行政干预，同时可以将集体产权明晰化，这样既保证了农户个人的资本产权，也促进了市场主体——企业的经营效率。

5.3.3 积极发挥能化产业反哺功能

能源富集区现代农业发展模式的构建是一个体现了创新性和综合协同发展的过程，需要在以工促农形式上实现创新，并在外部政策上体现出对现代农业的扶持。

5.3.3.1 探索工业反哺农业新形式

近年来，随着能源化工基地的建设以及第二产业的飞速发展，农业在能源富集区经济结构中所占比重开始下降，农业的发展开始全面滞后于工业，乃至地区整体经济发展水平。在此基础上，能源富集区要转变工作思路，积极探索和创新以工促农的新举措。让农业在能源化工产业的支撑下焕发出新能量，形成新的发展格局，形成工业反哺农业、城市带动农村，城乡一体快速发展的强劲势头。并进一步加强以工促农形式的创新，积极引导各类投资主体参与到以工促农的过程之中。同时，加强政策反哺、资金反哺、税收反哺、教育培训反哺等各类以工促农形式的创新和构建工作。

一、政策反哺

具体而言，能源富集区加强政策反哺，应从调整财政收入分配格局、打破城乡二元结构以及加强公共服务入驻农村等三个方面着手。

（1）调整财政投入分配格局，建立工业反哺农业的新机制。能源富集区具备一定的经济实力以及可观的财政收入，一定程度上具备了以工促农的实力。应积极调整财政收入分配格局，把财政投资的重点由城市转移到农村。各级财政支农支出的增长幅度要保持高于财政经常性收入的增长幅度，新增财力的使用要大幅度向"三农"倾斜。在取消农业税以后，要将农村小型基础设施建设纳入各级政府基本建设投资的范畴，应该切实增加对农村基础设施建设的反哺力度。只有农村整体经济的全面发展和农业产业的提升才能更好地承接工业对农业的"反哺"，才能真正实现农村的跨越式发展。

（2）打破城乡二元结构模式，形成城市对农村发展的带动机制。要实现能源富集区经济社会的全面快速发展，必须妥善处理城乡关系，切实维护农民的合法权益，逐步改变城乡二元结构，形成城市对农村发展的带动机制。所以目前应对现行的一些政策制度进行清理，清除农民进城的种种障碍，降低农民进城的"门槛"，疏通农民进城的渠道。应高度重视依法保护进城务工农民的合法权益，重视提高农民的就业能力。要调整城市建设的思路，放宽农民进城就业和定居的条件。城市的财政支出和各种公共服务不能仅考虑城市户籍人口的需要，应该有效服务于全社会。改革户籍制度，把外来人口对住房、上学、医疗等设施的需求纳入城市建设、规划。进城务工农民只要有合法固定住所、稳定职业或生活来源，应给予办理城镇常住户口，逐步实行以居住合法、固定职业为户口准入条件。农村居民在城镇落户后，在子女上学、公共卫生、社会保障等方面应享受与当地城镇居民同等的待遇，履行相应的义务。实现城乡的统筹发展和城市对农村的真正带动。

（3）赋予农民平等的发展机会，让公共服务更多地深入农村、惠及农民。首先，应积极推进全区医疗卫生保障体系建设。近年来，由于医疗价格不断攀升，农民医疗负担重，有病看不起，因病致贫、因病返贫的现象很普遍。从调查看，医疗支出已经成为农村居民一项沉重的经济负担。据相关调查，农村医疗支出占消费性支出的8.5%，大病家庭则占了30%左右。建议政府应进一步增加对农村公共卫生体系的投入，积极改善农村医疗条件，提高农民医疗保障水平。其次，完善对农村困难群体的救助体系，逐步提高农村社会保障覆盖面。对农村丧失劳动能力的特困人口，要实行社会救济。进一步加大各级政府对医疗救助的反哺力度。完善农村"五保户"和重病、重残人群的供养、救助制度，逐步提高供养、救助标准，完善救助方式。在具备条件的地区，应加快建立完善农村最低生活保障制度和农村社会养老保险及大病救助制度。

二、资金反哺

资金反哺方面，必须要建立起财政资金引导、农民投入为主体、企业参与、社会各界积极反哺的新农村投融资体制。在农村公共产品和服务提供方面，各级财政资金当仁不让，要唱"主角"。要规划先行，量力而行，尊重农民群众意愿，优先提供农民最需要的公共产品。在农村产业发展方面，对有利于农民增收，有利于农村生态环境保护，有利于农民素质提高的产业和行业，要加大扶持力度。

第一，加大对新农村建设的投入，不断调整各级政府投资结构，使每年用于农村的政府投资比重高于上年，每年用于农村的政府投资绝对额高于上年，每年用于直接改善农民生产生活条件的投资高于上年，建立支农投入稳定增长机制。第二，先易后难，多元化整合各级对农业产业化、工业化、城市化和基础设施等方面的投入资金（不包括粮食直补和救灾、救济资金，这两块资金必须专款专用），反哺社会主义新农村建设。第三，引入 BOT、PPP（PPP 指在新农村项目建设中引入私人资金），以及民办公助等新的投资模式。如可以采取公共服务设施的转让、企业参与提供新建基础设施、吸引农民出资出劳、农民承包经营基础设施等多种做法。

在以工促农的招融资方面可以借鉴上述投融资模式，充分发挥主观能动性，探索符合各地情况的具体模式，这样不仅可以有效缓解新农村建设资金压力，吸引非公有制经济参与新农村建设，而且可以大幅提高投资效率，有利于解决农村基础设施建设中长期存在的"重建设、轻管理"难题，有利于培育和完善农村市场。

三、税收反哺

（1）加大对农业龙头企业、中小微企业的反哺力度，鼓励二次创业。首先，在政府职权范围内，对国家认定为农业产业化的重点龙头企业和其所属直接控股比例较大的子公司，从事种植业、养殖业和农林产品初加工取得的收入，与其他业务分别核算的，经主管税务机关审核批准，可暂免征企业所得税；其次，对中小微企业，符合一定的标准，可给予一定的政策扶持和资金奖励。同时，对从事农业、林业、牧业的各种所有制企业，且长时间经营，可考虑允许其申请从获利年度起，以后 2~10 年内给予适当的税收减免。最后，对使用农民工达一定数量的企业给予一定税收优惠。

（2）鼓励土地依法流转和适度规模经营。对将土地使用权转让给农业生产者用于农业生产的收入免征营业税。切实维护失地农民权益，对于在征用土地过程中，单位支付给土地承包人的青苗补偿费等收入，暂免征个人所得税。

（3）构筑现代农业服务体系，推进涉农事业单位改革，对农业服务项目免税。对农业机耕、排灌、病虫害防治、植保、农牧保险以及相关技术培训业务，家禽、牲畜、水生动物的配种和疾病防治，免征营业税。对部分农技推广服务实行公开招标、市场化运作，引导农业专业合作组织、农业产业化龙头企业参与农技推广服务体系。建立社会主义新农村发展基金会，准予企事业单位以提供免费服务的形式，通过该基金会向农村学校、道路、卫生等事业进行的捐赠，在缴纳企业所得税前全额扣除。

（4）研究制定促进社会资本投入新农村建设的扶持政策。对农产品增值收益达到一定比例的农产品加工企业实行消费型增值税；对农民和企业投资投劳兴办小水利、乡村道路等实行减免税收政策；深化农村金融改革，打造诚信农村，让广大农民知荣辱、树新风、促和谐，建立农民失信惩戒体系，反哺政策性农业保险和担保公司的发展等。

（5）深化农村税费改革，巩固取消农业税成果。对农民取得的农业特产所得和从事种植业、养殖业、捕捞业、林业的所得，暂不征收个人所得税。

（6）科教兴农，对高等学校和中小学校办农场从事生产经营的所得和举办各类涉农进修班、培训班的所得，暂免征收所得税。

四、教育培训反哺

要坚持人才资源是第一战略资源的思想，增加投入，加强领导，坚持科技、文化、法律、卫生常下乡制度；以各级各类学校特别是党校、行政学院、农业大专院校为载体，加大对县乡农村干部群众的培训教育力度，培养知识型新型农民。充分发挥"绿色证书"、电脑农业、网络媒体、"支农服务热线"等作用，帮助农民用科技、跑营销、懂法律、讲文明。

以工促农既是吸附的过程，也是创造的过程，一方面形成工业凭其优势带动农业发展，另一方面帮助农业尽快实现产业化、规模化、专业化。这个过程最需要解决的一个问题就是农民角色转化问题，涉及的深层次问题是农民素质、技能和水平问题。改变部分农民的落后思想和偏执观念，让他们能够积极主动迎接以工促农时代的到来，特别是在科技反哺、人才反哺、文化反哺方面，能够表现出积极性和主动性。

5.3.3.2　规范驻地企业履行社会责任

要杜绝资源型城市"富饶的贫困"陷阱，走可持续发展道路，驻地企业在关注自身效益的同时，还应兼顾本地区自然环境保护和周边居民就业、生活等相关社会责任。应承认资源所在地对资源的占有事实，赋予其特定的优先用益权，以保护资源所在地利益，在此基础上完善资源开发利用体系，推动资源财富的公平分配和合理转化，带动当地经济全面、健康、和谐发展。

一、建立中央与地方协调一致的环境保护和生态补偿机制

在矿产资源开发生态补偿机制建设中，引进循环经济模式，将"末端治理"、"事后治理"转向全过程的污染控制，尤其强调以预防为主。政府作为宏观调控者与环境管理者，可以运用资源税收、生态税收等手段，对资源开采企业奖优罚劣，以鼓励清洁生产，并将获得的税收收入用于补偿当地受影响的企业、居民。

（1）改革资源税收的分配模式。无论是中央企业、还是地方企业都应按照统一税收标准，以属地原则缴纳资源税、生态税，以确保税收权益清晰。实现地方与中央以 8∶2 的比例共享资源税，并要求地方政府将税收用于治理污染、恢复生态、兴建当地基础设施等用途，做到专款专用。中央政府在资源输出地区征收"生态补偿税"，并通过转移支付形式划拨给资源输出地政府，用于鼓励改进资源开采技术、鼓励清洁生产的奖励，以此改变资源开发地"富饶的贫困"。

（2）建立环境恢复治理保证金制度。首先，建立完整的矿产开采环境影响评价指标体系，对矿山环境影响做出详细的评价，内容包含矿山环境生态情况、开采面积、矿山周边环境情况和矿山污染范围及环境损失评估等。其次，根据评估结果，在开采资源前，要求满足开采条件的企业或个人提交环境治理和生态恢复方案，审批通过方可进行开采。再次，按环境评估中计算的环境损失值缴纳恢复治理保证金。最后，对于闭坑前验收合格的企业或个人，保证金予以返还，否则直接将保证金纳入当地财政，用来恢复矿区生态环境。

（3）筹措生态恢复治理资金。对于已造成生态环境破坏且无法确定责任人的，由政府负责恢复治理，主要通过建立"生态环境恢复治理基金"来实现，其主要来源包括：①政府财政支出。政府财政支出包括三个内容：中央财政拨款；征收的相关资源税费如新增建设用地有偿使用费、资源税、资源费、耕地占用税、水土保持费等的整合；向国家申请发行矿山生态保护债券，获得的相应债券收入纳入"恢复基金"，用于废弃矿山的修复治理。②向正在生产的矿产企业征收生态环境补偿费。由负责进行生态环境恢复治理工作的政府部门进行征收，按矿产资源产品销售额的固定费率或比例费率征收，具体收费标准由政府根据本地具体的生态环境而确定。③接受捐赠、捐款。不仅包括国际资助和国内个人、公司、协会、团体、基金会提供的直接资金捐助，还包括修复性技术支持。

二、建立资源开发地居民可持续增收的长效机制

就矿产开发对当地居民生产、生活产生影响而言，不仅应关注居民生活环境质量的下降，大气污染、水污染的影响和地表沉陷、水土流失的危害，更要关注的是居民因耕地或草场被征用而面临失业的风险，以及收入下降、居民后续生存与发展存在的问题。因此建议建立居民可持续增收的长效机制。

（1）完善经济补偿办法。矿产开发企业需占用草场、林地、耕地和其他土地的，应将土地和各类地上附着物纳入补偿范围，在合理估价后，依法、及时、足额补偿到位；允许被征地、受影响的矿区居民以耕地、草场、林地补偿费作价入股，参与矿产资源开发的利益分配。

（2）充分保障就业。矿产开发因为占用耕地、林地、草场等土地，造成当地居民失业，或失去赖以生存的物质基础，矿产开发企业应提供就业岗位，优先安排受影响的矿区居民及其子女就业；当地政府和社会协助矿产开发企业，提供就业培训，拓宽就业渠道，提供就业岗位等。

（3）矿产开发企业的社会责任。应鼓励矿山企业采取劳务委托承包等方式，反哺所在地乡镇、村发展壮大集体经济，实现矿区居民共同富裕。

（4）建立矿山企业与矿区居民利益协商仲裁机制。矿区所在地政府应出面建立由当地政府、矿区居民代表与矿山企业共同组成的议事协调机制，定期会商，及时解决矿区居民在土地、草场、生态环境等方面与矿山开发企业存在的争议问题。

5.3.3.3　争取现代农业发展的政策扶持

资源型城市在中国城市总量中占有较大比例，是国家能源和原材料来源的主体，其兴衰对于国家经济社会的发展与稳定具有极其重要的意义。虽然资源型城市的兴衰受资源的丰富度和采掘度制约，但也与国家宏观指导和政策反哺密切相关。为了资源型城市的可持续发展，除资源型城市本身的努力外，政府要对资源型城市实行特殊的扶持政策。

随着新一轮西部大开发战略的实施向纵深发展，国家投资重点由沿海向内地、由东部向西部、由经济发达地区向资源富集地区转移，其能源化工产业的快速发展有力地带动了当地经济，但局部地区由于矿产开发而带来的地面塌陷、地下水位下降、土地沙化等生态问题十分突出，仅依靠当地产业结构转型、劳务输出、特色产业发展等难以从根本上解决问题。因此，国家宏观政策必须强有力介入进行扶持。通过能源税实现城乡、工农收入转移，使农村逐步走出贫困，再谋求发展方式的转变。

生态建设方面，国家应该加大生态补偿机制，生态建设是一项公益性事业，

且投入与产出不平衡，因此，应该以国家扶持为主。另外，能源开发对当地生产生活影响较大的区域，应逐步纳入国家低保范畴，并通过提升当地劳动力素质，逐步转变农村发展方式。

此外，国家应从宏观层面上明确大型国有资源型企业的社会责任，将这类企业在资源开采过程中造成的生态环境成本纳入其应承担责任之中，提高缴纳税收在地方政府的留成比例，并成立专项资金用于解决因资源开采、开发对当地造成的各类负面影响。

能源富集区在努力解决资源开采、环境保护、生态建设、农业发展等问题的同时，应借助来自国家和省市的有利政策，多方面获取政策与资金扶持，以助力现代农业的发展。

5.3.4 加强完善科技与人才支撑体系建设

发展现代农业是一项内容复杂、广泛的工程，需要从科技和人才层面提供支撑。基于此，能源富集区应将科技支撑体系建设作为未来农业发展的核心任务，推进以专家科技大院为主的农技推广服务体系，着力提升现代农业发展的科技含量。在科技支撑体系建设的同时在人才层面提供有力支撑，重视农民培训工作，构建起政府、企业等主体共同参与的农民培训模式，鼓励企业家回村任职，充分发挥企业家在现代农业推广过程中的领头人作用。

5.3.4.1 创建多元化的农业技术推广体系

创建多元化的农业推广服务体系的基本思路是：以精准农业科技专家大院为主导，逐步建立起多元化的精准农业推广服务供给系统；以政府为主导，企业制度、市场制度以及非政府制度多种制度形式并举；围绕农户与农业企业的实际需要，构建以政府公共投资为农业推广服务供给的主体，农业科技企业、农业服务中介机构，各种形式的农民协会、新型农村合作经济组织以及教育科研单位开展各种形式的教育培训、技术咨询与技术服务等合作，实现农科教有机结合、产学研一体化以及农业推广服务供给体系多元化。

建立农业科技专家大院是发展现代农业的重要举措之一。科技专家大院建在田间地头，专家、教授结合地方特点和市场需求，将研究开发出的新品种、新技术和新成果直接应用于生产实践，并为农民提供咨询、培训，为企业、农村经济合作组织提供技术指导。

科技专家大院依托高等院校的人才、智力资源，充分发挥专家教授的指导作用。在明确投资主体与产权主体的前提下，鼓励专家通过成果和技术入股、带资入股、利润提成等形式，与大院结成利益共同体，建立股份多元化的经营机制，实现真正意义上的农科教联姻、产学研结合。周边农户以土地、劳力和资金参与建院、承包或入股，扩张大院的产业规模，提高农民的组织化程度，把分户经营的农民带入农业产业化的经营轨道。

农业技术专家大院实行政府组织引导、专家指导、企业主导、经济组织参与的管理体制。可由政府为每个科技专家大院提供一定的发展资金，在主导产业带建设具有办公、实验、培训、示范等设施和功能的大院。政府主要是牵线搭桥，引进专家，营造环境，制定规划和出台相关政策。由高等院校根据农业产业发展规划和需求，遴选不同专业特长的专家、技术人员作为大院首席专家。同时由农业科技专家大院专家指导的企业、农民协会等广泛参与。农业科技专家大院依托高等院校的科技、人才优势，实现"政府、科技、市场、企业、农民"等方面的相互结合，能够有效解决农民致富奔小康的过程中缺市场、缺信息、缺技术、缺资金，特别是缺乏有效的组织形式等问题。

5.3.4.2　打造带动农业发展的现代农业示范区

现代农业示范区可以从农业科技、服务等方面为农民增收致富、现代农业的蓬勃发展开辟更多更好的渠道。园区将促进经验为主的传统农业向科学为主的现代农业的转变，单纯追求高产而不讲成本的高耗农业向注重投入产出的效益农业的转变，以及分散、随意、粗放的传统农业向批量化、标准化、规格化的产业化农业的转变。资源富集区可以从以下几个方面入手，打造现代农业示范区。

（1）规划引领，顶层设计。结合自身的区位特色、目标定位、产业基础等因素，确定长远定位。围绕龙头企业集聚、高新技术实验、农业发展示范的功能定位，规划建设核心区、示范区、辐射区等三个层次不同但又紧密相连的区域。充分发挥园区先进的理念、技术、品种、营销和管理优势，带动地区生态、高效、外向农业的发展。

（2）产业支撑，科技示范。把实施产业带动工程、促进农民增收致富作为各项工作的出发点和落脚点。围绕提高农产品的市场竞争力和科技含量，积极与高等院校紧密合作，组建现代农业科研基地，开展各类农业生产新技术、新品种研发，从而带动周边农业生产积极采用新技术，提升现代农业科技含量。同时对新技术、新作物推广的可行性进行论证和实验，有效规避新型农业技术在其实际使用过程中的各类技术风险，为农民增收保驾护航。

（3）创新机制，科学发展。积极推进农业规模化生产，创新机制和措施，推动土地规模流转，发展多种经营形式，大力发展特色农业产业，实现产业化规模经营，既提高土地利用效益，又有利于大力发展非农产业，更多地增加农民工资性、资本性、财产性收入。园区以发展现代农业、增加农民收入为中心，大力实施农产品绿色品牌战略,创建农产品标准化生产示范区,加快推进农产品标准化生产,推进农产品有标生产、有标流通、有标上市。

(4)整合资源,合力推动。园区成立园区管委会要集合农业、畜牧、林业、住建等部门的专业人员,保证园区各项工作封闭运行、扎口管理、高效推进。每年将整合财政、农业、农业产业化、农产品质量安全、农开、林业、农业科技等项目资金向现代示范区聚集,吸纳社会资金对园区建设的投入。同时加强农业社会化服务体系建设,包括服务网络较为健全,拥有农牧渔业、农机、水利、农经等服务机构,还应包括农民专业协会、专业合作社、农业龙头企业、农民经纪人等服务机构,覆盖种植、养殖、农机、农经、农产品营销等领域。通过有效地整合行政、项目、社会服务体系、区域优势等资源,形成强大合力,推进园区建设,促进农业产业转型升级。

5.3.4.3 加强农产品地理标志保护申请,打造地方名牌

农产品地理标志是表示某种农产品产自特定地域,且该产品的品质和相关特征主要取决于产地的自然生态环境和历史人文因素,并以产地地域名称为品质说明的特有农产品标志。农产品地理标志保护在推进农产品品牌建设、提升农产品国际竞争力、促进农民就业增收等方面取得了显著成效。能源富集区在发展现代农业的过程中,需要加大力度促进农产品地理标志的申请及保护,更好地依托农产品地理标志来促进地区农村经济发展。

(1)加强对产业的引导和扶持。农产品地理标志是农业传统优势资源的重要载体和地方品牌的集中体现,要从保护传统旱作农业文化遗产和发展农业经济的高度,做到挖掘好、培育好和保护好。要从产业政策、财政金融、科技服务等方面提供支持。要把地理标志保护与推进农业产业结构调整、优势特色农产品区域布局、农业标准化基地创建、实施农业品牌战略建设结合起来。加大财政金融支持力度,重点支持地理标志农产品产业基础建设。引导农民专业合作社、龙头企业围绕地理标志农产品进行产业化经营,提高组织化程度。积极探索"农民专业合作社+地理标志+农户"、"龙头企业+地理标志+农户"等地理标志农产品产业化经营模式。同时,要为农产品地理标志保护提供技术、信息等综合配套服务。

(2)加大对地方名牌的宣传推广力度。消费者对于农产品品牌的认知对引导消费具有至关重要的作用。因此,应加大宣传力度,提高全社会对地方名牌农产品的认知,把能源富集区各类品牌农产品作为引导健康消费、放心消费、时尚消费、品味生活的重要载体和标准。要通过各类媒体宣传普及地方农产品品牌,通过各类活动展示地理标志农产品的独特品质,通过各种方式挖掘能源富集区各类农产品的独特文化内涵,打造出真正体现当地特色的"明星产品"。

5.3.4.4　增加农民人力资本投入，增强农民主体地位

人力资本是影响经济发展的最关键因素，是体现在劳动者身上的一种资本类型，以劳动者的知识程度、技术水平、工作能力以及健康状况来表示。能源富集区要将成功推进农业现代化、加大人力资本投资、充分发挥农民企业家才能作为发展现代农业的关键环节。

一、加大教育投入

教育投入是支撑经济可持续发展的战略投资，是提高人力资本质量的关键所在。可从基础教育、职业教育与远程教育三方面加大人力资本投入，将农民塑造成高素质的技能型人才。

（1）统筹城乡义务教育资源均衡配置，健全农村学生资助体系。农村学生作为主要的新生代农民，担负着农业发展的未来，对农业发展的规模化、产业化、特色化、节水型、都市型等都有长远影响，因此，政府应加大普及农村义务教育力度，增强农村青少年教育投入，将"培养新生代农民为高素质现代产业工人"确立为政策目标，逐步提高农村义务教育经费在 GDP 中的占比。同时，完善农村义务教育经费保障机制，建立以"中央财政转移支付＋地方财政投资"的教育投资模式，为新生代农民接受良好基础教育奠定坚实基础。按照"三个增长"（即政府教育财政拨款的增长要高于统计财政经常性收入的增长，在校学生人均教育经费逐年增长，教师工资和学生人均公用经费逐年增长）的要求确保划拨的新型农民培训经费逐年增长。

（2）加强现代职业教育与培训建设，培养职业型农民和技能型农民工。首先，以"学以致用"为目标，大力发展正规职业教育、技术教育和岗位培训，建立"政府财政拨款为主，企业社会赞助为辅，受训新型农民和农民工量力适当负担"的多方出资、共同受益的职业教育体制。应将新型农民与农民工培训经费列入财政年度预算，通过对中职、高职学校提供补贴、政策优惠等举措，鼓励农村初、高中毕业生入校学习。其次，对农技推广站运行机制进行必要改革，充分发挥其在基础性、公益性农业技术培训中的重要作用和意义。应针对农民与农民工缺乏技术的发展瓶颈，开展各类种养业技术和工商业、建筑运输服务业及创业技能培训，加强综合性培训，将技术培训与就业、创业能力培训结合起来。再次，积极组织农民与农民工专业合作社开展新型农民培训，大力推广自我学习和自我教育。应多发现农业能人，多培育农业能人，通过各种激励措施，引导农业能人主动传播农业技术，主动参与农民培训工作。同时应加强对农民培训供给质量的监管和培训机构培训供给能力的建设。

（3）建立扩大优质教育资源覆盖面的有效机制，拓展学习空间。远程教育

运用多媒体资源的教学支持服务系统，突破了对学习者年龄、职业、地区及学习资历等多方面的限制与障碍，着眼于培养全体适学人群的终身学习观念，学习者在学习内容、进度、时间与地点等方面具有一定自主权，"开放的学习资源共享"与"学习者的自由"的形式可以有效解决农民"工学矛盾"，为其工作之余进行学习提供了方便。另外，通过计算机网络学习，实现职业教育网络化，也有助于提高其在劳动力市场上的竞争力。

二、鼓励企业家服务农村

发挥企业家回村任职、服务农村的新型农村领导集体的作用，使其成为现代农业建设中重要的领路人。当前有些地区的乡村在企业家和创业能人的带领下，积极参与市场竞争，做大做强集体产业，逐渐改变了贫困落后的发展状况。能源富集区应积极学习这种模式并推广开来，让更多接受了市场经济洗礼的企业家回到农村，带领农村致富。企业家回村任职，服务农村，是新型农民社会资本的集中彰显和发扬，对于现代农业发展、美丽乡村建设和农村经济社会稳步发展具有重要意义。

（1）企业家能够为农村经济社会发展带来先进的理念和思想。企业家同普通干部相比，具有丰富的企业管理和运营经验，在市场经济下具有更加独到的战略性眼光和对市场形势的准确判断力，因此企业家回村任职能够有效拓宽农民致富渠道，能依据市场创新农村经济发展模式。

（2）企业家回村任职能够为农村带来宝贵的各类社会资源。企业家同普通干部相比，在信息获取量、技术扶持能力、人才素养以及资金供给等方面都具有明显优势，对于现代农业发展而言是非常宝贵的社会资源。最后，现代农业发展需要在经营模式和发展战略上摒弃传统理念，而企业家则是现代农业经营模式和战略规划的理想领路人。

5.3.4.5 健全人才管理机制，加强科技人才队伍建设

首先，完整的收入分配制度是基层农业科技推广体系人尽其才的基础。政府要出台与工资福利相关的政策，实施科学分类管理和针对专业技术人员政策倾斜等措施，这能在相当程度上调动广大基层农业科技推广人员的工作积极性，推动农业科技推广事业的进一步发展。比如农业行业特有的津补贴等政策，有助于巩固基层农业科技推广队伍，激发科技推广人员加强自我学习的积极性，吸引广大有志于从事农业科技推广工作的人员献身农业，服务农民，为发展农村经济作贡献。一般来讲，现行的工资分配政策与专业技术职称密切相关，而专业技术职称评聘具有重论文轻实绩，重学历轻能力等特点。这就使一些具有丰富农村实践经验而缺少相应学历、证书和学术论文撰写能力的基层农业科技

推广人员在职称评聘上处于不利地位。为此，建议改革现行的职称评聘制度，根据不同事业单位不同工作属性，实行差别化的职称评聘制度，特别是对在艰苦地区从事艰苦工作的基层农业科技推广人员，在职称评聘以及其他方面予以适当政策倾斜。

其次，为了保证农业科技推广人才合理流动而不流失，各基层单位要树立人才管理意识。一方面，为人才搭建建功立业的平台，建立吸引人才的制度；另一方面，积极塑造人才感情归属的时空环境，用真情实感留住人才、发展人才，充分发挥人才的价值。例如可以定期开展"农村致富带头人"、"带民致富先进典型"、"农业科技推广能手"等形式多样的各类表彰活动，对在推进农业结构调整、农业科技进步、农村经济发展中作出较大贡献的基层农业科技推广体系人员，给予适度表彰奖励。结合当地实际，制定农业科技推广人员表彰激励政策、措施，这不仅充分体现和认可其劳动价值、知识价值、人才价值和创造价值，还进一步激发了人才的积极性、主动性和创造性。

另外，用人单位应当建立适应农业科技推广人才发展并符合本单位实际情况的制度体系，通过制度建设，改善人才发挥作用的微观和宏观环境，增强人才对单位的认同感，达到留住人才、发挥人才作用的目的。

5.3.5　着力构建新型农业经营体系

要加快构建新型农业经营体系，坚持家庭经营在农业中的基础性地位，推进家庭经营、合作经营、企业经营等共同发展的农业经营方式创新。坚持农村土地集体所有权，依法维护农民土地承包经营权，发展壮大集体经济。鼓励承包经营权在公开市场上向专业大户、家庭农场、农民合作社、农业企业流转，发展多种形式规模经营。

5.3.5.1　发展家庭农场

家庭农场是一种以现代化技术、规模化经营、企业化管理为组织特征的现代农业组织形式。目前能源富集区家庭农场的数量还比较少，而且发展水平不是很高，但从长远来看，家庭农场应该成为农业集体经营的一种重要选择。

家庭农场的发展，正是新时期对家庭经营制度的完善与创新。一方面，家庭农场的组织结构延续了家庭联产承包责任制以农户为基本单位的特征。由血缘关系联结而成的农民家庭，稳定性大、凝聚力强，有利于集中意见，统一行动，从长计议。农民家庭的产权结构比较简单，家庭收入直接取决于农场生产经营的好坏，一般不存在产权激励不足的问题。农民家庭成员在性别、年龄、体力、智力上的多层次、多样性，也符合农业生产作业项目对劳动者体力和智力要求多层次、多样化的特点，有利于优化农业劳动力资源配置。而且，农民家庭结构与其他经营单位相比，其成员感情深厚、利益更为一致。所有这些家庭联产承包责任制的优点在家庭农场中均得到了体现。另一方面，家庭农场的生产经营具有以市场为导向的企业化特征，这方面又高于家庭联产承包责任制。家庭农场要在激烈的市场竞争中生存和发展，必须不断以大量先进生产资料装备自己，努力改进经营管理，采用先进农业科技成果，从利润最大化角度安排投入和产出，延长产业链，形成最佳经济规模，它们一般占有适度规模的农地和现代化技术装备。而且，家庭农场拥有生产经营自主决策权，可以根据市场变化而改变其经营方针或经营内容。这些都是单纯以种养为特征的家庭联产承包责任制所无法比拟的。家庭农场作为农业家庭经营制度的完善与创新，也是农业家庭经营的生产关系与农业生产力发展的要求保持动态适应与协调的必然产物。

发展家庭农场，涉及农村经济组织、承包经营农户、投资人等各方面的利益，因此，除了动员各种社会力量积极参与外，关键要有政府的支持和引导。要鼓励农村发展合作经济，扶持发展规模化、专业化、现代化经营，允许财政项目资金直接投向符合条件的合作社，允许财政补助形成的资产转交合作社持有和管护，允许合作社开展信用合作。鼓励和引导工商资本到农村发展适合企业化经营的现代种养业，向农业输入现代生产要素和经营模式。具体而言，应从几下几方面做起：

（1）发展家庭农场，完善土地产权流转制度，让农民既能实现土地适度规模集中，又能实现租赁土地农户的增值收益，还要视不同情况让年老体衰者直接享受养老保险或生活补贴，对青壮年农民通过再培训帮助他们完成角色的转换，实现在农业企业或工业企业重新就业，对于那些从事第三产业的失地农民，可以制定相应的扶持政策，支持他们进行二次创业。同时，还要注意保护农场主和农场投资人的合法权益。

（2）发展中小家庭农场，对农场主和投资人来说既有高额利润回报的诱惑，又有投资失败的潜在风险，相关部门必须在各方面给予利益扶持，以减少农场主和投资人的投资风险。

首先，在财政方面，应建立健全发展家庭农场的投入机制和约束机制，规定财政支农的增长比例，增加农业综合开发投入和农业基础设施建设的投入，努力改善农业生产基本条件，应设立财政专项扶持基金，专门用于发展家庭农场之需。

其次，在信贷方面，要制定优惠的融资政策，实行信贷资金向家庭农场倾斜，特别要优先发展高产、优质、绿色、高效农业项目，努力形成一批品牌效应明显、带动效应大、创新能力强、产业化程度高的家庭农场。

再次，在税收方面，除了正常减免农业税外，还应该视不同情况对家庭农场在加工、流通等环节上发生的税费给予适当的减免。

最后，在价格方面，由于农产品价格相对偏低，农业生产资料价格又相对较高，农户增产难增收。因此，应适时推出符合 WTO"绿箱政策"的扶持措施。

（3）服务推动是政府主导家庭农场发展的又一项重要内容。应该成立专门的机构为发展家庭农场提供全方位的服务，同时还应培育农业行业协会，对家庭农场进行自我管理和自我服务。主要包括四个方面。

（1）农资服务。既要为家庭农场发展提供水利、电力等各种配套设施的服务，以确保家庭农场正常的生产经营活动，又要提供农药、化肥、种子等方面的服务，以保证农户利益不受侵害，还要提供农机具方面的服务，应充分推广并大力扶持农业机械合作社，免去农场主购买各种投入较大机械的成本，降低自身的投资成本和投资风险。

（2）科技服务。组织科技工作者深入农业生产经营第一线，组织家庭农场主参观科研机构和高等院校，帮助双方建立联系，也可以通过网络或报刊杂志、图书资料、广播电视等手段，向家庭农场介绍和展示最新的农业科技成果。还可以通过大力推广以良种为中心的生物技术和测土配方技术，积极推广作物栽培技术及各类病虫害防治技术，还可以帮助农场主与农技服务站及农业院校的专家们建立联系，及时解决家庭农场在生产经营中遇到的各种技术难题。

（3）人才服务。家庭农场是以现代化技术、规模化经营、企业化管理为组织特征的一种现代农业组织形式，必须独立面向市场开展生产经营活动。在激烈的市场竞争中家庭农场能否发展壮大，主要取决于农场主的经营才能。

（4）信息服务。现代市场经济条件下，信息对于农场主从事生产经营活动具有特别重要的意义，掌握了信息就意味着掌握了市场的主动。为此，应积极为农场提供市场供求信息和价格信息，帮助经营者准确判断市场供求关系，及时调整生产经营的方向，实现农产品的顺畅流通。

5.3.5.2　发展特色农业

西北地区能源富集区在农业产业化经营体系设计过程中，要依据区域特色优势，集中地区优势农产品资源，发展特色农业产业，并且要尽快形成农产品加工业产业带。

例如地处陕北毛乌素沙漠边缘的榆阳区，主要优化"畜、粮、果"三大主导产业，南部丘陵沟壑区发展各类特色种植产业，北部风沙草滩区重点发展舍饲养畜和优质农作物良种繁育等产业，中南部河川地区建设特色果蔬生产基地以及名优水稻种植基地，同时借助交通优势，大力发展农副产品加工业和产品运输业，形成农副产品加工带。同为西北能源富集区的新疆地处欧亚腹地，系典型的大陆性气候，日照时间长，降雨量少，昼夜温差大，空气湿度小，形成一个独特的气候群，发展特色农业具有得天独厚的条件和优势，要大力推进粮棉、果业、牧草和畜牧业四大基地的建设，形成以番茄、甜菜、红花、辣椒、蔬菜、芳香植物等为原料的特色农产品产业链，培育壮大龙头企业、培育新疆特色农产品名优品牌，鼓励企业对重点产品、重点市场开展产品国际认证和质量体系认证，做好宣传营销，调整优化农村产业结构。而位于内蒙古自治区西南部的鄂尔多斯市，要以稳定提高农畜产品综合生产能力为基础，以加快农牧业科技创新和转变增长方式为重点，以农牧业产业化经营为方向，进一步加强农牧业基础设施建设，不断调整优化农牧业结构，延长产业链，提升农畜产品产量和质量档次，努力提高农牧业生产效益，确保动物防疫安全、农畜产品质量安全，全面提高农牧业和农村牧区经济发展质量。

5.3.5.3 发展休闲农业

休闲农业是伴随着经济发展而产生的新的农业生产活动行为，是现代农业在发展阶段中的新事物。休闲农业应坚持经济、社会、生态效益的最大化，重视农民意愿和农业发展需求，加强对传统农耕文化的保护和传承，发展休闲避暑型、文化创意型、观光采摘型、教育型、体验型和旅游观光农业。

一、休闲避暑型农业

对于气候宜人、交通便捷、服务业发达的地区，可大力发展休闲避暑型农业，吸引各地市民前来农业庄园休闲避暑。升级现有的农家乐，将当地得天独厚的气候资源、自然资源与现有休闲农业发展资源整合起来，为游客提供不同的避暑方式，以满足游客的不同休闲避暑需求。

二、文化创意型农业

对于历史悠久、文化底蕴浓厚的地区，应充分挖掘当地文化资源，改革思想，在发挥地方文化、历史影响的同时，重视地方的创建工作以及文化整合，打造文化亮点，同时邀请原籍文化名人回乡居住，建设"名人公寓"，在解决其住宅问题的基础上，提供优厚待遇，使文化名人在故土感情的激励下宣传故乡。通过独特的耕作、畜牧文化的传承与展示，吸引外界游客与相关学者前来参观考察，助力当地农业文化的传承与传播。

三、观光采摘型农业

对于水热条件较好的地区，要坚持以市场化为导向来选择合适的作物种植。

对于大棚水果集中地，可在果实成熟季节推广观光采摘，吸引消费者。西北大部分地区具有种植大扁杏的适宜条件，也可以利用春季杏花节、秋季红叶节吸引游客前来游赏。游客带走大量的农副产品，有利于促进当地延长农产品加工产业链，增加农产品附加值，开发有地方特色、便于携带、有品牌效应的休闲农业产品。通过水果温室种植、大扁杏种植等多种方式，大力发展采摘型休闲农业，促进农民增收。

四、教育型农业

有效整合农业资源，使其成为向青少年及社会公众提供观摩学习的农业教育基地，把具有一定规模、适合参观学习的农业产业，与循环农业、立体农业相配套，大力打造特色农耕文明示范区，并配备专业讲解员对公众进行讲解，同时，提供劳动工具让青少年及社会公众亲身参与力所能及的农业劳动。这也有利于促进农业文化传承，倡导生态和循环的生活方式，并起到一定的宣传环境保护的作用。另外，部分农业资源可以作为大专院校、科研机构的实习场所，有利于将科技研究成果直接转化为生产力。

五、体验型农业

体验型休闲农业即以服务为主要方式，以各类农产品为商品，以游客需求为基础，创造出值得游客回忆的休闲农业旅游经历。条件良好的地区应抓住时机，用体验经济的理念拓宽休闲农业的内涵，延伸休闲农业范围，提高消费者参与度，在给游客带来休闲农业体验活动的同时，获得良好的社会效益和经济效益。大力发展一些参与度高的休闲农业活动，如开垦农地、田间劳作、蔬果采摘、林地认养、山中小木屋住宿、垂钓、狩猎等活动。

5.3.5.4　发展循环农业

西北地区生态环境呈现出较大的波动性、多样性和脆弱性，发展生态经济型产业是其发展现代农业的现实选择。借助退耕还林还草和禁牧政策，以市场需求为导向，发挥区域资源优势，着力调整农业产业结构，按照产业化经营模式，优化壮大生态农业，重点培育特色农业，形成基于特色主导产业的高效生态农业产业链，力争建成生态经济协调发展示范基地，具体情况见图 5-3。

另外，可以把乡村生态旅游作为第三产业发展的先导产业，实现乡村旅游与生态建设协调发展，发展生态林牧场和旅游示范村，倡导旅游者参与生态建设项目，并积极引导公众参与生态建设。

具体而言，集合自然资源、社会经济基础和农业生产的实践，可以参考以下几种循环农业模式。

```
                    ┌─────────────────┐
                    │   生态建设工程    │
                    └─────────────────┘
                             │
        ┌────────────────────┼────────────────────┐
        │                    │                    │
┌───────────────┐  ┌───────────────┐  ┌───────────────┐
│ 退耕还林还草、禁牧 │  │ 生态文明宣传教育 │  │ 生态系统恢复工程 │
└───────────────┘  └───────────────┘  └───────────────┘
        │                    │                    │
   ┌────────┬─────────┬─────────┬─────────┐
┌────────┐ ┌────────┐ ┌────────┐ ┌────────┐
│ 生态种植 │ │ 生态林业 │ │ 生态养殖 │ │ 生态旅游 │
└────────┘ └────────┘ └────────┘ └────────┘
        │                    │
        └─────────┬──────────┘
          ┌────────────────────────┐
          │ 生态经济协调发展示范基地 │
          └────────────────────────┘
```

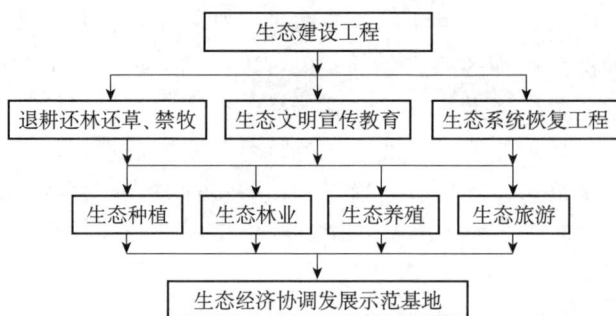

图 5-3　生态经济示意图

一、粮果菜（套作）复合种植资源高效利用循环模式

根据地区主要粮食作物、蔬菜、经济作物的种植分布和发展状况，通过作物间作、套作的方式提高农田内物质能量的转化效率，减少化肥、农药的投入；通过新型种植制度的引进和推广，提高光能利用效率，优化农田空间分布格局，形成粮、果、菜的复合种植资源高效利用循环模式。

二、"种—养—加"三位一体产业间资源高效利用循环模式

根据现有种植业、养殖业、农产品加工业的分布、规模，因地制宜，走集约化、规模化、产业化经营之路，发展以高效日光温室为主的设施蔬菜产业和蔬菜加工业；建设标准化养殖小区、规模化养殖基地；通过"企业＋农户＋市场"的方式，建成玉米青贮饲料加工企业，培育集畜禽养殖、屠宰、加工、贮藏、销售为一体的农牧业龙头企业，形成具有市场竞争能力的特色产业集群；将农村户用沼气综合利用技术与"种—养—加"产业结合起来，建设若干处大型沼气工程、有机肥料生产基地以及堆肥车间等。

通过构建"种—养—加"三位一体的产业间资源高效利用循环模式，推动区域农业产业升级和农业可持续发展，并构建设施完整的畜禽养殖基地、生产基地、农产品加工基地。

三、农业废弃物生物质能源或有机肥料工程发展模式

根据地区废弃物资源状况，以农业可持续发展为目标，以废弃物资源化利用和乡村清洁工程相结合为出发点，利用废弃物资源化技术，重点进行秸秆的饲料化、畜禽粪便及生活有机垃圾的沼气化利用，开发农业生物质产业，进行畜禽粪便堆肥及沼渣肥料化处理、沼液的人工湿地建设，打造与自然风景相结合的湿地景观观赏区，拓展农业功能，延伸农业产业链条，构建循环农业产业体系，使西北地区农业逐步向减量化、再利用、资源化和持续高效的现代农业

方向转型。通过废弃物资源化利用技术的引进和推广，建成农业废弃物资源化生产利用基地。

（1）农业废弃物（含各种粪便）沼气化处理。对于养殖业规模扩大带来的饲料需求量的增大趋势，要把秸秆作为主要畜禽饲料，而且要大力发展户用沼气池建设，加大户用沼气池对人畜粪便的处理量，在消化掉废弃物的同时，充分利用废弃物资源生产沼气，解决农村部分供气供热问题。

（2）农业废弃物肥料化利用。发展农业废弃物肥料化利用的主要资源是畜禽粪便和沼气发酵完的沼渣。相当一部分畜禽粪便作为沼气发酵的原料，剩余用来进行粪便资源肥料化。

（3）农业废弃物饲料化利用。根据现有生产情况及养殖业规模，可以考虑建立若干处作物秸秆饲料生产基地，通过秸秆直接粉碎饲喂、秸秆青贮、秸秆氨化技术等为畜禽养殖，特别是以饲草为主的羊子、生猪养殖基地提供充足饲料。

四、农田高效复合循环农业

构建合理的作物搭配模式，改变作物种植制度，延长作物光能利用时间，改善作物养分环境，提高土壤水分的利用效率，是提高光、热、水、土等自然资源利用效率的有效途径，也是循环农业发展最基本的目标和手段。改变作物种植制度，引进作物标准化栽培技术，推广作物精量化播种、配方施肥、节水灌溉等标准化栽培管理技术规范；形成各类作物套作体系；通过新型种植制度的引进和推广，辐射带动周边区域。

五、循环型设施农业

将现代节水农业技术、精量化播种技术、无公害栽培技术、清洁生产过程管理技术引进到当地设施农业生产中。通过实行区域化布局，规模化发展，专业化生产，大力发展设施农业，突出规模效应，形成品牌优势，确立无公害蔬菜产业发展导向；采取政策引导、资金扶持、项目带动、科技推动、机制保障等措施，建立无公害蔬菜生产基地，引导传统农业向现代农业方向发展，大幅度提高资源利用率，实行标准化生产，规避自然灾害，实现农作物一年多季生产或周年生产，从而促进农业持续增效，农民持续增收。

依据科技发展设施农业，以市场为导向，依靠科技创新，因地制宜，建设节能温室无公害蔬菜生产基地、拱棚生产基地、蔬菜加工厂以及蔬菜批发市场。大力引进新品种，推广各类实用新技术，全方位提高作物产量和品质。

5.3.5.5 发展农产品仓储物流业

对于区位优势明显且各类基础设施较为完善的能源富集区，随着特色产业生产过程中规模优势的不断形成，应考虑设立特色农产品交易市场，并构建起农村公共仓储市场，大力发展特色农产品仓储物流业。

一、构建农产品交易市场

在农产品交易市场的构建过程中，应采取市场经济条件下公司制运作的模式，采取股份制筹资、企业化管理、公司制运营的体制，组建地区农产品交易市场管理有限责任公司，负责市场建设和建成后的管理工作。建成后的市场，应充分发挥当地资源和区位优势，运用电子商务信息技术，采用直接上网报价、配对、网上订货、电子购物的方式实现买卖双方对各类特色农产品的现货交易。随着市场的发展，逐步实现交割品种的标准化，尝试进行合约交易，建立集订单交易、现货挂牌及现货竞价于一体的多元化交易模式。

在此基础上，以保证金第三方托管和银行监管为保障，以覆盖全国的仓储物流体系和交易商服务体系为支撑，为交易商提供交易、信息、质检、仓储、运输、保险及结算等全方位、一体化的服务，努力把特色农产品交易市场建设成为立足榆林、辐射陕北、逐步与全国农产品市场接轨，有形市场和无形市场相结合，传统协商交易和现代电子化交易相结合，现货交易与中远期交易相结合，集商流、物流、信息流于一体，具有配送、交割、结算、信息、法律咨询与仲裁服务等功能的综合性农产品交易平台，推动订单农业的发展和农牧业生产的规模化、集约化、产业化、标准化。

二、打造公共仓储市场

仓储市场的构建是一个具有前瞻性且综合实施的过程，西北能源富集区在构建以小杂粮为主的仓储市场时，应坚持循序渐进的原则，从简单储存开始，并逐步深化，最终实现规范化的仓储市场运营机制。首先，应推进简单储存。农户将小杂粮等特色作物存入以获取仓单，只为推延或选择卖出时间以及向银行机构质押融资。仓储企业自己不能自营仓单买卖业务，因此其角色是服务者而不是经营者。这个阶段除了能够为种粮农户以及养殖户的生产经营提供操作便利之外，还能为当地公共仓储机构获得认可打下基础，为仓储机构增信。在第二阶段，随着简单储存的不断推进和制度的不断完善，应加强仓单制度化及交易市场的建设，即在当地农产品交易市场得到较为普遍认可和监管制度形成并达到一定程度规范化的基础上，推动仓单制度交易，以增加仓单的流动性。

5.3.6　促进融资渠道多元化

综合农业要求树立"大农业"理念，整合捆绑涉农项目资金，充分发挥综合效益。各级财政和金融体系为现代农业发展提供了重要的资金基础，并且对于其发展过程中的风险规避具有重要意义。基于此，西北能源富集区在现代农业发展过程中应重视财政的支持作用和现代农业金融支持保护体系的构建，通过政府财政、政策性金融机构、商业金融机构以及合作社金融机构等不同金融主体的共同努力，提高各种社会资本在促进农业发展过程中的协同性，提高现代农业的资金保障水平和抵御风险能力。

5.3.6.1　加大政府财政支农力度，完善农业财政支持体系

一、加大对现代农业建设的资金投入力度

财政投入与农业保障体系是现代农业建设的基础，西北能源富集区应积极争取各级财政资金，广泛吸引社会各界资金，充分调动群众的积极性，加大对现代农业的资金投入。一是要积极争取各级政府的财政资金，使之成为建设现代农业投入的重要主体，加大对当地一些高投入的大型现代农业工程和保护性、开发性项目以及基础设施项目的投入。二是要不断改善农业资金投入环境，切实保护农民利益，增强农户自身的资金积累能力。三是要逐步扩大农业信贷资金投入。

二、大力提高农业直补力度

应把粮食流通环节的补贴逐步改革为对农民和农业生产进行直接补贴。对农民的直接收入补贴，要体现保障粮食安全、稳定农民收入的政策目标。补贴的重点是粮食主产区；补贴的范围是种植粮食的农户；补贴的依据是种粮面积和粮食产量；补贴的标准，以前三年粮食平均保护价与市场价的差额计算，一经确定三年不变，三年后再根据财力情况调整；补贴的渠道，一次性核算到农户，通过农村信用社设立补贴账户发放。随着改革逐步深入，应在预算上对农民的补贴单独列支，将粮食风险基金扩大为粮食生产风险基金，从以降低市场风险为主转变为以支持农业生产为主。

三、大幅降低农民借贷资本的成本与风险

在加大政府资金投入力度和进行直补的同时，也应结合自身实际，大胆借鉴和采用国内外财政保障机制，降低农民市场经营的成本与风险，确保农业生

产的稳定与可持续性。具体而言，应根据农产品市场的价格波动情况等，逐步探索出一个减少农业经营风险的合理的"借贷率"，切实保护农民利益。在实施过程中，符合相关规定的当地农民，在播种前可用未来作物产量作为抵押，按政府规定的借贷率申请贷款。农作物收获后，当市场价格高于借贷率时，农民可按市场价格销售农产品，偿还按借贷率借的贷款，赚取所得利润；当市场价格低于借贷率时，农民可以在销售农产品后，再按照低于借贷率的市场价格偿还当初借出的销售贷款。市场价格低于借贷率的部分就是政府向农民提供的直接补贴。这种补贴，又称贷款差额补贴，能够有效地填补农产品价格与农民种粮成本加收益之间的差额，降低生产经营风险，维护农民利益。

5.3.6.2 创新农村金融支农渠道，构建农村金融保障体系

一、鼓励商业金融机构加大支农力度

农业经济发展需要大量资金投入。连续几年的中央一号文件提出，要改善农村金融服务，培育新型农业生产经营主体，加强商业性金融支农力度，优先满足农户信贷要求，加大新型生产经营主体的信贷支持力度。各金融机构继续加大涉农信贷投放，保持增速不低于各项贷款平均增速，实现涉农信贷总量持续增加。西北能源富集区应积极鼓励引导金融机构参与农业发展和农村建设，满足不同层次的农户信贷需求，加大对农业组织的信贷支持力度。同时应通过整饬市场、建立有效的产权制度并加强对农村民间金融体系的监管，规范农村民间金融的发展。

二、鼓励创新农村金融工具

随着农业结构调整及农业产业化规模逐渐扩大，农业对资金的需求日益旺盛，且对支持农业发展的金融产品提出了更高的要求。要更好地为"三农"服务，提高金融的支持力度，就必须创新金融工具，提供能够满足农业发展需求的金融产品。

首先，应继续巩固传统业务，推陈出新，根据客户需要设计增加存款和贷款种类，如发展农业生产储蓄，以此向农民提供旨在用于农田基本建设的长期信贷支持。

其次，要积极发展小额信用工具，扩大农户小额信用贷款和农户联保贷款，有效地解决农民发展生产的资金问题。加快发展与农业相关的中间业务、表外业务，满足农业对银行业务的多样化需求。重点发展代理、委托、证券、咨询、票据承兑等业务，甚至在条件允许的情况下，可以开办电话银行、信用借记卡、代客理财等业务，可以适时发展封闭式基金、开放式基金、零息债券、可转换

债券等，并推出以银行同业拆借利率为基础的浮动利率存款、浮动利率贷款等新型银行业务品种，可以拓展商业保险品种，发展投资类保险和组合保险，探索资产证券化试点，等等。

最后，可以通过设计个性化、多样化的金融特色新产品，推动龙头企业、乡镇企业、农户三者间的联动，支持"龙头＋乡镇＋农户"的农业产业化经营模式，带动科技农业、高效农业的发展。

三、改善农村信用环境

改善农村信用环境，可以有效地规范金融机构在农村金融市场的融资行为，促进农村金融市场化、规范化运行。

我国农户贷款难的一个重要原因就是缺乏担保。因此可以鼓励建立农业信用担保机构，鼓励政府出资的信用担保机构及商业性担保机构拓展到农业领域，发展农村互助担保组织。有条件的地区可以设立农业担保机构，建立担保基金。

要采取有效方式促使农村资源转化为金融信用。一是对于农民的土地使用权和房屋住宅，建议采取发证确权等有效方式，促使农民手中的资源能够转化为金融部门认可的、可流转的信用手段。二是发展以亲友链、社区链为特征的关系型借贷，继续积极开展文明信用工程建设。三是银行业应继续完善贷款担保方式创新，积极探索动产抵押、权利质押等有效担保方式，进一步发掘符合农户和农村经济特点的抵押物。对抵押担保不足，但符合一定条件的农村企业，可审慎发放信用贷款或由几家小企业相互联保发放联保贷款。

同时，要推动金融机构诚信建设，创造有利于吸引各类投融资的金融环境。各金融机构要加强与政府部门的协作，将信用村（镇）创建、信用社区创建、信用农户创建与金融助农增收工程、农业产业化工程相结合，培育多元化的农村市场经济信用主体，为银企、银农牵线搭桥，促进金融机构服务手段、品种、资金与"三农"有效资金需求的对接，推动农村金融生态环境建设。

四、积极探索农村科技金融发展模式

首先，明确金融支持重点，盯紧主导产业，以支持农业科技创新为突破点，推进休闲农业、设施蔬菜等工程建设，集中支持一批有规模、有效益、有推广价值的农业示范园区，一批"一乡一业"、"多村一品"专业示范村镇，一批农业龙头企业，一批农业专业合作社，推动农业品牌做大做强。

其次，以政府为主导建立各类融资渠道的对接机制。例如，以政府投入的产业基金为主导，扶持有发展前景、有推广价值的农业项目或企业，以这些项目或企业为主线，发展区域性供应链金融，带动并引导信贷资金和民间资本加大对相关企业或农户的支持力度，使得各类创新性的金融服务能够落地，并得到有效开展。

5.3.6.3 健全农村经济保障机制，构筑农业风险防范屏障

为了有效地化解农业经济发展过程中可能带来的一些不确定风险，对农业生产者在生成过程中因自然灾害和意外事故所造成的经济损失提供补偿，应结合实际情况，有重点、有层次、有计划、有步骤地制定和完善农业保险制度。

一、尽快完善农业保险种类和保险赔付模式

通过各类保险组织完善农业保险形式，重点开展种植业保险和养殖业保险，同时尽快引入自然灾害损失保险和病虫害损失保险。在完善保险类目的同时，赔付方式也要同步更新，种植业损失险和收获险都需同步引入农业保险体系之中。

二、尽快建立农业风险补偿基金

该风险基金可以由政府财政补贴、龙头企业或公司和农民各出资一部分来共同组建，由政府来管理该笔基金，以此来对农民在农业发生损失时进行补偿，有效地提高农民种植及养殖的积极性。养殖业可建立重点生猪产业发展市场风险补偿基金。

三、出台奖补激励政策

政府可以出台一系列奖惩政策，如采取扶贫贴息贷款管理模式，即中央和地方财政各拿出一部分资金来作为"奖补资金"，当贫困农户发生农业贷款行为，该"奖补资金"可用于其利息补贴或者奖励。银行管理机构可制定一些措施，如利率差别对待，当农户贷款在没有发生风险或困难时实行基准利率，一旦出现因不可抗拒因素而可能形成支农金融机构风险、损失时，支农金融机构可以适当地给以利率优惠。尽快把农业保险制度建设完善起来，把农业保险是否完善、普及作为县域经济发展考核的一项指标，同时由政府相关部门和保险管理机构保监会共同协商组建农业政策性保险机构，逐步引导和鼓励农户投保，在投保的同时对户实行保费补贴，以此来减轻农民的负担，在一定程度上也增强了农民抗风险能力。要大力创建新型的农村担保新模式，该模式的运行机制主要为保险公司提供普及贷款担保业务的机会，它的保险对象既可以是借款主体，也可以是贷款主体；另外还可尝试成立担保合作社，由单一的借款农户来共同组建，由政府部门来做指导，当某一农户发生农业损失时，由担保合作社给予一定的风险补偿。

5.3.6.4　引导社会资本流向农村，拓宽农村发展资金来源

目前我国农村金融还存在深层次的竞争力不强、活力不足等问题。农村地区虽有资金需求，但由于缺少金融运行渠道，资金缺口依然较大。要鼓励社会资本投向农村建设，在加大金融机构支农力度的基础上，可以鼓励各类工商资本和社会资本流向农村，引导城市资源流向新农村建设。

首先，可以通过法律或规范性文件明确规定，在农村的商业性金融机构要把一定比例的信贷资金投放到农村，这个比例可以依照其在农村地区吸收的存款数量和取得的平均收益率等相关因素进行确定。对于邮储银行，应明确规定其在农村地区必须开展信贷业务，建立相应的资金回流机制，充分依托和发挥网络优势，为广大农村地区居民提供基础金融服务，支持社会主义新农村建设。

其次，可以考虑建立政府补贴激励机制，用优惠政策吸引资金回归农村。对深入农村投资的工商企业适当减免营业税、所得税，并给予更大力度的财政补贴，提高企业进村入户的积极性。

再次，应加大建设和完善农村生产、生活基础设施的力度，健全相关制度和政策，进一步促进农村劳动生产率的提高，为资本扩大在农业领域的投资营造宽松的政策条件和良好的外部环境。

最后，要着力完善农产品市场体系。大力发展农产品连锁经营和电子商务等商业模式，推广"农超对接"、"农社对接"、"农校对接"以及周末蔬菜市场等直供直销模式，完善市场调控机制。通过城乡市场对接与融合，促进资金向农村的流动。

此外，要稳步推进农村产权流转交易市场化运行，让林权、土地承包经营权、集体建设用地使用权、农业知识产权、农业经济组织股权等农村产权均可以在公开市场上流转，获得工商企业资本，激活市场要素，促进土地集约化、规模化、市场化运作，使固有的土地资源转化为可以流动的资本，从而引导更多的社会资本通过产权交易市场平台流向农村。

5.3.7　推动农业生态文明建设

西北能源富集区应充分依托其自然、经济及社会资源，促进农业生态文明的形成，推动工业文明的进步。具体包括农业生态文明建设的顶层设计、生态环境保护体系构建、生态环境综合整治工程实施以及水资源可持续利用等方面。

5.3.7.1　农业生态文明顶层设计

生态环境对经济发展的制约作用日益凸显，在现代农业发展过程中，必须

重视农业生态文明建设,牢牢把握其内涵及本质,尊重自然,顾及长远利益和大局利益。

农业生态文明建设可从以下几个方面着手。

(1) 坚持以生态、经济和社会效益的统一发展为目标。现代农业发展要求摒弃过去只强调农业经济效益的发展目标,要追求经济效益、生态效益和社会效益相统一以实现最优化发展。应将生产与发展的矛盾作为农业的主要矛盾,应将满足人民日益增长的不同需求以及实现农业的可持续发展作为根本目标。人民生活水平提升之后,对物质的需求开始由对量的需求逐渐发展为对质的要求,如对食品安全的重视。同时,人民开始重视自身全面发展的需求,包括身心健康、思想情操的发展需求,表现为对亲近自然的渴望等。这些需求对农业发展提出了更多的要求,同时也带来了更多的发展机会,因此在建设农业生态文明的过程中,农业发展应该更多地追求实现农业的多功能发展,以此延伸农业的生产功能,并开拓农业的生态和社会功能,促进农业全面健康地发展。

(2) 坚持循环闭合型的发展路径。在农业生态文明的建设过程中,农业应追求全面发展,依靠现代科技,培养土地等生产载体的自身生产能力,同时巧妙地利用自然界本身的生态发展规律,节约生产投入,减少人工干扰产生的有害排放,这样既符合农业生产要求,又保护农业生产环境。因此农业生态文明建设过程中的农业发展路径是循环闭合型的低投入—高产出—低排放。

(3) 以农业可持续发展为载体。农业生态文明建设的载体丰富,包括生态农业、有机农业、循环农业和低碳农业等各种概念农业。这些农业载体的提出,其出发点都是为实现农业的可持续发展,但是它们的侧重点有所不同。生态农业强调通过发挥自然生态规律和机能,实现农业的发展;有机农业摒弃人工合成物质,强调农业发展的有机化;循环农业强调通过利用物质循环再生原理和物质多层次利用技术,以减少生产资料的投入和有害物质的产出,实现农业的循环发展;低碳农业则强调农业发展的低能耗。

综上所述,西北资源富集区农业生态文明建设应以生态农业、有机农业、循环农业和低碳农业等为发展载体,遵循循环闭合型(低投入—高产出—低排放)的发展路径,最终实现农业的生态、经济和社会三大效应的协同与最优。

5.3.7.2 落实生态环境保护体系

西北地区能源富集区土地面积相对广阔,人均占有量较大,风蚀沙化严重,植被稀疏,植物种类贫乏,荒漠化严重,生态环境十分脆弱。加之作为能源富集区,矿产资源的大规模开发利用,以及相应的交通、通讯、城镇等工程建设,引起大面积植被破坏、地表裸露、沙尘飞扬等一系列环境问题。所以要因地制宜构建生态环境保护体系,具体以风沙草滩区防风固沙林体系、丘陵沟壑区小流域治理为例分析如下。

（1）风沙草滩区防风固沙林体系。西部风沙草滩区主要的生态环境问题就是土地风沙化，因此改善其生态环境最主要途径是防风固沙林体系建设。根据风沙草滩区的自然地理特征，以及区域防风固沙林体系建设的实际需要，应当在遵循适地适树、适地适草和乔灌草结合、多林种多树种结合原则的基础上，依照植被演替的规律和各树种的生态学及生物学特性，对风沙草滩区防风固沙林体系进行建设。

流动沙丘迎风坡区域：针对该立地类型区的特点，首先在沙垄迎风坡、新月形沙丘中下部搭设草方格沙障，雨季来临前撒播沙米、沙打旺、草木挥、柠条、花棒、踏郎、沙蒿等草籽。沙地固定后，再植入紫穗槐、沙地柏等灌木，沙丘上部被风力削平后，再根据沙地的固定情况，植入樟子松、沙枣等树种，提高林分质量，增强防护效益。

流动沙地丘间地区域：流动沙地丘间地多形成以杨柳为主的岛状乔木用材林，当沙丘被风削平，丘间地沙埋一定厚度，水分逐渐枯竭时，应及时伐掉那些已成材的树木，以减少其盖度，同时植入杜松、樟子松、沙棘等经济价值更高的树种，用以改善其结构，提高综合防护效益。

平缓沙地：基本上属于固定、半固定沙地，这些地方的植被经历了复杂的演替过程，其盖度稳定在 0.4～0.6，已达到了顶极群落。原有的杨柳林已到了成熟或过熟林阶段，从林分稳定的角度考虑，应及时伐掉已成材的树木和枯立木，在原有林分中增加一些乔木、灌木和草种，促进其持续稳定发展。

覆沙黄土地：以营造防护林为主，立地条件好的地方可以发展用材林。在植被建设时，应详细考察原生优势种群，以确定树种的配置。

沟边、梁顶、河谷边坡：这些特殊地段主要以营造灌木防冲林为主，根据适地适树原则，灌木树种以柠条、紫穗槐、酸枣、蒙古荶、胡枝子等为主，在立地条件较好的地方可栽植白榆、侧柏等乔木树种，梁顶主要营造乔灌草混交林，可选择以豆科牧草、柠条等优势灌木种和少量刺槐、油松等乔木进行搭配栽植。

沟道：水分条件较好的宽沟道是风沙草滩区营造用材林的最适地区。首先应伐掉一部分已成材的和感病严重的杨树，再植入耐盐碱的合作杨、小叶白蜡、臭椿、杜梨、复叶槭、云杉等乔木树种。在水蚀严重的地方植入怪柳、沙棘、乌柳、毛桑等灌木树种，以增强防冲固土作用。

农田、道路、水域地段：这些地段水分条件较好，应主要发展以杨柳为主的用材林，个别地方可发展经济林。一方面要加强原以杨柳为主的林网改造，增加树种，植入抗病虫害能力强的树种，另一方面要加强对原有林木资源的抚育管护。

（2）丘陵沟壑区小流域治理开发。小流域综合治理工程，是黄土高原现代农业生态工程，其基本内涵应以生态建设为基础，以持久性农业建设为目标。在治理中应强调工程措施、植物措施、耕作措施相结合。工程措施，如建设水平梯田、修筑沟头防护埂、修水平沟、打坝淤地、挖鱼鳞坑等，其意义不仅在于直接减少土壤侵蚀，而且在于保墒、保肥、保水，改善生态位，也就是改变植物生存条件和生态系统大循环。植物措施，是大量种植乔、灌、草，充实生态位，增加植被覆盖率，这既是对遭到长期破坏的自然生态系统的补偿和恢复，也是一种改造和提升。耕作措施，如深耕深翻、增加有机肥料、种植固氮豆科植物、草田轮作等，是为了培肥地力，提高产量，抗御自然灾害，实际上就是生态农业的重要内容。这三项措施相结合，以治理为基础，将开发内容贯穿于治理过程中，既实现了当地生态环境的保护与建设，又提高了农业生产力，是当地实现资源与环境可持续发展的根本途径。

另外，西北部分地区属于京津风沙源治理工程覆盖范围内，可借助"京津风沙源治理二期工程"建设之机，加强林草植被保护和建设，提高现有植被质量和覆盖率，加强重点区域沙化土地治理，遏制局部区域流沙侵蚀，稳步推进易地搬迁，降低区域生态压力等。作为基础，首先要落实配套资金，要同时按工程建设总投资的合理比例安排专项工作经费，确保工程顺利启动实施。为落实用途管制，要对水域、山岭、荒地等自然生态空间进行统一确权登记，形成归属清晰、权责明确、监管有效的自然资源资产产权制度。对公益林采取有效措施进行管护，对退化、沙化草原实施禁牧或围栏封育，在适宜地区完成一定规模的人工造林、飞播造林，飞播牧草，以及封山（沙）育林育草，开展工程固沙。通过这些举措，可以逐步形成稳定的防风固沙体系，构建绿色生态屏障，减少京津地区沙尘危害，将进一步提高森林覆盖率，庇护农田，减少土壤流失，同时将促进经济林发展，为旅游业发展创造条件，促进农牧民就业和增收，改善和调整农牧业结构，促进生产生活方式转变，不断提高地区可持续发展能力。

5.3.7.3 生态环境综合整治工程

矿产资源开发导致的土地资源破坏是造成西北能源富集区生态承载力不高的主要原因之一。因此，需要有针对性地对能源开采所带来的生态环境问题采取有效的治理措施。能源化工基地综合治理重点与总体思路是：坚持"谁受益、谁补偿"原则，整治塌陷土地、整治矿井水资源并保护好重要水源地，处理好以煤矸石为主的固体废弃物的综合整治与利用，同时稳定和扩大退耕还林、退牧还草范围，调整严重污染和地下水严重超采区的耕地用途，有序实现耕地、河湖休养生息。还可以吸引社会资本投入生态环境，推行环境污染第三方治理。

一、地表塌陷综合治理

首先，对于目前已经塌陷的矿区地表，需要治理和恢复开采塌陷区的生态环境，从矿区生态保护规划入手，综合运用生态保护技术、土地复垦技术，结合矿区煤矸石、坑口电站粉煤灰等固体废物的处置，对塌陷土地进行充填—复垦。其次，对于尚未塌陷的矿区地表要控制开采塌陷。通过合理选择开采方法和工艺，达到减少或减慢地表塌陷、控制地表下沉速度的目的。加强对采煤与复垦相结合的完整设计及生产新工艺体系的研究。改变目前煤炭工业先破坏后复垦，生产与复垦相脱节的工业体系。最后，应加大沉陷治理力度。用好国家对国有重点煤矿采煤沉陷区治理的支持政策。考虑到西北资源富集区生态环境的特殊性，应加大国有重点煤矿采煤沉陷治理力度，对于地方中小煤矿沉陷治理给予适当财政支持。

二、水资源保护与矿井水资源化

积极开展矿井水处理，提高水的重复利用率，推广闭路循环和其他洁净生产技术，对排放污水进行处理利用，实现矿井水资源化。对不同类型的矿井水可采用不同的资源化处理工艺和方法。应合理设计疏干排水方案，采用防渗帷幕等技术，减少疏干排水影响范围，并合理利用疏干水。选择合理的开采方法，减少采煤过程对覆岩含水层和地表水体的破坏，对渗漏河道进行防渗处理或改道，减少矿井涌水量。利用系统工程方法研究矿区水资源评价、开发及利用，开发适合当地矿区条件的水资源管理模型和环境评价方法。

矿区水资源化的基本途径是：矿井水污染较轻，处理后可做生活用水或工业用水；工业废水处理后可复用；矿区生活污水处理后做工业用水和其他用水。目前，矿区废水处理主要方法有物理法、化学法、生物法三大类，可根据水污染物质的成分和处理要求进行选择。矿井水是煤矿区排放的主要污染物，其处理量往往比较大，但污染物性质相对比较简单。一般是根据矿井水的酸碱性进行有针对性的处理，处理后的矿井水，可作为煤矿的生产用水，达标的甚至可作为生活用水。在水资源相对贫乏的情况下，充分利用处理后的矿井水，无论是减少煤矿生产对周围环境的污染，还是提高对水资源的利用率，都具有积极的意义。

三、煤矸石的综合处理与应用

煤矸石具有较高的利用价值，在发电、建筑材料、回填复垦、生产有机复合肥，以及调节土壤肥力等方面均能够发挥重要作用。

近年来，随着煤矸石等低热值燃料电厂锅炉高效除尘、脱硫设备，灰渣干法输送、存储及利用技术和设备的开发与应用，不同低热值燃料混合燃烧的技术难题得到解决，煤矸石发电也随之在中国得到快速发展，可在西北能源富集区积极推广。

在生产建筑材料方面，利用煤矸石生产的建材产品具有重量轻、强度高、吸水率小、化学稳定性能好等优点，主要产品有煤矸石砖、煤矸石水泥、煤矸石轻骨料等。

煤矸石具有很好的抗风雨侵蚀性能，可用做回填复垦的主要材料。以煤矸石为载体生产有机复合肥和微生物有机肥料等技术发展很快，可利用煤矸石中含有的植物生长所必需的元素，制备有机复合肥料。还可利用煤矸石的酸碱性及其中含有的多种微量元素和营养成分，调节土壤的酸碱度和疏松度。

四、大气污染防治

首先，应大力发展洁净煤技术，提高煤炭利用率。进一步增加煤炭洗选比例，使用与推广煤的液化和气化技术，提高煤炭燃烧率。积极研究煤的地下气化，即将地下煤炭通过热化学反应，在原地将煤炭转化为可燃气体的技术，消除煤炭开采与燃烧对环境的污染与破坏。其次，大力开发利用煤层气，将保护环境、矿井瓦斯灭害防治、清洁优质能源供应有机地结合在一起。最后，注重煤炭燃烧前的预处理和煤炭燃烧过程中的防尘措施。

五、矿区垃圾处置

矿区垃圾包括生活垃圾、工业垃圾、施工垃圾、医用垃圾等，应合理地采用垃圾填埋、垃圾焚烧等处理方法。其能回用的成分，如废弃金属、塑料制品、废纸等经处理，还可作为再生原料进行利用。目前，各种垃圾的利用途径随科学技术的发展正日益扩大，"废弃物"具有相对性，有人称其为"放错地方的原料"，其处理应分门别类，区别对待，最终达到安全化、稳定化、无害化、资源化。

六、巩固退耕还林成果

退耕还林工程是一个集生态、经济、社会于一体的综合性工程，具有复杂性、多样性、多变性的特点。随着退耕还林工程的推行和实施，生态环境状况得到了有效改善，因此当前需要巩固退耕还林成果，有效提升当地生态环境承载力，工作重点包括五个方面。

（1）退耕还林。25°以上坡耕地全部退耕还林。对搬迁户原住地宅基地进行生态恢复。

（2）对废渣库实施复垦、生态恢复。对磷矿及其他有正规防护设施的废渣库，在运行期满后，必须实行闭库管理，复垦、恢复植被。

（3）发展种植经济林木。对退耕还林的坡耕地，因地制宜选择适合树种，发展经济林、果树和药用植物种植，增加农民收入。

（4）采用藤蔓植物恢复裸岩植被。对不宜植树造林的陡坡、陡崖，可种植藤蔓植物，以恢复石漠化裸岩植被。

5.3.7.4　水资源可持续开发利用

水资源的可持续开发利用是西北能源富集区经济社会发展的重要保障，也是推动其现代农业实现良性发展的强大动力。当前西北地区水资源利用状况不容乐观，水资源在量上供需矛盾日益突出，随着能源化工基地的建设，水资源在质上呈现出污染情况逐渐加重的趋势。与此同时，由于水资源管理模式相对落后，当地农业、工业及生活用水效率不高，浪费情况较为严重。农业在 GDP 中所占份额最少，却是耗水大户，目前只能是压缩农业用水的空间，支持第二产业和第三产业的发展，以此来缓和各大产业间用水的矛盾。而西北能源富集区水资源禀赋较差，水资源供应成为西北能源富集区现代农业发展的制约因素，因此必须在坚持最严格的水资源管理制度的前提下，加强对水资源的可持续利用力度，提高水资源利用效率。

农业节水的总体思路是在最严格的水资源管理制度前提下，通过农业内部产业结构的调整，发展节水农业，通过技术、工艺、生物等节水措施，坚持一保（保护水资源）、二节（节约水资源）、三管（加强管理）、四调（调整产业结构）、五调（调水）的水资源利用政策，最大限度地提高农业水资源利用效率。具体而言，就是根据西北能源富集区各地的实际水资源情况，因地制宜，从合理布局水资源工程、建设节水型能源化工基地、加强防污型能源化工基地建设、加强水土保持、提升水资源利用效率以及有效利用非传统水资源等方面入手。

（1）合理布局水资源工程。作为能源化工基地，各项水资源工程总体布局要坚持开源节流、治污并举，工程与非工程措施相结合。在维持生态环境良性循环的条件下，按照优先满足城乡生活用水，保证国民经济建设用水，基本满足粮食安全生产用水等要求，工程和非工程措施相结合，对供水、节水、水资源保护、治污、污水处理再利用等方面进行统筹安排。对当地地表水、地下水及其他多种水源进行统一配置，对生活、生产、生态用水进行统一调配。

（2）节约用水，建设节水型能源化工基地。实行用水总量控制与定额管理相结合，建立用水定额和节水标准体系。实行水资源有偿使用，形成合理的水价形成机制，建立水市场。全面推广和普及节水新技术、新工艺、新设备。节水灌溉应紧密结合农业产业结构调整和农业节水综合措施，促进农业增产与农民增收。

（3）加强水资源保护，建设防污型能源化工基地。实行排污总量和入河排污总量控制，加强水污染治理和水资源保护。按水资源功能划分，实现水质达标，同时结合产业结构调整与升级，关闭效益低、污染严重的企业，并严格执行排污与入河排污量控制计划。在优先治理重点污染地区和城市水污染的同时，要结合水源工程的建设，进行优化调度，努力改善水资源环境状况。

（4）加强水土保持，提高地表水资源利用率和防治非点源污染。河流泥沙含量的提高大大减少了地表水资源的可利用量。要继续加大水土保持工作力度，采用淤地坝、坡改梯、造林种草、退耕还林还草、生态修复等水土保持综合措施，有效控制水土流失，使河流泥沙含量降到最低，以提高地表水资源的利用率。

（5）有效利用非传统水资源。在充分利用地表和地下优质水资源的同时，也应积极引进先进技术，利用科学方法，把非传统的水资源，如中水、雨水、矿坑排水等纳入利用体系中。

中水回用：随着国民经济和能源化工基地的快速发展，工业、生活等污废水的排放量也将大幅增加，因此必须加大污废水处理的力度，使污废水达标排放，防止现有水源的污染和水质的进一步恶化。同时，要尽可能利用处理过的再生水资源为国民经济服务。

雨水利用：采取水土保持耕作措施、种植耐旱作物、修建水窖等是发展雨养农业的重要保障，修建水窖也是解决山区农民饮水问题的重要措施。

矿坑排水利用：矿坑排水利用是煤炭企业本身和燃煤电厂节约用水的一项重要措施，也是水资源开发利用的一个新的方向，尤其是在水资源相对匮乏的西北地区，对缓解各产业用水矛盾具有一定的现实意义。

（6）引进和推广先进的节水技术。水资源利用效率的提高有赖于节水技术的发展和突破，尤其是发展节水农业和节水工业。科技兴水，努力提高水资源利用中的科技含量，推进高耗水行业的节水技术改造，加快淘汰比较落后的高耗水工艺、设备及产品，大力发展、引进和推广先进节水技术，鼓励发展和使用节水设备及节水工艺，开展农村节水灌溉技术的试验和推广，加大对农民使用节水技术的补贴力度。鼓励、引导耗水行业与科研院校的合作和节水技术研发，积极引进国外的先进节水技术和管理方式，从根本上提高水资源的利用效率。

（7）建立水权交易市场，实现供需调节市场化。水资源作为日渐短缺的稀缺资源，其市场价值也在不断凸显。目前西北地区水资源配置主要体现为"农业独大，工业高涨，城市追高"的发展趋势。农业用水占比居高，而传统农业用水与工业、服务业相比，水的单位经济效益较低。引导传统农业用水向高附加值农业转移，以及向工业及城市用水转移的政策设计及市场体系亟待建立。政府要落实监管工作，确保工农业用水平衡。对于农业用水，要生产高附加值的农产品，提高单位水的经济效益，采用节水农业技术，全面发展节水农业，逐渐减少农业用水比例。对于工业用水，要适当提高用水价格，并且促进循环水的使用，做到奖惩分明，比如通过减税等方式鼓励企业合理用水，对排污不合规定的企业进行严厉惩罚。随着城市化进程的加快，要对城市用水有更合理更长远的规划，完善城市管网，进行统一设计，确保管道不渗漏，并增设中水管网。作为城市精细化管理的一部分，要加强对终端用户的管理，改善用户的用水设施。扩大中水的利用范围，加强污水处理厂建设，鼓励浇灌绿地、车辆冲洗等活动使用中水，通过补贴、专项资金、优惠政策等措施对中水处理的企业和单位进行扶持，并利用中水和自来水的差价吸引更多的人使用中水。开放企业投资水务市场，实行投资主体多元化，形成水务市场竞争格局，在保证法定取水权和基本生态用水的前提下，对经营性水权进行一定比例的出让，可采取拍卖、竞标等形式引导各市场主体参与水资源的开发利用。同时要加快水价改革，使其全面反映市场供求、资源稀缺程度、生态环境损害成本和修复效益。

5.3.8   建设城乡一体的新型城乡关系

随着能源化工产业的发展和现代农业构建步伐加快，西北能源富集区将面临更加迫切的城乡一体化需求。为了保证城乡一体化进程的加快和现代农业发展过程中社会建设的同步推进，必须加强农村社区管理模式创新。在土地合理流转的基础上，加强农村社区建设，并在政策设计过程中重视农村社区管理和推进养老保障制度改革，鼓励农业合作经营、注重资源的平等交换和资源公平分配，为现代农业发展构建和谐、良好的社会环境。

5.3.8.1   加快农村社区管理创新

（1）整合资源，拓宽农村社区建设投资渠道。农村社区建设完全由公共财政承担不具备现实可行性，而若让农民分担则无形中又增加了其负担，这也是难以实行的。西北能源富集区在农村社区建设过程中应该搭建农村社区建设资金投入的公共平台，采取公共财政供给为主，村组集体、私人、中小企业和民间机构多方参与的供给方式，逐步建立以各级财政、村集体积累资金投入为主体，以各级涉农资金、单位帮扶投入为辅助，以村民自愿捐助、社会各界捐助为补充的农村社区建设多元化投入机制。

（2）突破思维定势，创新农村社区管理体制。首先，加强基层组织建设，实行农村基层能人治理。按照"能人治理"的理念，基层党组织要重视对农村能人的发掘、培育和领导，发展农村能人为党员干部，形成村级能人治理的新局面。其次，要完善村民自治机制，加强村务民主监督。在增强村民民主法制意识的同时，严格依法规范选举工作，完善村务公开制度，重视社会监督的作用。最后，积极探索政经分离的农村管理体制。在条件允许的部分村，可以设立政经分离的试点，即组建两套人马，一套专职从事经济工作，另一套专职从事社会管理与服务，逐步实现农村社区化管理。

（3）提高农民素质，促进农村社区文化建设。着力于全面教育，提高农民文化素质。尤其是对农村进城务工人员进行培训，使其了解国家的大政、方针、政策，清楚自己的合法权益，树立维权意识，推动农村社区文化建设。另外，可以发挥民间公益组织作用，增强乡村凝聚力。积极发挥各种民间公益组织的作用，如老年协会、妇女协会等，开发公益性活动，如定期组织老年人集中开会、聊天谈心，开展适合老年人的娱乐活动等。

此外，可以开展农村社区文化活动，改善村民的精神面貌，丰富村民的日常生活，满足村民的精神需求。

（4）加强农村社区环境治理，提高农民生活条件。应加强农村社区的环境规划，将城市和农村环境作为一个系统，协调部署，以扭转城乡相互污染和转嫁污染的现象。对污染物进行集中收集、集中处理及循环利用，以最少的治理投入取得最好的治理成效。把城市现有的环保机构向农村延伸，逐步为农村社区配备有技术、懂业务的环保人员，同时实施城乡一体化领导，实现统一指挥、统一行动，达到城乡共同努力，协调发展。

（5）充分考虑未来需求，合理规划基础设施建设。在设计、建造农村社区的同时，应对未来农村社区居住规模及人数进行合理预计，从而在农村社区各项基础设施的搭建过程中进行长远规划，加强农村社区管道建设，为未来地下管道的铺设留下更多空间。

5.3.8.2 创新政府购买公共服务模式

政府购买公共服务是一种新型的政府提供公共服务的方式，能较好地兼顾效率和公平。这种模式的构建需要全面建立政府购买服务机制，按照"政事分开"的原则，根据实际情况，以购买服务为主要形式，改革公共服务和公共产品的财政支付方式。具体而言，政府购买公共服务模式创建应从以下几方面着手。

（1）完善政府购买公共服务模式的信任机制。建立基于信任的购买公共服务模式应从以下两个方面入手，一方面，培育组织的独立性，明确社会组织与政府之间是合同关系，是政府公共服务职能的延伸和补充；完善组织建设，增强社会组织在公民中的公信度。另一方面，强化公共服务供给的竞争性，坚持市场取向、优化服务的原则，调动社会资源，各地社会组织以平等的身份参与公共服务供给，通过市场的选择，择优选出社会组织参与提供公共服务。

（2）优化政府购买公共服务模式的组织结构。政府要大力培育与发展社会公共服务组织，鼓励社会兴办公共服务组织，公民参与公共服务供给。可以将一些特殊性的、专业性的公共服务交由专业的社会公共服务组织提供，促使政府更好地做好宏观管理和服务工作。另外，通过制定相关的政策，吸引区域内的社会公共服务组织参与本区域的公共服务供给，形成服务主体的多元化，促进公共服务的均等化。

（3）建立政府购买公共服务模式的决策机制。建立公共服务项目的决策听证制度，听取人民群众对公共服务项目的选择和改进公共服务项目服务水平的意见，规范决策行为，提高政府购买公共服务行为的透明度和公众参与度，促使政府决策充分体现人民群众的意志和利益。建立公共服务项目的公示制度，保障农民的知情权、参与权、表达权和监督权，促进政府决策的科学化和民主化。完善信访制度，改进政府购买服务制度、政策规划等方面存在的问题，促进新模式与经济社会结构的有效对接。

（4）完善政府购买公共服务模式的培训制度。政府培训主要是组织层面的培训计划，依据合同协议，结合公共服务的实际，对服务组织进行季度或年度的培训，有意识地提高服务组织的技术和技能水平。可以加强与社会公共服务组织以及改制服务组织之间的沟通，通过针对性的培训，让服务组织了解政府的政策意图和政府的改革方向，引导社会公共服务组织有意识地提高相关业务技能，帮助改制服务组织适应新的身份，提高其竞争力，更好地服务于社会大众。

此外，政府要加强对公共服务组织内部培训的定期考察和监督，促使从服务组织层面到服务人员层面，对政策方向、公共服务项目的服务要求都有清晰的认识，并使之成为公共服务组织和服务人员更新业务知识、提高业务技能的动力。

5.3.8.3　加快农村养老保障制度改革

应建立起与当地经济社会发展现状相适应的，资金来源多渠道、保障方式多元化、保障水平多层次、权利与义务相统一、由点到面逐步发展，最终形成农村不同类型经济地区各类劳动者一体化的养老保障制度。

在养老资金的筹集上，首先要在整体上把农村养老问题纳入经济社会发展规划之中，对农村养老问题给予足够的重视。当地政府要逐步加大对老龄事业和老龄工作经费的投入，并随着经济发展和财力增强逐步增加该项投入。其次，要调整财政支出结构，加大对农村养老保障事业的投入力度。在每年新增加的财政收入中，划出一定比例的资金专门用于增加农村的养老保障支出。同时，大力发展农村经济，强化农村集体经济对养老的投入。

在养老资金的运行模式上，选择个人账户全积累的方法，即为每个农村劳动力建设一个单独的账户，个人的缴费资金全部进入个人账户，与他人不发生任何转移关系，而且资金的使用透明度要高。加强对农村养老保险基金的监管，任何机构、部门或个人不得挪用农村养老保险基金，要保证农村养老保险资金的安全性。此外，个人账户要完善，给每个缴费的个人设置一个单独账户，记录个人缴费情况和政府及集体资金的拨入情况，并且按照账户的数额计算待遇。

5.3.8.4 推动城镇化水平发展进程

农业现代化离不开工业化和城镇化的双轮驱动。加快城镇化进程是推动城乡一体化、提高农民收入的迫切需要。应高度重视，加强统筹，有序推进城镇化快速健康发展，着力增加农民收入，提高幸福指数。

（1）坚持规划引领，进一步明确城镇化战略布局。要立足实际情况，进一步优化完善城镇规划，不断提升城镇规划建设管理水平，构筑科学合理的城镇空间结构、建设框架和发展秩序，加快推动城乡一体化发展。

（2）推动人口集中，进一步提高城镇化的速度。要推进农业转移人口市民化，根据实际情况，进一步推进户籍制度改革，逐步把符合条件的农业转移人口转为城镇居民。稳步推进城镇基本公共服务常住人口全覆盖，把进城落户农民完全纳入城镇住房和社会保障体系之中，在农村参加的养老保险和医疗保险规范接入城镇社保体系。

要积极探索实施以农民宅基地换城镇安置房的农村土地管理改革，逐步实现农民进城"有住所"；大力实施新型农民培训和农民工技能培训，拓宽农民就业渠道，强化创业政策支持，逐步实现农民进城"有事干"；进一步深化农村社会保障制度改革，积极推进常住城镇的农村居民与城镇居民全面对接，逐步实现农民进城"有保障"；探索建立城乡一体的户籍登记管理制度，真正实现农民变市民，逐步实现农民进城"有地位"。

（3）强化产业支撑，进一步推动城镇化产业发展。立足区位优势、资源禀赋，加大产业发展扶持力度，因地制宜发展工业经济、商贸服务、文化旅游、现代物流等产业，不断发展壮大地区经济，推动产业发展和城镇建设良性互动、融合发展。

（4）完善公共服务，进一步提高城镇化发展水平。紧紧围绕新市镇、小集镇和新农村集中居住点等人员密集地，积极推进公共服务设施集约配置，努力实现公共服务产品效益最大化。不断增强农村社区综合服务功能，加快城市社区管理服务模式向农村推广，着力健全集医疗卫生、教育文体、人口计生、便民服务、党群理事等为一体的社区综合服务中心，强化社区服务功能，提升居民公共服务保障水平。加快完善农村公共服务体系建设，进一步优化教育布局，不断提升农村教育教学水平；进一步加强农村医疗卫生服务网络建设，着力为农民提供更加安全、价廉、方便的基本医疗和公共卫生服务；进一步加强公共文化和体育设施建设，丰富城乡居民精神文化生活。

（5）保护生态环境，进一步增强城镇化发展的可持续性。要牢固树立生态文明理念，在推动产业发展同时，有效保护自然生态环境，努力建设人与自然和谐相处、经济发展与生态保护和谐统一的美丽家园。

第6章 |

西北能源富集区现代农业发展保障机制

西北能源富集区现代农业的发展是综合性、系统性的发展过程。要从各个方面去协调、去推动，促进传统农业向现代农业转变的有利条件的产生，为现代农业发展创造良好的外部环境和发展基础。基于此，应从组织保障、社会化服务体系、生态文明建设等多方面入手，为现代农业的发展创造有利的诱导条件，从而保证西北能源富集区现代农业得到长足发展。

6.1　构建现代农业发展的组织保障机制

农业产业化进程中，推广农产品品牌和提高农业生产标准，进而利用能源富集区的资金、人才、技术等优势，实现农业"走出去"战略，实现农业企业壮大和升级转型，从而构造一个融入现代经济圈的现代农业，这些必须依赖于一个符合现代农业经济发展规律的现代农业组织的良性运行。在现代农业发展实践中，实现农业组织的升级创新具有十分重要的地位和作用。从农业产前、产中、产后全过程看，每个阶段都有不同形式的组织介入，因此农业组织创新也应从农业生产组织、流通组织及科技推广组织等三方面推进。

6.1.1　改善农业组织创新外部政策环境

农业组织的制度环境改善，能提高组织创新的收益。制度模式的变革动机就是获得制度收益和规模收益，从一般农户经营、"农户＋经纪人＋市场"、"农户＋龙头公司"到"农户＋合作社＋龙头公司"、"农户＋合作社＋销售终端"等产销一体化组织，无一不说明了这种短暂合作或者战略联盟或者长期合作，建立的基础都是一定的规模经济能够带来的制度收益，而这些才是组织创新的根本动力所在。关于农业组织创新的外部环境，可以归结为以下几点。

6.1.1.1　构建土地利用保障模式

稳定农村土地承包关系并保持长久不变，在坚持和完善最严格的耕地保护制度前提下，赋予农民对承包地占有、使用、收益、流转及承包经营权抵押、担保权能，允许农民以承包经营权入股发展农业产业化经营。具体来说，在土地规模总量和建设用地规模既定的前提下，通过农村产权制度改革、优化土地利用模式，对农村土地承包经营权、建设用地流转权以及农村集体经济组织产权三方面分别实施以土地银行、土地增减挂钩和社区股份合作制为核心的产权制度改革，从而实现土地资源配置的优化和土地整体价值的提升，这是平衡现代农业发展过程中各方利益的内在要求，也是支付改革成本的直接来源。

（1）建立健全土地流转引导机制产业规划是区域发展的核心，应充分发挥规划的引导作用。区域规划应当同地区未来整体发展规划相融合，结合土地利用规划、城市规划和区域产业比较优势，科学制定地区的产业规划，为壮大产业支撑奠定基础。一方面，在总体规划的基础上，配套基础设施建设等各类专项规划，形成城乡产业互补、空间布局合理、建设用地和生态用地相得益彰、现代城市和现代农村和谐相融、历史文化和现代文明交相辉映的新型城乡形态。另一方面，科学设计规划条件，避免重复建设和低水平建设，因地制宜促进产业聚集和土地的集约利用，利用有限的土地资源获得最大化的综合价值。

此外，积极发挥用地指标的引导作用。一方面，根据地区土地利用规划，将建设用地指标规划期总量和年度控制量分配到下一级行政区域，实行总量控制。另一方面，在耕地面积总体数量不减少、质量不降低的前提下，鼓励进行土地综合整理，通过土地综合整理腾挪出来的建设用地指标，可在总量控制范围内，在更大区域范围内流转，使指标出让方得到补偿收益，受让方得到级差收益，提高土地整体利用价值。同时，重视信息传递引导作用的发挥。应依托信息化手段，建立健全土地地籍和土地信息动态管理制度，实现土地流转、使用信息传递透明、及时，促进同类土地利用的市场化和流动合理化。

（2）建立健全用地评估机制。根据建设用地、承包地所处的区位及用途，实行农村地价分等评级，并确定其流转的基准价格和使用权抵押贷款的参考价格。土地价格经评估核价后方可纳入增减挂钩范围。对明显低于评估价值的土地使用权，实行政府评估价购买政策，以此保持土地使用权流转价格的相对合理性。同时，应制定节地评估标准，在土地整理规划和建设用地审批环节，增加规划或项目建设用地节地评估报批程序，由项目业主提出申请，由国土部门、规划部门和行业主管部门进行联合评估，达不到评估标准的不予批准，以提高土地利用效益。

（3）构建土地流转的金融支持模式。金融制度对于农村经济发展十分重要，农民获取财产性收益、筹集农村发展资金支持离不开金融的改革和创新。现代农村金融制度的目标为创新农村金融体制，放宽农村金融准入政策，加快建立商业性金融、合作性金融、政策性金融相结合的资本充足、功能健全、服务完善、运行安全的农村金融体系。

首先，整合资源争取融资支持。通过产业规划、基础设施建设规划和项目规划，发挥市场配置资源的基础性作用，整合政府可控土地资源、引导农村集体经济组织整合建设用地资源，吸引更多社会资金和金融支持。其次，银政合作加强"融智"合作。立足整个经济发展全局加强银政合作，政府为银行业务发展创造良好的经营环境，银行发挥专业优势为地方经济发展出谋划策，由融资合作向"融智"合作转移，在防范政府融资风险和区域融资风险的前提下，寻求最大化金融支持。最后，搭建平台放大小额贷款。通过地方政府提供贷款担保或贷款贴息等方式，加强同金融机构的合作，放大小额贷款信贷规模，为农业产业化企业、农村集体股份合作社和农民创业提供更多金融支持。

6.1.1.2　完善专业合作社的相关优惠政策

探索出台农民专业合作社财务会计制度、税收优惠政策、信贷支持政策等配套法规。积极争取进一步扩大财政扶持资金规模，探索财政扶持农民专业合作社发展的重点环节、具体途径、项目和资金管理办法；以农业项目为载体，发挥合作社主体作用，提高农业财政资金使用效率。加强协调沟通，积极主动配合有关部门，共同研究制定和完善建设项目、农业保险、用地、用电、绿色通道、自营进出口以及人才支持等相关政策措施，并推动落实到位。

6.1.1.3　健全的政策性农业保险制度

农业保险能够降低农业生产流通中不确定性因素带来的损失，这为农业产业化合作组织创新提供了稳定的收益预期，有利于推进产销一体化发展。坚持以农民增收、农业增产、农村繁荣为指导思想，以提升农业创新性和农民创业激情为目标，以保护农户灾后恢复生产能力为出发点，以保大灾、保大户、保主要品种为重点，以"共保经营"为主要方式，坚持政府推动、农户自愿、市场运作的机制，逐步扩大参保品种、参保对象和保险责任范围，进一步完善政策性农业保险制度，构建广覆盖、多层次、可持续的政策性农业保险体系，不断增强农业抗风险能力。加强互助合作保险与农业合作组织的有机结合，继续探索开展奶牛良种、白绒山羊良种、生猪、羊子以及小杂粮等互助合作保险。

6.1.2　强化农业组织载体驱动效应

无论何种产业组织链条，都有带动产业联动的组织载体，不同的产业链条由不同的组织载体发挥作用。根据当地实际情况，驱动农业产业链条不断演进的主要载体是农业大户、龙头公司、专业合作社和专业市场。

（1）重视对农业大户的政策支持。重视发挥农业企业家资源在农业组织变革中的引领作用。积极通过良种补贴、财政贴息、农民培训等多种方式，切实改善农民创业条件。鼓励市场诱致型组织演变主体引领农业组织变革潮流，基于当地农业生产现状，现阶段重点发展农业合作组织。大力开展合作社负责人、农民技师、农业实用技术普及等培训活动。

（2）逐步加大对农业龙头企业的支持力度。鼓励和引导工商资本到农村发展适合企业化经营的现代种养业，向农业输入现代生产要素和经营模式。龙头公司作为农业产业化中的中坚力量，拥有雄厚的资本、较强的生产经营能力、自有品牌及流通渠道，能够提高农产品附加值，提升农业竞争力，改善农业组织的运行效率。要大力培育和发展有品牌、上规模、联基地、带农户的加工型农业龙头企业。对龙头公司，区财政可以给予一定财政贴息，并积极打造农产品连锁经营模式。

（3）规范农民专业合作社运作机制。要从提高农民专业合作社效率的角度鼓励农村合作经济，扶持发展规模化、专业化、现代化经营。合作社在整个产业链中是代表农民利益的组织，加强合作社的力量，提高合作社在产业链当中的地位，从而通过合作社整合产业组织资源，为农民争取更多利益。一些运作效率高的合作社，可以尝试塑造自有品牌，从事农产品深加工，提高农产品物流的冷链化率，甚至通过后向一体化，从而推动组织演变。如"合作社＋大型超市"，就值得借鉴。规范合作社运行，主要可以从合作社股权安排和治理结构上不断创新，从而实现利益分配推动股权结构和治理结构向共赢方向发展。

（4）加快专业市场建设。大力增强涉农产业的经济活力，推动专业市场的建设进度。专业市场的优势可以总结为三点：一是规模化经营。各村涉农市场突出规模化经营的特点，所销售的同种产品具有规格齐全、货源充裕、产品质量好、价格优惠等鲜明特色，这些优势是国内或附近区其他同类型市场或综合市场所不能匹敌的。二是产销结合。涉农行业主体是农民，农民占绝大多数，是涉农专业市场的主力。农民从种植、养殖业分离出来，转化富余劳动力，多数是从事商品加工生产或农副产品加工销售。专业市场是销售与生产直接结合在一起，既是销售市场，又是生产基地，生产、销售有着明确的社会分工，而又通过市场机制纽带紧密联结在一起，互为作用，彼兴此盛，共同协调发展，也可把产销结合的专业市场称为产销基地。专业市场增强了农产品市场信息时效性，从而使涉农市场产销充分结合，加快实现农产品的经济价值。三是同区企业相互推进。专业市场从某种意义上讲，可谓区域经济，推销当地乡镇企业产品，尽快实现产品、商品价值的交换稳定模式。专业市场可以同企业联合起来，由一次性买卖关系，结成较稳定的联合体，使综合优势进一步发挥。专业市场的建立有助于增强当地涉农产业的经济活力，稳步推进产销一体化进程，带动涉农产业快速、稳步发展。

6.1.3 加大农业基础设施投入力度

政府要增加财政投入，整合引导农业综合开发、产业化经营、农业科技研究与推广、农田水利建设、农民培训等方面的扶持政策向主导产业倾斜。

首先，重点加强特色优势产业示范基地、农田水利、林区作业道路、动植物重大疫病防控体系等基础设施建设，特别对制约产业发展的"瓶颈"和"短腿"基础设施，要加大建设力度。

其次，深入实施农机化推广工程，改善农机装备结构，加快农机技术高新化、农机服务产业化、农机监理规范化进程。进一步加大投入力度，逐步将适用于优势产业关键生产环节的农业机械纳入购机贴息（补贴）范围，支持、引导农民购置和使用先进适用的农机产品。支持重大农机科技攻关，着力解决机械作业"瓶颈"，提高优势主导产业机械化应用水平。

再次，应创造良好的土壤条件，为农作物的生长、发育、繁殖营造一个水、肥、气、热相互配合、相互协调的土壤环境，提高土壤的生产能力；另一方面为现代技术的实施和应用提供良好的外部条件。

最后，大力发展节水灌溉和集雨灌溉、修建田间道路和乡村公路，这是各种农机农具进入田间耕作和收获农副产品的重要保证。通过农业基础设施建设，改善农业生产流通的硬件环境，降低农业生产、加工、流通、销售各个环节的成本，推进组织创新。

6.1.4　加强对特色农产品交易及仓储市场支持力度

为了保证特色农产品交易市场的顺利构建，应从以下几方面加强工作。

（1）应多措并举加强农产品市场监管。一是建立农产品经营主体教育培训制度，提高农产品经营主体的质量安全意识和职业道德素质。二是建立农产品及农业投入品购销台账等备案建档制度，对农业投入品的名称、生产日期、保质期、生产企业、产品登记证号或者产品批准文号、采购日期、采购来源、采购数量以及销售时间、对象、数量等建立详细的数据库。三是建立农产品市场准入制度，农产品经营者在进行销售前，需持供货单位的营业执照、生产许可证、产品质量检验证等相关证明文件到工商部门报验备案。四是推行市场巡查和网格化监管。各级工商部门对农产品市场内的生产、销售企业实行全面巡查制，加大巡查频率，增加巡查次数。五是集中开展季节性、节日市场农产品专项执法检查，切实保障农产品质量。六是加大对农产品违法经营行为的查处力度。对违法经营主体及不合格农产品予以坚决查处，对典型案例予以曝光，涉嫌犯罪的依法移送司法机关处理。七是建立公开评议监督制度，畅通举报投诉渠道，着力强化农产品消费主体参与监管的主动性和积极性。

（2）加快农产品市场硬件和信息网络体系建设。一是加强农产品加工、储藏、保鲜、运输等流通环节的基础设施建设，改善仓储设施，推广保鲜技术和加工技术，提高农产品的分级、包装、保鲜和贮运水平，在市场内建立农产品的农药残留检验和农产品质量检测中心。二是由政府部门建立权威性的农产品市场信息网络，对相关部门农产品信息统计和发布环节进行整合，形成统一的信息采集、整理和发布渠道，把包括现货、期货市场在内的各种农业信息迅速传递给千家万户，积极引导农民获取农产品现货与期货两个市场的信息，形成期现一体化的信息服务体系，从而引导市场合理、有序运行，防止农产品价格大起大落，改变以往只是简单进行事后跟踪和调整的模式。

（3）规划和建设一批大型农产品批发市场。在发展现代农业的过程中，要充分发挥区位优势和农产品资源优势，高度重视大型农产品批发交易市场的规划和建设，以促进当地农业产业化的发展，打造绿色经济强区，积极引导和扶持企业投资兴建上规模、上档次、具有区域覆盖能力的大型农产品批发市场尤其是专业物流园区，为农产品市场进行现货交割打好基础。对此，当地政府应给予一定的扶持，包括必要的资金投入、税收政策扶持、土地使用支持等，创造农产品市场建设和运行的良好政策、经济环境。

而在公共仓储市场的构建过程中，必须要重视以下两方面的工作。

一方面，坚持以市场化机制为原则。应发展民间投资占主体、地方政府和中央政府占少数的股份制仓储。但同时还需注意，仓储物流业需要一段市场培育期，需要国家的政策支持，尤其是地方政府的重视和大力支持，因此建议驻地大型企业参与到农村仓储物流业发展过程中，凭借其专业性、独立性特点和资金实力为当地农村公共仓储市场的构建增添实力。最终形成以民间投资为主、大型企业积极参与、政府少量持股的运营结构和模式。

另一方面，针对仓储机构整体经营风险，需要设立担保基金制度。银行集资所成立的担保基金只在偶然事件发生的时候才会有支出，到基金的成熟阶段将成为银行的实有收益。仓库所有人（也是担保基金的所有人）将对使用该基金的每一笔业务收取费用，所以该项目的存续期间同时也是资金股本化的过程，银行的风险将越来越小。随着担保基金的增长，银行对潜在担保人依赖程度越来越低。担保基金能够满足仓库（有仓储许可证并通过检验）的资金需求，更能保护贷方避免因仓库许可证失效或没有通过检查等欺诈行为所产生的风险。

6.1.5 构建农业科技服务新平台

确立基层农技推广机构和农业科研单位两大主体地位，并充分发挥涉农组织对农技推广的重要作用，形成有当地特色的多元化农技推广新体系。为此，建议从以下三个方面着手。

　　首先，落实政府政策，加快推进基层农技推广体系改革。一是加快基层农技推广部门改革步伐；二是进一步创新推广机制，全面推进基层农技推广责任制度的建设；三是加快构建新型农技推广组织网络，加大农技推广力度；四是加大基层农技推广的财力保障。

　　其次，探索农业科研单位主体作用的有效实现形式。一是启动农业科研单位农技推广行动计划，初步构建起遍布全区的推广服务网络；二是继续选派科技特派员，参与、引导、辐射带动当地农业科研单位的农技推广工作不断深入；三是立足农业适用技术培训分中心，农业科研单位要承担起实施分类、分层次农技培训的职责，提升农民科技素质；四是鼓励农业科研人员直接参与一线农技推广工作。

　　再次，积极引导和支持当地涉农组织的健康发展。一是满足涉农组织技术需求，更好地发挥涉农组织的农技推广辐射作用；二是努力形成支持涉农组织发展的良好氛围。

　　最后，还要建立一个新型的宏观调控机制，做好以上几方面的统筹协调、组织协作工作。

6.2　构建现代农业发展的社会化服务体系

　　农业社会化服务体系是农业现代化的重要标志，也是实现农业现代化的重要支撑。加快构建新型农业社会服务体系，是一项重大战略任务。

　　建设覆盖全程、综合配套、便捷高效的社会化服务体系，是发展现代农业的必然要求。构建并完善现代农业发展的社会化服务体系的决策具有重要战略意义。在完善现代农业发展社会化服务体系的道路上，西北能源富集地区应首先完善政府主导的公共服务机制，不断优化政府职能。其次，巩固村集体经济的基础地位，完善农业服务功能。最后，加快农民专业合作组织的发展，提升其农业服务能力建设。

6.2.1　确立政府为主导的公共服务机制，优化政府职能

　　公共服务机制改革，旨在加强农业公共服务能力建设。改革相应的管理体制，并要提高相关人员素质，推广区域性农业技术，加强动植物疫病防控、农产品质量监管，并完善相应的公共服务设施；改革用人制度，要让有真才实学的人真正成为农民和农业企业的左膀右臂，将农民满意度纳入公共服务绩效评

估体系，设计合理的激励机制，将工作人员的业绩、职位挂钩，提高工作人员的岗位忠诚度和工作积极性。与此同时，完善分配制度，充分调动各方积极性，使公共服务体系能够真正为农民、农村发展、农业事业作出贡献。

应积极构建乡级农业社会化服务体系，在改革过程中要做到以下几点。

（1）增加基层农业服务机构的投入。理顺管理体制，加强县乡合作；规范乡镇农技推广机构的内部管理，精简机构，有条件的地区还可以按经济区域设立跨乡镇的农业推广区域站；科学界定职能，加强公益职能，放活经营职能。

（2）改革人才管理机制，建立科学的用人机制；加强人员培训，提高人员素质；提高农技推广人员的待遇，提高其工作积极性。

（3）转变推广理念，建立需求反馈机制，拓宽服务范围；创新服务手段和服务方式。

此外，要加强公共服务机构扮演的领导和"桥梁"作用，协调各部门之间的合作和沟通，在保证充足的专项资金的同时，充分发挥公共服务机构的公益性服务职能。尽量争取上级政府对当地农业技术的支持以及农业推广工作的专项补助，以保证各级财政支持真正落实到农技人员培训、公益性农业服务中。坚持在正确经验的基础上推进服务机制的创新，以扩大成熟模式为先导，重点打造现代农技咨询平台、农技推广责任制、村级综合服务站和农业科技"入户包村联户"制度等比较成熟的服务模式。在公共服务模式内部，着重推进制度和机制机构的创新调整，不断提高服务能力，以促进其与职能要求相得益彰。改革的宗旨，就是提高农业生产作业效率，不断满足广大农民高效、多产的生产劳动需要，使得公益性服务机构真正为农民解忧排难。

6.2.2 巩固村集体经济的基础地位，完善其农业服务功能

村级作为农业社会化服务的基本单位，在区域范围内起着直接引导和推广的作用。村级服务可以直接与农户面对面，避免了繁杂冗长的准备工作。其功能在于发挥基层服务组织的领导作用，与基层农户见面从而推广技术、引导农民享受到社会化服务带来的实惠，充分发挥其对农户和技术服务机构的连接作用。发展才是硬道理，利用有限资源无限扩大村集体经济服务能力，具体问题具体分析，发展集体经济，在确保集体资产保值的同时，大力推动其资产进一步增值。具体措施有以下几点。

（1）充分分析各地农村的农业环境，在比较优势理论的指导下，针对其优势准确定位村集体经济组织的功能职能，对症下药，利用比较优势发展其优势产业，增强服务实力。同时加强管理制度的改革，稳定资产，促进其可持续

发展。

（2）强化农村基层组织的构建，为农业社会化服务体系建设提供组织保障。首先，要切实对基层党组织进行良好配备。其次，通过农民的民主选举，将那些群众认可的，对农村工作有热情、有能力、责任心强的优秀人才选拔到基层领导岗位。再次，要对村干部进行定期培训，重点做好干部经营管理的技能培训、思想政治培训、政策法规培训，努力提升农村基层干部的整体素质。最后，以个性化的人文服务和政治关怀来鼓励基层干部。

（3）村集体经济组织的稳定发展及壮大离不开政府的财政支持，必须加强政府服务部门对村集体经济组织的扶持力度，尤其是资金投入、信贷贴息和税收减免等方面的扶持。财政能力好的地方政府应该给村级组织更多的财力支持。

（4）农村具有相对分散的地理环境特点，村与村及村内各小组相隔较远，单一的村集体经济服务站无法满足农户的发展需求，也缺乏便捷性，因此要增加村集体经济组织服务站点的建设。可以多个村联合建设，多点开花，打破各村各自为营的封闭保护主义，促进信息、技术的交流，也方便村民选取离自己较近的服务站点获取服务。

（5）村集体经济组织可以对农户进行调查，根据农户的需要建立特殊的服务小组，为有需要的农户提供产供销一体化服务。服务内容主要为：搞好以化肥、农药为主的农业生产资料供应与服务；为当地群众供应日常生活用品、建材、粮油、食品；搞好农机具的出租、维修等服务；提供信息和技术服务，指导农民配方施肥、科学用药；做好与农民的沟通工作，及时向上反映农民的意见并要求根据农户需求，提前调查摸底，及时组织货源和送货上门。

6.2.3 发挥龙头企业的骨干作用，健全其与农民利益的耦合机制

学习先进地区经验，必须进行农业产业化经营，以实现传统农业向现代农业的转型。在众多的农业市场主体中，具有较强管理能力、技术创新能力以及市场开发能力的龙头企业是发展现代农业的骨干。在转型阶段，农业现代化服务水平和农业产业化水平受到龙头企业发展状况的制约，因此，应做好以下五个方面的工作。

（1）充分发挥地区资源优势，生产高端产品，打造具有市场竞争力的品牌。规范市场管理，加强农产品品牌的包装与推广。在奶牛业、羊肉生产加工业等产业中发展一批龙头企业。

（2）要对龙头企业提供的农业社会化服务提供全面的支持，包括组织、机构、人员、资金等。

（3）农业产业化龙头企业应该享受到金融部门相应的政策优惠。尤其是在农业生产的旺季，农产品的收购和原料购买都需要大量的资金，此时，金融部门应该对龙头企业提供低息贷款和利率优惠，以此来帮助企业渡过流动资金断层的危机。

（4）龙头企业应努力提高员工的整体素质，对员工进行相关的职业培训，提高员工的职业技能和业务水平。农技推广人员等与农民直接接触的服务人员，更应该加强其业务水平。

（5）不断健全龙头企业和农民的耦合机制，保证企业与农户在责任、权利和利益上的一致性。在利益驱动的农业产业化经营和社会服务中，龙头企业会在种子供应、病虫防治、生产技术、农产品销售等方面对农户进行服务，以实现服务和利益共享，推进现代农业的发展。

6.2.4 加快农民专业合作组织的发展，提升其农业服务能力建设

农民专业合作组织是农民自愿参加的，以农户经营为基础，以某种农产品为纽带，以增加成员收入为目的，实行资金、技术、采购、生产、加工、销售等互助合作的经济组织，在农村农业服务体系中的基础地位不亚于村集体经济组织。农村经济发展基础薄弱，专业技术和科技人才较为匮乏，现代化的企业管理等更为缺乏，因此不能完全依靠农民专业合作组织的自身发展，政府应加大支持力度，拓宽扶持渠道，推动其快速健康发展。增加财政支出，增强其物质支撑水平和抵御风险能力；引导社会资本进入，多样化农民专业合作组织的融资渠道；加强农业市场信息的流通，促进农民专业合作组织对市场信息及时把握，抓住时机，增产丰收。

借鉴国外经验，发达国家的农民专业合作组织大多是农民集体参股的带有营利和服务性双重功能的服务组织。在村民自治的基础上，鼓励农民自由参股农民专业合作组织，在利益分配上对股东进行利益倾斜，保证其对农民专业合作组织的投入积极性和服务踊跃性。股份制的改革必然伴随着管理体制机制的规范化和组织化，加强内部的合理合法管理，建立健全民主决策制度。

促进农民专业合作组织向一体化方向发展，为农民提供综合性服务。要坚持丰富农业服务形式和内容，形成一条龙式的服务模式，把各种服务元素与农业联系起来，各个服务环节串联起来，市场与农户连接起来，综合发展，全面服务。十八届三中全会之后，伴随国家相关政策的出台，专业合作组织有望在财产权明晰的前提下进行联合和协作，发展成较大的区域性合作组织，最终把专业合作、金融合作、供销合作和农村社区合作有机结合起来，为农民提供多方面服务。

6.3 构建现代农业发展的生态文明建设保障机制

必须建立系统完整的生态文明制度体系，用制度保护生态环境。现代农业发展，不仅涉及种植业、畜牧业等，还包括农产品深加工等产业体系建设。这种广度与深度的全面建设，必然造成巨大的生态文明建设压力，作为国家整体生态文明建设的节点之一，西北能源富集区要探索并构建生态文明建设保障机制，确保经济与环境协调发展，人与自然和谐相处。具体来说，应注意四个方面的问题。

6.3.1 落实自然资源资产产权确权

生态环境保护最大的问题就是要解决怎么样把市场机制的模式导入到生态文明建设和环境保护中。解决这个问题的前提就是自然资源资产产权保护制度。自然资源资产产权制度能为生态保护找到责任主体，找到主体就找到了利益的动力，找到了利益就可以导入市场经济，通过利益的动力来推进生态环境保护建设。从自然资源的产权角度去界定自然资源的使用，规范相关企业在生产经营中对自然资源的占有，以及相关地方政府对自然资源的评估与利用，这就意味着相关使用资源的主体，无论是企业或者地方政府，都必须考虑到自然资源的产权效率，由此可实现使用主体在使用资源进行经济活动时的新测算、新方法，也就为新型资源经济发展的提速提供了可能。

首先要落实对区内水流、森林、山岭、草原、荒地、滩涂等自然生态空间的确权登记工作，明晰权属。然后结合现代农业发展目标，对区内自然生态空间的使用情况做出合理规划，根据划定的用途对自然生态空间进行管理，划定开发管制界限，严格保护生态脆弱区。由于规划时不能做到面面俱到，随着时间的发展，经济条件、自然条件、科技条件等都会发生一定的变化，所以在规划的过程中要注意留有余地，以便适时修正，实现对生态的最优保护。

6.3.2 制定生态文明建设技术标准体系

生态文明指标体系建设是生态文明从理论探讨进入实践操作的必要前提。生态文明建设指标体系决定着制度设计、政绩考核，影响着公众评判和舆论导向，所以需要针对经济社会发展与资源环境的关系建立生态文明指标体系，在意识层面上帮助人们理解生态文明的内涵,从而逐步提升当地社会公众和企事业团体生态环保认知水平,强化生态环保意识,在行为层面上为人们身体力行实践生态文明提供指南。

要在借鉴国家现有指标体系的基础上,结合当地具体情况,遵循目的性原则、科学性及可操作性原则、综合性与代表性相结合原则、定性与定量相结合原则、导向性与创造性相结合原则,以及区域性与特色性相结合原则。立足当地的区域特色,充分挖掘地方环境资源优势,将其转化为经济优势,提高经济效益,制定更加完善的综合性环境控制质量标准体系,作为生态治理和环境保护质量的衡量依据。

6.3.3 实行资源生态补偿

生态补偿机制是调整生态保护者和受益者、破坏者与受损害者之间利益关系的制度安排,这种制度安排能反映资源的稀缺性,促进资源的有偿使用,并能够体现资源的生态价值。从全国范围来看,生态补偿机制在生态文明建设中的作用可表现为:通过引导地方人民政府和市场主体自觉推进主体功能建设,保护重点生态功能区的生态环境;通过转移支付将资金转移到因为生态保护而贫困的地区,促进地区平衡发展;通过资源有偿使用制度促进资源节约,提高资源环境使用效率;通过退耕还林、退牧还草等生态补偿项目,恢复植被,控制水土流失。

在实行生态补偿时,首先要确保财政方面的配套支持,设立生态补偿资金专项账户,成立生态补偿专项基金,将中央政府转移支付的生态补偿资金、省级财政支付的生态补偿资金以及本级地方财政划拨的生态补偿资金等专项资金列入设立的生态补偿基金账户,实行专款专用;要明晰生态补偿主体,坚持使用资源付费和谁污染环境、谁破坏生态谁付费原则;积极参与构建地区间的横向生态补偿制度,尤其避免人为割裂生态系统整体性的跨地区管理模式所产生的弊端。

6.3.4 加强生态环境保护管理

要整合生态治理和环境保护等相关部门的职能,明确生态管理部门的关系,杜绝生态环境管理政出多门的问题。由于生态环境管理涉及经济社会多部门、多领域,职能健全的管理部门应该能够统筹区内水、土、气、森林、草原、矿产资源等各个环境资源要素,全面、系统、实际分析问题和做出决策,为了保障生态环境保护各项举措的顺利实施,需要赋予生态环境保护管理部门实际权力。管理部门要积极高效地响应上级政府对跨地区综合性环境事务的宏观调控，及时向社会公布相关法规政策以及生态环境保护规划，做好自然资源资产产权确权工作，及时监控环境资源情况并公布环境信息，结合国家政策，完善污染物排放许可制度以及生态文明建设技术标准体系，落实生态补偿。同时，要建立举报制度和听证制度，加强社会对生态文明建设的监督，进一步拓宽公众参与的范围和途径。更要加强执法力度，对造成生态环境损害的责任者严格实行赔偿制度，必要时要依法追究刑事责任。

第7章

展望

7.1 现代农业发展任重而道远

我国的现代农业的发展程度和发达国家的已经成熟的现代农业相比还有相当大的差距，从总体上看，仍然处于从传统农业向现代农业过渡的发展阶段。这主要体现在两个方面。

第一，农业现代化完成的标志是城乡二元经济结构的消失，农业部门的收益率和非农部门的收益率趋同。目前，城乡二元经济结构依然十分明显，农业的收益率远远地低于非农产业。

第二，现代农业中生产的主体是高素质的农民，科技含量高的现代农业生产要素必须和高素质的现代农民相匹配，才能最大限度地发挥生产效率，因此现代农业是人力资本不断深化的结果。目前我国的农业劳动力的整体素质还比较低，远达不到现代农业的需要。

因此，现代农业在我国的发展还任重而道远。目前的主要任务就是促进农业向现代农业的转型，逐步提高人力资本的发展水平，让各种现代农业生产要素匹配协调。

7.2 西北能源富集区现代农业展望

西北能源富集区现代农业发展的关键是要提高区域经济增长质量以及农村和农民的自身发展能力，以可持续发展为目标，促进西北能源富集区经济增长由数量型向质量型转变。通过产业转型、农村经济结构和农村社会运行方式的转型、农业产业组织的转型，以提高其发展能力。围绕经济增长质量和经济发展能力"做文章"，进一步培育西北能源富集区现代农业发展的新优势。基于榆阳区的调查，在未来的研究中，需要进一步思考以下问题。

第一，构建可持续发展的农业生态系统。西北能源富集区现代农业的发展是在生态红线和耕地红线的双重约束下进行的，其第一要务是保障西北的生态安全，如何通过现代农业布局，助力西北地区生态文明建设，同时达到"富民"的目标，是下一步研究的重点。

第二，促进二元经济结构转变。促进二元经济结构向一元经济结构的转化，缩小城乡之间的差距。现代农业的发展必须在二元经济结构改善及新的工农关系和城乡关系的基础上来实现。二元经济结构是制约现代农业发展以及城乡统筹发展的根本性障碍，在实现农村与城市协调发展的过程中，要把二元经济结构的转化作为一个重要抓手，加快城乡二元经济结构向一元经济结构的转型。

第三，提高发展能力。提高发展能力的关键是农民科技文化素质的提升，这是现代农业发展的核心内容。农民是现代农业发展的实施主体，现代农业发展过程中必须重视新型农民的培育，提高农村劳动者的综合素质。不仅要加强农村基础教育，提高农民的基本素质，更为重要的是要加强对农民的技术教育和培训，使农民掌握现代农业科学技术，提高劳动技能，这不仅是提高农业科技水平的需要，更是转移农村富余劳动力的需要。在农村技术培训中的培训费用应由农民付费转向公共财政统一提供，加大财政对农村技术培训和职业技术教育的投入，积极鼓励和支持社会力量采取多种形式办学，特别是兴办适应市场需要的职业技术教育和技术培训，提高农村劳动力的综合素质。

第四，完善制度机制设计。在西北能源富集区现代农业发展过程中，制度机制的设计是化解"国富"与"民穷"之间矛盾的根本保证。首先，需要建立工业反哺农业、城市支持农村和财政投入的新机制。工业化和城市化达到一定阶段以后，工业和城市反哺农业和农村会突破乡镇范围，实施的中心需要转到县级政府。政府实施反哺的主要途径是扩大公共财政在农村的覆盖面和增加农村公共产品的供给。现代农业的发展需要大量的投入，政府要充分发挥引导作用，扩大支农投入渠道，用财政资金引导社会加大对"三农"的投入力度，构建财政支农资金稳定增长机制。要整合农业和农村的各类项目和资金，捆绑使用，提高资金使用效率，集中力量办大事。要鼓励社会团体、企业和个人投资现代农业，引导信贷资金和民间资金，向新农村建设转移。资金投入是现代农业发展的重要保证，但现代农业并非单纯依靠资金就可以解决问题。其次，要建立健全农村民主管理的新机制。农村基层党组织是党在农村全部工作的基础。现代农业的发展必须充分发挥农村基层党组织的核心作用。要切实加强农村基层民主政治建设，进一步健全村民自治机制，完善一事一议和村务公开等制度，形成一套行之有效的现代农业发展和管理的新机制，保障农民依法行使自己的权利，积极参与到现代农业发展过程之中。各级领导对农村基层干部要从政治上严格要求、工作上大力支持、生活上热情关心，切实帮助他们提高带领群众建设社会主义新农村的能力，帮助他们解决工作和生活中的实际困难，支持鼓励他们创造性地开展工作。

西北能源富集区的现代农业发展还不够完善，和国内发达地区相比还存在着明显的差距，离严格意义上的现代农业还相距甚远。但西北能源富集区发展现代农业，不仅提供了能源富集区转型的新思路，同时提供了经济增长新的源泉。农业的完全现代化标志着城乡二元经济结构的结束。只有实现农业现代化，

才能真正地实现城乡发展一体化，才能真正地提高农民的收入水平，实现共同
富裕。

7.3　本研究的未来拓展

"一带一路"战略构想是经济新常态下中央提出的重大战略部署，这为丝绸
之路沿线地区的经济社会发展带来了重大利好，也为西北能源富集区现代农业
发展提供了新的机遇。生态文明建设及"绿色化"战略的提出对西北能源富集
区现代农业发展提出了更高的要求，三个产业联动模式也为西北能源富集区现
代农业发展提供了新的思路。在未来的研究中将结合上述情况，深入考虑西北
能源富集区的差异性，扩大研究区域，为该地区的现代农业发展提供更加符合
地方实情的发展规划，以期带动西北能源富集区经济发展转型和各项事业可持
续发展。

参考文献

（美）波金斯等：发展经济学（第六版），彭刚等译，北京：中国人民大学出版社，2013

（美）托达罗，史密斯：发展经济学，余向华、陈雪娟译，北京：机械工业出版社，2009

（日）速水佑次郎，神门善久：发展经济学（第三版），李周译，北京：社会科学文献出版社，2009

白蕴芳：中国特色现代农业发展的路径选择，《西安电子科技大学学报》（社会科学版）2009 年第 1 期

柏振忠：我国现代农业发展模式建设与完善的路径分析，《科学管理研究》2010 年第 10 期

蔡继明：土地私有化有利于农民利益房屋应有永久产权，http：//finance. ifeng. com/news/20110704/4222185. shtml（2012 - 07 - 13）

陈瑾：资源型省份与加工型省份经济增长比较——江西学习"浙江经验"为例，《企业经济》2007 年第 12 期

陈冬梅等：关于土地流转问题的国内外现状分析，《企业导报》2011 年第 7 期

陈泉江：我国发展现代农业的制约因素及对策，《新疆农垦经济》2010 年第 2 期

陈书荣：不求所有但求所用——从英国土地产权制度看我国土地产权制度改革方向，《南方国土资源》2003 年第 12 期

陈宗胜，陈胜：中国农业市场化进程测度，《河北学刊》1999 年第 2 期

党国英：当前中国农村土地制度改革的现状与问题，华中师范大学学报（人文社会科学版）2005 年第 7 期

邓启明，胡剑锋，黄祖辉：财政支农机制创新与现代农业转型升

级——基于浙江现代高效生态农业建设的理论分析与实践探索，《福建论坛》（人文社会科学版）2011 年第 7 期

丁文喜：现代农业与可持续发展的生态农业，《中国农学通报》2010 年第 15 期

邓启明：基于循环经济的浙江现代农业研究：高效生态农业的机理、模式选择与政府管理，杭州：浙江大学博士学位论文，2007 年

都沁军：城市化水平评价的指标体系研究，《统计与决策》2001 年第 3 期

樊涛：转型期资源型城市空间结构重构研究，西安：西北大学硕士学位论文，2011 年

费孝通：费孝通论小城镇建设，北京：群言出版社，2000 年

高波：陕北资源富集地区经济发展的金融支持研究，杨凌：西北农林科技大学博士论文，2008 年

高丽敏：资源型城市循环经济发展的可持续性研究——以甘肃省嘉峪关市为例，北京：经济日报出版社，2009 年

高谋洲：新兴能矿资源富集区城镇化：问题与对策，《生产力研究》2009 年第 5 期

高谋洲，董田春，王玲：试论陕西能源矿产资源富集区的城镇化策略，《煤炭经济研究》2008 年第 1 期

高岩辉：陕北资源富集地区农村劳动力转移研究，西安：西北大学硕士学位论文，2009 年

高岩辉，刘科伟，赵西君：从陕北地区面临的问题看资源富集区可持续发展，《干旱区资源与环境》2008 年第 4 期

郭晓鸣，廖祖君，张鸣鸣：现代农业循环经济发展的基本态势及对策建议，《农业经济问题》2011 年第 12 期

郭新力：中国农地产权制度研究，武汉：华中农业大学博士学位论文，2007 年

韩雷，刘长庚：以产权制度创新实现农村经济内源性成长，《华东经济管理》2013 年第 3 期

韩亚芬，孙根年，李琦：资源经济贡献与发展诅咒的互逆关系研究——中国 31 个省区能源开发利用与经济增长关系的实证分析，《资源科学》2007 第 11 期

胡礼梅：国内资源型城市转型研究综述，《资源与产业》2011 第 6 期

华彦玲，施国庆，刘爱文：发达国家土地流转概况，《新农村》2007 年第 2 期

华彦玲，施国庆，刘爱文：国外农地流转理论与实践研究综述，《世界农业》2006 第 9 期

黄明玉，陈炳刚，张继晴：设施栽培在现代农业发展中的作用与对策，《现代农业科技》2007 年第 22 期

黄祖辉，林本喜：基于资源利用效率的现代农业评价体系研究——兼论浙江高效生态现代农业评价指标构建，《农业经济问题》2009 年第 11 期

江晶：国家现代农业示范区运行机制与发展模式研究，北京：中国农业科学院博士学位论文，2013 年

蒋和平：中国特色农业现代化应走什么道路，《经济学家》2009 年第 10 期

蒋和平，宋莉莉：巴西现代农业建设模式及其借鉴和启示，《科技与经济》2007 年第 4 期

蒋远胜，邓良基，文心田：四川丘陵地区循环经济型现代农业科技集成与示范——模式选择、技术集成与机制创新，《四川农业大学学报》2009 年第 2 期

金海，刘建军：当前农地流转中存在的主要问题及成因分析——以潍坊市为例，《理论学刊》2005 年第 1 期

康绍忠，蔡焕杰，冯绍元：现代农业与生态节水的技术创新与未来研究重点，《农业工程学报》2004 年第 1 期

康绍忠等：现代农业与生态节水的理论创新及研究重点，《水利学报》2004 年第 12 期

雷玲：西部地区现代农业发展评价研究，杨凌：西北农林科技大学博士学位论文，2012 年

雷震宇，李布青，周婷婷：能源农业与现代农业发展研究，《安徽农业科学》2011 年第 3 期

黎海波：美国农业机械化的特征，《现代农业装备》2006 年第 5 期

李栋华：中国省际经济发展的"资源诅咒"——基于 Malmquist 和面板数据的分析，《暨南大学学报》（哲学社会科学版）2010 年第 1 期

李晖：现代农业循环经济发展的基本取向及对策，《农村经济》2006 年第 10 期

李琳：发展能源农业是加快现代农业建设的重大举措，《中国农村小康科技》2007 年第 6 期

李树明，徐卫涛：我国现代农业发展水平测度及其制约因素研究，《求索》2010 年第 7 期

李天籽：自然资源丰裕度对中国地区经济增长的影响及其传导机制研究，《经济科学》2007 年第 6 期

李同升，罗雅丽：城乡一体化视角下的村镇建设思考，《经济研究参考》2005 年第 70 期

李万才：设施农业在现代农业中的作用与发展//中国农业机械学会：走中国特色农业机械化道路——中国农业机械学会 2008 年学术年会论文集（下册），2008 年

李滋睿，屈冬玉：现代农业发展模式与政策需求分析，《农业经济问题》2007 第 9 期

梁娜，陈前恒，孙庆莉：中国西北地区现代农业建设中新型农民教育培训研究——基于陕西、甘肃和宁夏的调查，《中国农学通报》2007 年第 10 期

梁增灵：我国现代农业发展的现状、制约因素与对策研究，《种业导刊》2008 年第 6 期

林炳华：我国现代农业集约发展的特点与金融供给支持体系的构建，《农业现代化研究》2010 年第 6 期

林毅夫：农村现代化与城市发展，《领导决策信息》2001 年第 9 期

刘剑平：我国资源型城市转型与可持续发展研究，长沙：中南大学博士学位论文，2007 年

刘荣章等：特色农业视角下福建现代农业发展路径研究，《农业现代化研究》2012 年第 5 期

刘通：都市圈视角下的资源型城市协调发展评价研究，武汉：中国地质大学硕士学位论文，2011 年

刘通，王青云：我国西部资源富集地区资源开发面临的三大问题——以陕西省榆林市为例，《经济研究参考》2006 年第 25 期

刘易斯：城市发展史起源、演变与前景，北京：中国建筑工业出版社，1989 年

栾敬东：加强农业基础设施投资，推进现代农业建设//李增贤，姚佐文：现代农业理论与实践——安徽现代农业博士科技论坛论文集，合肥：安徽人民出版社，2007 年

马延安，苗淼：发展现代农业进程中的金融问题研究，《当代经济研究》2013 年第 12 期

苗泽伟：我国现代农业发展趋势与生态农业建设，《农业现代化研究》2000 年第 3 期

聂纯：毕节煤炭资源富集地区的反贫困问题研究，贵州：贵州师范大学硕士论文，2009 年

牛菲，寸允：资源型城市可持续发展系统评价方法分析，《科学与管理》2007 年第 6 期

农业部农村社会事业发展中心特色新农村建设课题组：依托技术设施发展现代农业扎实推进民族地区特色新农村建设，《农民日报》（2012 - 07 - 20）

潘竟虎，冯翠芹，杜怀玉：干旱区资源型城市可持续发展研究——以嘉峪关市为例，《干旱区研究》2007 年第 5 期

彭介林：资源型城市转型的战略构想，《宏观经济管理》2005 年第 8 期

彭敬东，汪金敖：夯实农业基础设施推进现代农业建设，《农业现代化研究》2009 年第 1 期

齐城：中国特色现代农业发展的政策需求与供给研究，《郑州大学学报》（哲学社会科学版），2009 年第 4 期

任保平：西部资源富集区新农村建设的观察与思考，《西北大学学报》（哲学社会科学版），2007 年第 3 期

陕西省统计局，国家统计局陕西调查总队：陕西统计年鉴 2013，北京：中国统计出版社，2013 年

沈志勇：农业产业纵向一体化：整合产业链，《经营管理》2013 年第 9 期

盛瑞：工业化背景下资源富集地区农村产业结构调整和模式研究，《西部金融》2013 年第 10 期

时泽远等：以色列农业成功之路——高效实用的农业科技推广体系，《中国农技推广》1998 年第 4 期

史延杰：资源型城市发展规划——以黑龙江省鸡西市为例，《当代经济》2010 年 10 月（下）

舒尔茨：改造传统农业，梁小民译，北京：商务印书馆，1987 年

孙雅辉：日本的农地流转制度及其对我国的启示，《北方经贸》2007 年第 11 期

唐偲嘉：浙江省现代农业园区基础设施管护机制研究，杭州：浙江农林大学硕士学位论文，2013 年

唐晓颖：特色金融服务"贷"动现代农业，《德州日报》（2013 - 09 - 03）

王锋正，郭小川，李海燕：资源富集地区新型工业化面临的挑战及对策研究——以内蒙古自治区为例，《工业技术经济》2009 年第 3 期

王国敏，罗静：西部地区发展现代农业的困境与对策研究，《农村经济》2007 年第 12 期

王景新：中国农村土地制度的世纪变革，北京：中国经济出版社，2001 年

王景新，李长江，曹荣庆：明日中国：走向城乡一体化，北京：中国经济出版社，2005 年

王克强，王洪卫，刘红梅：土地经济学，上海：上海财经大学出版社，2005 年

王蕾，张红丽：农村土地产权制度创新，《农业经济》2013 年第 8 期

王闰平，陈凯：资源富集地区经济贫困的成因与对策研究——以山西省为例，《资源科学》2006 年第 4 期

王为农：我国种植业结构优化升级的思路对策，《宏观经济管理》2008 年第 6 期

王迅：关于传统农业向现代农业转变的思考，《丽水师范专科学校学报》2003 年第 6 期

魏国汶等：保护农业知识产权促进现代农业发展，《江西农业大学学报》（社会科学版）2007 年第 3 期

魏海滨，杨爽：金融服务现代农业的国际经验借鉴及启示，《农村经济》2008 年第 2 期

翁伯琦：发展农业循环经济与推动现代农业建设，《福建论坛》（人文社会科学版）2008 年第 4 期

吴冠岑：可持续发展理念下的资源型城市转型评价体系，《资源开发与市场》2007 年第 1 期

席群：资源富集区的资源开发战略转变，《生产力研究》2009 年第 6 期

项仁学：现代农业的三种成功模式，《农村经济与科技》2007 年年第 5 期

谢森中：台湾农业发展的经验：循序策略与整合做法，《中国农村经济》1998 年第 1 期

熊红芳，邓小红：美国日本农地流转制度对我国的启示，《农业经济》2004 年第 11 期

徐雄佐：陕西华阴农场发展现代农业策略及路径研究，杨凌：西北农林科技大学硕士学位论文，2012 年

严杰：西部欠发达地区发展现代农业的地方政府角色及职能研究，贵阳：贵州大学硕士学位论文，2009 年

杨立平：现代农业园区知识产权战略研究——以上海金山现代农业园区为例，南京：南京农业大学硕士学位论文，2011 年

杨万江：工业化城市化进程中的农业农村发展，北京：科学出版社，2009 年

杨亦民，叶明欢：现代农业经营主体培育的金融支持研究，《湖南社会科学》2013 年第 6 期

杨志强，江洪：台湾土地改革政策对推动农业转型发展的作用及启示，《中国经贸导刊农村经济》2013 年

姚朋：日本战后农地改革及其对现代化的重大影响，《南京社会科学》2004 年第 5 期

叶慧敏，李明贤：基础设施建设推动洞庭湖区现代农业发展研究，《湖南行政学院学报》2012 年第 4 期

叶剑平，蒋妍，丰雷：中国农村土地流转市场的调查研究，《中国农村观察》2006 年第 4 期

榆林市环保局榆阳分局：农村环保工作情况汇报（内部资料），2012 年

榆林市榆阳区畜牧兽医局：2012 年榆阳区畜牧业主要工作进展情况（内部资料），2012 年

榆林市榆阳区发展改革局：榆林市榆阳区国民经济和社会发展第十二个五年规划纲要（内部资料），2012 年

榆林市榆阳区人民政府办公室：现代特色农业建设发展情况专题材料（内部资料），

2012 年

榆林市榆阳区人民政府办公室：榆阳区情概况（内部资料），2012 年

榆阳区扶贫开发办：关于我区产业开发工作情况的汇报（内部资料），2012 年

榆阳区文体事业局：着力加强基层文化建设夯实文化强区基础（内部资料），2012 年

张纯：陕西农业信息服务体系建设现状分析与对策研究，杨凌：西北农林科技大学硕士学位论文，2012 年

张贡生，李伯德：驳资源诅咒论，《经济问题》2010 年第 3 期

张红宇：中国农村的土地制度变迁，北京：中国农业出版社，2002 年

张亮亮：自然资源富集与经济增长——一个基于"资源诅咒"命题的研究综述，《南方经济》2009 年第 6 期

张楠：基于循环利用模式的现代农业园规划设计研究——以红窑农业示范园为例，南京：南京农业大学硕士学位论文，2012 年

张培刚，张建华：发展经济学（第三版），北京大学出版社，2009 年

张汝安：发展循环农业建设特色现代农业//山东省委农村工作领导小组办公室，等：现代农业创新与发展——中日现代农业创新论坛论文集，济南：山东人民出版社，2008 年

张淑敏，刘辉：山东省区域城乡一体化的定量分析与研究，《山东师范大学学报》（自然科学版）2004 年第 3 期

张雄：西部资源富集地区发展生态经济的思考——以陕西省榆林市为例，《水土保持通报》2008 年第 4 期

张秀生，陈先勇：论中国资源型城市产业发展的现状困境与对策，《经济评论》2001 年第 6 期

张耀军：资源型城市避免资源诅咒的根本在于人力资源开发，《资源与产业》2006 年第 6 期

张以诚，赵海云：中国矿城：历史、现状、未来，《国土资源》2003 年第 9 期，第 16～17 页

郑永红等：煤矿复垦区土壤重金属含量时空分布及富集特征研究，《煤炭学报》2013 年第 8 期

智敏：陕西现代农业发展问题研究，《西安财经学院学报》2010 年第 6 期

中共榆林市委政策研究室：谋划科学发展建设幸福榆林——2012 年榆林市市级领导调研报告汇编（内部资料），2012 年

中共榆林市委政策研究室：深入调查研究服务科学决策——2011 年度榆林市党政领导干部优秀调研成果汇编（内部资料），2012 年

中共榆林市榆阳区委：扭住关键重点突破奋力开创转型跨越发展新局面（内部资料），2012 年

中共榆林市榆阳区委农村工作部：榆阳区千名干部下基层调研活动优秀调研报告汇编（内部资料），2011 年

中共榆林市榆阳区委农工部，榆林市榆阳区农业局：农村土地承包经营权流转工作手册（内部资料），2011 年

中共榆林市榆阳区委农工部：农工部 2012 年农村工作小结（内部资料），2012 年

中共榆林市榆阳区委农工部：榆阳区新农村建设现状与对策分析（内部资料），2012 年

中共榆林市榆阳区委农业部：榆阳农业（内部资料），2012 年

中共榆林市榆阳区委农业部：榆阳区农业局"十二五"农业发展规划（2011～2015 年）（内部资料），2012 年

中国土地权利研究课题组．中国土地权利研究报告（内部资料），2007 年，转引自杨一介：中国农地权基本问题——中国集体农地权利体系的形成与扩展，北京：中国海关出版社，2003 年

钟甫宁：农业经济学（第五版），北京：中国农业出版社，2011 年

周克全：关于西部现代农业和农民增收问题的思考，《国家行政学院学报》2008 年第2 期

周敏，陈浩：资源型城市的空间模式、问题与规划对策初探，《现代城市研究》2011 年第 7 期

周亚雄，王必达：我国西部欠发达地区资源依赖型经济的资源诅咒分析——以甘肃省为例，《干旱区资源与环境》2011 年第 1 期

周应堂等：中国土地零碎化问题研究，《中国土地科学》2008 年第 11 期

朱怡，杨新海：借鉴英国经验完善中国土地产权流转，《国家城市规划》2007 年第 22 期

朱再昱，陈美球，曹建华：鄱阳湖生态经济区发展现代农业的 SWOT 分析及空间布局研究，《价格月刊》2009 年第 6 期

朱钟麟：我国与美国和以色列农业发展的比较与思考，《中国农学通报》1998 年第 1 期

Anzhou Li. 2011. Investigation on the Regional Branding Mode of Modern Agriculture in Guanzhong-Tianshui Economic Zone—From the Perspective of Country-of-origin Image, Asian Agricultural Research，4：54～57、62

Arezki. 2007. Can the Natural Resource Curse be Turned into a Blessing? IMF Working Paper

Aunty R. M. 1993. Sustaining Development in Mineral Economies：the Resource Curse Thesis，London：Routledge

Bailin Zhang. 2011. Problems and Countermeasures for the Development of Modern Agriculture in Henan Province，China，Asian Agricultural Research，2：12～15

Chongyang Shen，et al. 2012. Dynamic changes of gravity fields before and after the 2008 Wenchuan earthquake（Ms8.0），Geodesy and Geodynamics，3：1～16

Chongyang Shen，et al. 2012. Temporal gravity changes before the 2008 Yutian Ms7. 3 earthquake，Geodesy and Geodynamics，1：19～26

DavisG. A. 1995. Learning to Love the Dutch Disease：Evidence from the Mineral Economies，World Development，10：1765～1779

Dazhao Song，et al. 2012. Rock burst prevention based on dissipative structure theory，International Journal of Mining Science and Technology，2：159～163

Drelichman M. 2005. The Curse of Moctezuma：American Silver and the Dutch Disease，Explorations in Economic History，42：349～380

Eric Neumayer. 2004. Does the "Resource Curse" hold for Growth in Genuine Income as Well? World Development，10：1627～1640

Feng Jiao. 2013. Modern Agriculture Guarantees Food Safety, China Today, 4: 33~35

Fengyun Zhang. 2011. The Basic Path of Modern Agriculture with Chinese Characteristics-Industry Nurturing Agriculture, Asian Agricultural Research, 7: 1~4、9

Geoff Ricks. 2003. Practical aspects of sustainable mineral development, Applied Earth Science

Gylfason Goega. 2006. Natural Resources, Economic Growth: The Role of Investment, The World Economy

Hong Zhu. 2011. Land Transfers Support Modern Agriculture in Xiaogang Village, China Today, 9: 47~49

Hongnan Li, et al. 2009. Evaluation of earthquake-induced structural damages by wavelet transform, Progress in Natural Science, 4: 461~470

Jia Cheng. 2009. Influence of 2008 Wenchuan earthquake on earthquake occurrence trend of active faults in Sichuan-Yunnan region, Earthquake Science, 5: 459~469

Jing Qin, Guoxing Sun, Jin Li. 2013. The Ecological Service Function Development of Urban Modern Agriculture in Tianjin City and Corresponding Countermeasures. Asian Agricultural Research, 3: 26~29

JingXiu Wang, HaiSheng Ji. 2013. Recent advances in solar storm studies in China, Science China (Earth Sciences), 7: 1091~1117

Jiwen Yin. 2008. Land System Adjustment in Process of Developing Modern Agriculture, Journal of Northeast Agricultural University (English Edition), 3: 86~89

Jun Shen, YingzhenLi, YipengWang. 2005. Characteristics of Energy Accumulation and Release of Seismogenic Tectonics and Seismic Risk Analysis in Some Areas in the Tianshan Mountains, Xinjiang, Earthquake Research in China, 1: 4~14

Mehlum Torvik. 2006. Institutions and the Resource Curse, Journal of Economics, 11: 45

Meifeng Cai, Hua Peng. 2011. Advance of in-situ stress measurement in China, Journal of Rock Mechanics and Geotechnical Engineering, 4: 373~384

Mikesell. 1997. Explaining the Resource Curse with Special Reference to Mineral Exporting Countries, Review of Economics, 8: 39~43

Ming Ying. 2012. Modulation of land-sea thermal contrast on the energy source and sink of tropical cyclone activity and its annual cycle, Science China (Earth Sciences), 11: 1855~1871

Mingzhi Yang, Heqing Ma. 2012. Variation of the Energy Field of Longmenshan Fault Zone before the Wenchuan Ms 8.0 Earthquake, Earthquake Research in China, 3: 355~364

Papyrakis E, Gerlagh R. 2006. Resource Abundance and Economic Growth in the United States, European Economic Review, 4: 253~282

Papyrakis, Elissaios, Reyer Gerlagh. 2004. The Resource Curse Hypothesis and its Transmission Channels, Journal of Comparative Economics, 8: 32

Peijian Jin, et al. Damage evolution law of coal-rock under uniaxial compression based on the electromagnetic radiation characteristics, International Journal of Mining Science and Technology, 2: 221~227

Rongxin Zhai, Yansui Liu. 2009. Dynamic Evolvement of Agricultural System and Typical

Patterns of Modern Agriculture in Coastal China: A Case of Suzhou, Chinese Geographical Science, 3: 249~257

Rongxin Zhai, Yansui Liu. 2009. System analysis and path choice for modern agricultural development: a case study of Suzhou, Ecological Economy, 2: 152~159

Siwen Xiao, Chuanjun Liao, Xuejun Li. 2009. Applications of Wigner high-order spectra in feature extraction of acoustic emission signals, Engineering Sciences, 3: 59~65

Stijns. 2006. Natural Resource Abundance and Human Capital Accumulation, Natural Resource, 5: 34~37

Wei Chen. 1993. Dynamic Response in Estuaries-An Analytical Model, Journal of Hydrodynamics (Ser. B), 4: 37~46

Wei Wang, et al. 2005. A Novel Approach of Low-frequency Ultrasonic Naked Plasmid Gene Delivery and Its Assessment, Biomedical and Environmental Sciences, 2: 87~95

Wei Ye, Liming Zhu, Zhaoyin Liu. 2007. Spatial Layout of Modern Agriculture in Tianjin Binhai New Area, China City Planning Review, 4: 42~47

Weidong Jin. 2013. Value and Development Countermeasures for Modern Agriculture in Suzhou, Asian Agricultural Research, 5: 12~17

Wen M, stephen P. K. 2004. push or Pull? The relationship between development, trade and primary resource endowment, Journal of Economic Behavior and Organization, 53: 569~591

Wright Czelusta. 2003. Natural Resources and Economic Development, Economic Development, 4: 24~26

Xiao Xiao, Peng Song. 2010. The Discussion on the Interaction and Integration of Modern Agriculture and Rural Tourism Sustainable Development, Asian Agricultural Research, 5: 49~52

Xiaodong Han, Wei Xu, Xiaolei Han. 2013. Performance Analysis of Azimuth Electronic Beam Steering Mode Spaceborne Sar, Journal of Electronics, 3: 213~221

Xiaogang Tan, Ping Wei, Liping Li. 2009. Combining Radon-ambiguity transform with second-order difference to improve detection probability of LFM signals in low SNR, Journal of Systems Engineering and Electronics, 1: 13~19

Xinliang Xu, Shuwen Zhang. 2001. Plan of Using Modern Agriculture High-New Information Technology for Building Stable Nation Commercial Grain and Green Agriculture Base of China, Journal of Northeast Agricultural University, 2: 133~138

Yang Ju, et al. 2010. Numerical simulation of mechanisms of deformation, failure and energy dissipation in porous rock media subjected to wave stresses, Science China (Technological Sciences), 4: 1098~1113

Yinzhen Li, Jun Shen, Haitao Wang. 2006. A Preliminary Study on Seismicity and Stages of SeismicEnergy Accumulation in Seismotectonic Regions of Tianshan, Earthquake Research in China, 2: 174~189

Zaisen Jiang, Shuangxu Wang, Zhencai Zhao. 1998. The Characteristics of Recent Geodetic Deformation and Seismicity in North-South Seismic Zone and East of the Qinghai-Xizang Block, Earthquake Research in China, 1998, 1: 47~59

附 录 一

A.1 榆阳区现代农业发展指标体系

榆阳区现代农业发展指标体系

以十八届三中全会关于农业、农村、农民的相关指导与精神，针对榆阳区现代农业发展面临的机遇与挑战，结合发达国家及地区先进经验以及本地区实际，榆阳区可从产权制度改革、产业体系设计、生态文明构建、科技及人才支撑、金融、政策支持以及社区管理等方面着手，加快现代农业发展进程，制定科学合理的现代农业发展目标体系，保证现代农业明确的发展方向和奋斗目标。榆阳区现代农业发展目标体系应包含六个方面，即：农业经济增长、农业农村产业结构转变、农业产业组织成长、农业物质技术装备条件、生态环境提升以及城乡一体化。

1.1 农业经济增长

一个地区农业经济的增长情况可以用农业总产出和农民收入这两个指标来衡量。农业总产出水平是反映现代农业发展水平的重要指标，也是影响农民增收的重要因素。农民收入水平的提高是实现农民有尊严生活的基本前提。为了更加有效地推进榆阳区现代农业、幸福农业的建设，故提出农业总产出和农村居民收入增长两项目标。

1.1.1 农业总产出增长：农业增加值

用农业增加值来评价农业总产出。在榆阳区农业生产活动中，种植业和畜牧业是全区的主导产业，目前种植业主要以种植玉米、马铃薯及小杂粮、蔬菜为主；畜牧业主要以养殖羊、猪、牛和家禽为主。结合榆阳区的实际情况，对农业产业发展的指标评价体系如附图1所示。

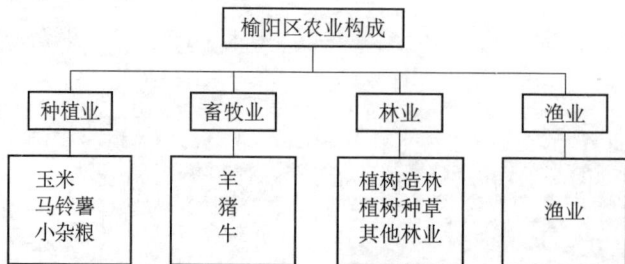

附图 1　榆阳区农业总产出评价体系

1.1.2　农民收入增长：农村居民人均纯收入

用全区农村居民人均纯收入指标来评价农民收入水平。

1.1.3　指标发展现状

1.1.3.1　农业总产出

一、指标解释

农业总产值以农林牧渔业增加值来体现，即第一产业增加值，是指在报告期（通常为一年）内农林牧渔及农林牧渔业生产货物或提供活动而增加的价值，为农林牧渔业现价总产值扣除农林牧渔业现价中间投入后的余额。

二、发展现状

2003 年以来，榆阳区地区生产总值大幅增加，除 2004 年增长率分别低于陕西省地区生产总值增长率 3.5 个百分点和全国生产总值增长率 0.7 个百分点外，其他年份增长速度均高于陕西省和全国 GDP 增长速度（见附图 2 和附图 3）。近年来全国经济发展速度趋缓，而 2002～2011 年榆阳区地区生产总值年均增长17.1％，高于陕西省 3.0 个百分点，高于全国 6.4 个百分点（见附表 1）。

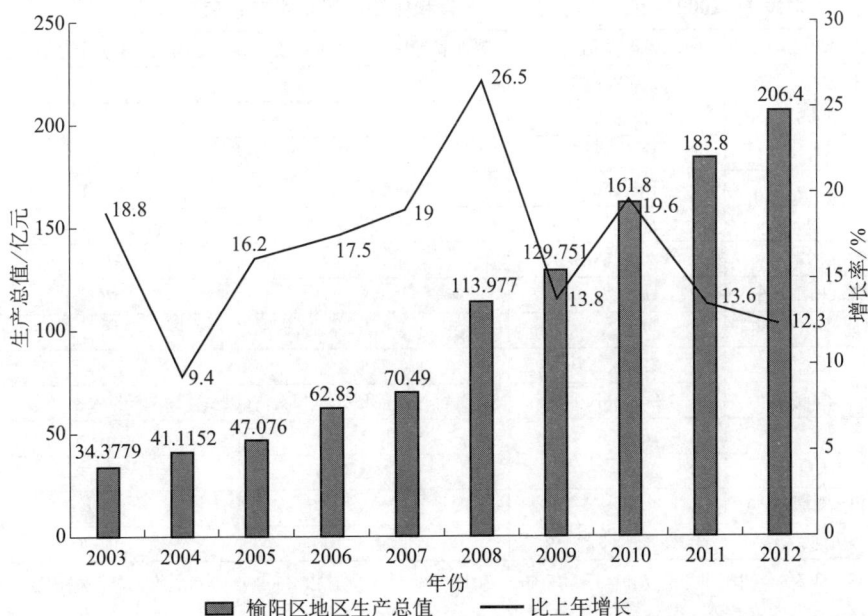

附图 2　2003～2012 年榆阳区地区生产总值及其增长速度

资料来源：榆阳区 2003～2012 年统计年鉴，其中榆阳区增长速度根据地区生产总值指数计算

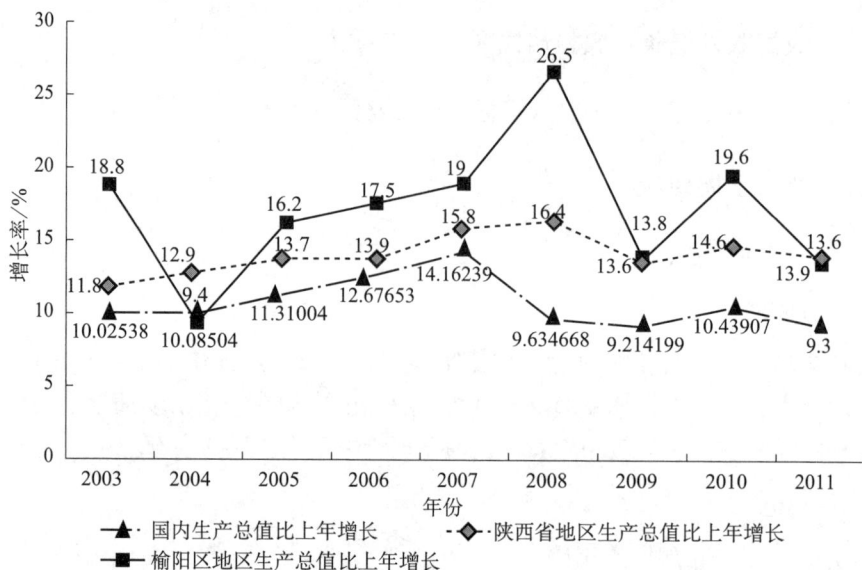

附图3　2003～2011年全国、陕西省和榆阳区地区生产总值增长速度

资料来源：全国、陕西省和榆阳区2003～2012年统计年鉴，其中榆阳区数据根据地区生产总值指数计算

附表1　2002～2011年全国、陕西省和榆阳区历年生产总值与年均增长率

年份	国内生产总值/亿元	陕西省地区生产总值/亿元	榆阳区地区生产总值/亿元
2002	117 208.3	2 200.7	29.7
2003	128 958.9	2 460.3	34.3
2004	141 964.5	2 777.7	41.1
2005	158 020.7	3 158.3	47.1
2006	178 052.2	3 597.3	62.8
2007	203 268.7	4 165.6	70.5
2007/2002（倍）	1.7	1.9	2.4
年均增长率/%	11.6	13.6	16.1
2008	222 853.0	4 848.8	114.0
2009	243 387.1	5 508.2	129.8
2010	268 794.4	6 312.4	161.8
2011	293 792.3	7 189.9	183.8
2011/2002（倍）	2.5	3.3	6.2
年均增长率/%	10.7	14.1	17.1

资料来源：全国、陕西省和榆阳区2003～2012年统计年鉴，以2000年为不变价，其中榆阳区年均增长率根据地区生产总值指数计算

　　横向来看，2003～2011年，除2006年外，榆阳区第一产业增加值同比增长速度高于陕西省和全国平均水平（见附图4和附图5）；纵向来看，2011年榆阳

区第一产业增加值是 2002 年的 2.2 倍，年均增长 10.4%，高于陕西省 4.1 个百分点，高于全国 5.9 个百分点（见附表 2）。

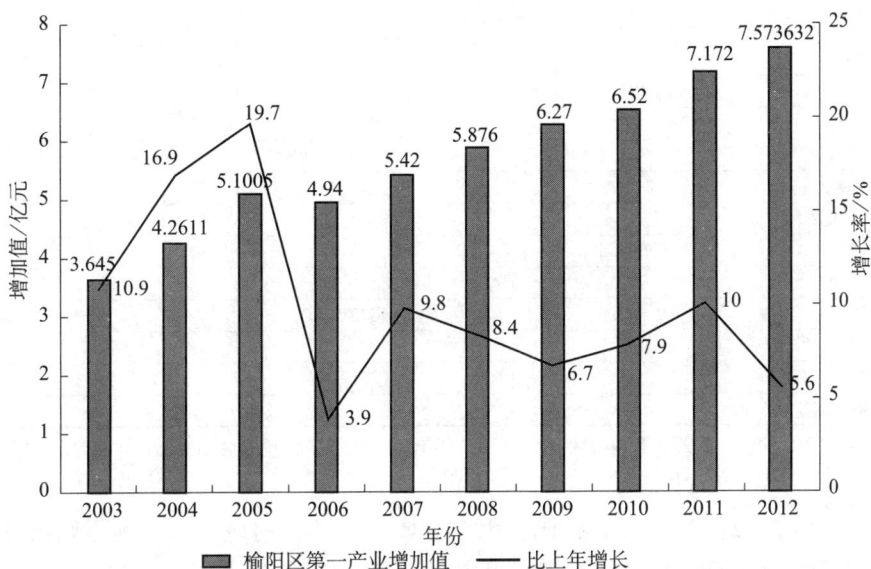

附图 4　2003～2012 年榆阳区第一产业增加值及其增长速度

资料来源：榆阳区 2003～2012 年统计年鉴，其中榆阳区增长速度根据第一产业指数计算

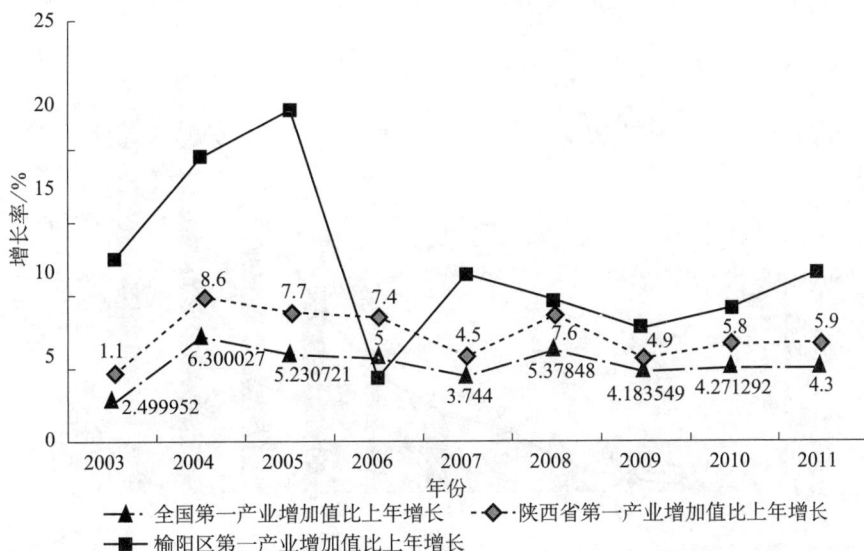

附图 5　2003～2011 年全国、陕西省和榆阳区第一产业增加值同比增长

资料来源：全国、陕西省和榆阳区 2003～2012 年统计年鉴，其中榆阳数据根据第一产业指数计算

附表2 2002~2011年全国、陕西省和榆阳区历年第一产业增加值与年均增长率

年份	全国第一产业增加值/亿元	陕西省第一产业增加值/亿元	榆阳区第一产业增加值/亿元
2002	15 808.7	272.3	3.3
2003	16 203.9	283.5	3.6
2004	17 224.8	307.9	4.3
2005	18 125.8	331.6	5.1
2006	19 032.1	356.1	4.9
2007	19 744.6	373.9	5.4
2007/2002（倍）	1.2	1.4	1.6
年均增长率/%	4.5	6.5	12.1
2008	20 806.6	402.4	5.9
2009	21 677.0	422.1	6.3
2010	22 602.9	446.5	6.5
2011	23 574.8	472.9	7.2
2011/2002（倍）	1.5	1.7	2.2
年均增长率/%	4.5	6.3	10.4

资料来源：全国、陕西省和榆阳区2003~2012年统计年鉴，以2000年为不变价，其中榆阳区年均增长率根据第一产业指数计算

另外，2002~2012年，榆阳区财政总收入、地方财政收入、地方财政支出均大幅增加（见图6），并且2012年榆阳区财政总收入是2002年的100.2倍（见附表3）。

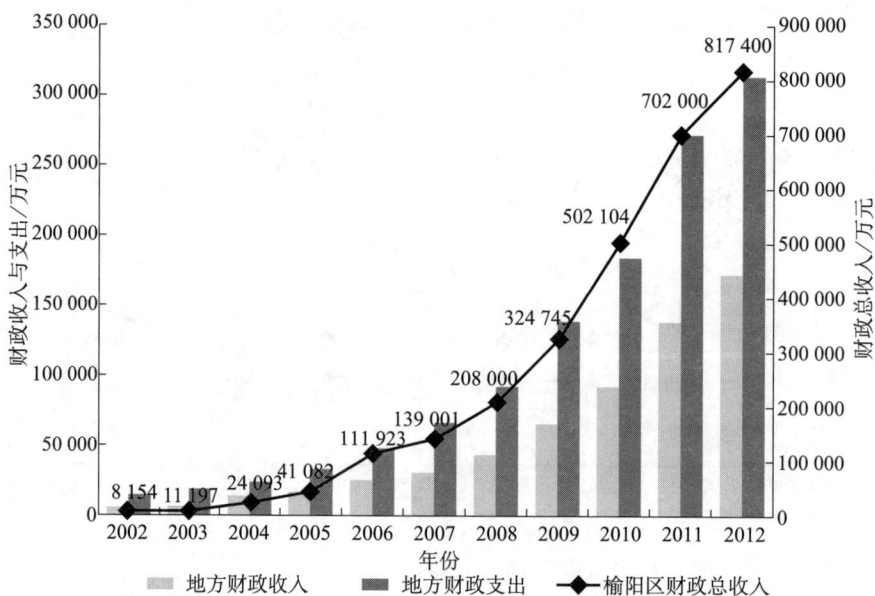

附图6 2003~2012年榆阳区财政总收入、地方财政收入与支出

资料来源：榆阳区2003~2012年统计年鉴

附表 3　2002～2012 年榆阳区财政总收入、地方财政收入及支出与年均增长率

年份	榆阳区财政总收入/万元	地方财政收入/万元	地方财政支出/万元
2002	8 154	5 681	15 446
2003	11 137	7 539	19 776
2004	24 093	14 073	24 714
2005	41 082	17 100	34 250
2006	111 923	26 022	48 326
2007	139 001	31 281	67 258
2007/2002（倍）	17.0	5.5	4.4
年均增长率/%	76.3%	40.7%	34.2%
2008	208 000	44 000	92 711
2009	324 745	66 293	140 059
2010	502 104	93 249	184 757
2011	702 000	139 000	272 000
2012	817 400	173 000	314 000
2012/2007（倍）	5.9	5.5	4.7
年均增长率/%	42.5%	40.8%	36.1%
2012/2002（倍）	100.2	30.5	20.3
年均增长率/%	58.5%	40.7%	35.1%

资料来源：榆阳区 2003～2012 年统计年鉴

1.1.3.2　农村居民人均纯收入

一、指标解释

农村居民人均纯收入是指农村住户当年从各个来源得到的总收入，相应扣除所发生的费用后的收入总和。纯收入主要用于再生产投入和当年生活消费支出，也可用于储蓄和各种非义务性支出。农村居民人均纯收入是按农村人口平均的纯收入水平，反映的是一个地区农村居民的平均收入水平。

计算方法：农村居民人均纯收入＝（农村居民家庭总收入－家庭经营费用支出－生产性固定资产折旧－税金和上交承包费用－调查补贴）/农村居民家庭常住人口

从另一个角度来看，农村居民人均纯收入还可以分解为种植业、林业、畜牧业、渔业和务工收入。

二、发展现状

在"十五"、"十一五"及"十二五"期间，榆阳区政府以新农村建设为统领，认真贯彻落实各项"惠农"政策，加强和完善农村基础设施建设，大力发展特色农业，使榆阳区农业生产和农村经济焕发出新的活力，农民生活品质显著提高。2012 年，榆阳区农村居民人均纯收入达 10 001 元，较上年增加 1573

元，增长 18.7％，且历年同比增长速度均大于陕西省和全国农村居民人均纯收
入增速（见附图 7 和附图 8）；2012 年榆阳区农村居民人均纯收入是 2002 年的
6.6 倍，年均增长 20.7％，高于陕西省 7.0 个百分点，高于全国 8.4 个百分点
（见附表 4）。

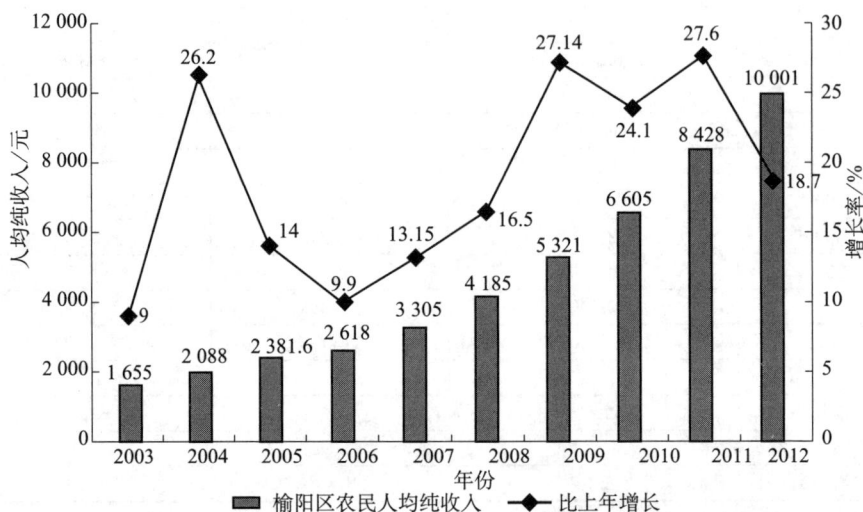

附图 7　2003～2012 年榆阳区农村居民人均纯收入及其增长速度

资料来源：榆阳区 **2003～2011** 年统计年鉴与 **2011～2012** 年国民经济和社会发展统计公报

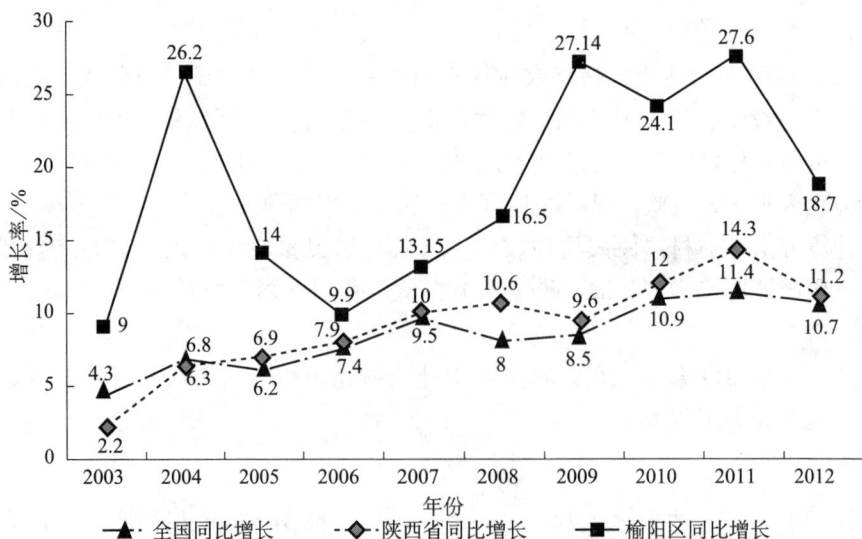

附图 8　2003～2012 年全国、陕西省和榆阳区农村居民人均纯收入同比增长

资料来源：全国、陕西省和榆阳区 **2003～2012** 年国民经济和社会发展统计公报

附表 4　2002～2012 年全国、陕西省和榆阳区历年农村居民人均纯收入与年均增长率

年份	全国农村居民人均 纯收入/元	陕西省农村居民人均 纯收入/元	榆阳区农村居民人均 纯收入/元
2002	2 476.0	1 596.3	1 518.0
2003	2 622.0	1 676.0	1 655.0
2004	2 936.0	1 867.0	2 088.0
2005	3 255.0	2 052.0	2 381.6
2006	3 587.0	2 260.0	2 618.0
2007	4 140.0	2 645.0	3 305.0
2007/2002 (倍)	1.7	1.7	2.2
年均增长率/%	10.8%	10.6%	16.8%
2008	4 761.0	3 136.0	4 185.0
2009	5 153.0	3 438.0	5 321.0
2010	5 919.0	4 105.0	6 605.0
2011	6 977.0	5 028.0	8 428.0
2012	7 917.0	5 763.0	10 001.0
2012/2007 (倍)	1.9	2.2	3.0
年均增长率/%	13.8%	16.9%	24.8%
2012/2002 (倍)	3.2	3.6	6.6
年均增长率/%	12.3%	13.7%	20.7%

资料来源：全国、陕西省和榆阳区 2003～2011 年统计年鉴与 2011～2012 年国民经济和社会发展统计公报

1.2　农业农村产业结构转变

发展农业的基本法则是尊重自然规律，坚持因地制宜。基于榆阳南部山区、北部滩区、河谷川道区的不同土地条件，优化农业产业结构，集中力量做大粮、薯、菜、羊、猪、杏等体现榆阳农业比较优势的特色农业，并努力发展农产品加工业、乡镇企业，使榆阳区在综合农业、科技农业、设施农业、安全农业和生态农业方面都取得了很大成就。为进一步加快发展，在明晰榆阳区农业农村产业结构的基础上，提出榆阳区农业农村产业结构转变的评价指标。

1.2.1　农业农村产业结构相关概念

1.2.1.1　农业产业结构

农业产业结构有广义和狭义之分。首先，广义的农业产业结构包括种植业、林业、牧业、渔业等部门，是农村产业的基础结构，其中，种植业包括粮食作物、经济作物、蔬菜作物、饲料作物；林业分为材林、薪炭林、经济林、风景林等；畜牧业分为役畜、乳畜、毛畜、肉畜、禽类等；渔业包括淡

水渔业和海洋渔业两大类。其次，狭义的农业产业结构特指粮食作物、经济作物、蔬菜作物、饲养作物等各类农作物的生产构成和比例关系。狭义农业是农业中的主导产业，尤其是其中的粮食种植业，更是整个农业乃至农村经济发展的基础。

1.2.1.2 农村产业结构

农村产业结构是在农村这个地域内，产业之间、产业内部各层次之间的相互关系。在现阶段，它主要是以产业形式来评价农业和其他部门的比例关系，这种比例关系包括各种农作物的种植比例，农、林、牧、渔各业的产值比例，以及农业初级产品和加工产品产值的比例。同时还涉及农村资源结构，即劳动力结构、资金投入结构、科技结构、耕地资源结构（区域农业结构）等。

1.2.1.3 农业农村产业结构调整

农业农村产业结构不断调整优化，即农业从简单再生产时代的单一种植业结构，逐步调整为大农业结构，再继续转变为多元化产业结构，这种产业结构由单一到多元，逐步细化的过程，将使产业结构愈来愈合理，生态循环愈来愈平衡，经济效益愈来愈提高，因此是一个产业不断升级进化的过程。这种不断升级的运动，是自然规律和经济规律的必然趋势，也是社会进步的客观要求。

1.2.2 农业农村产业结构指标体系设计

结合全国"十一五"、"十二五"规划指标以及榆阳区"十一五"、"十二五"规划中有关农业农村产业结构的相关指标（附表5、附表6），依据榆阳区农业产业机构的主要特点，以及未来重视农产品加工业及乡镇企业发展的政策导向，设计以下指标体系：

（1）畜牧业产值占农业总产值比重（％）；
（2）种植业产值占农业总产值比重（％）；
（3）农产品加工业产值与农业总产值比；
（4）乡镇企业增加值年均增长率（％）。

附表5 "十一五"期间全国农业产业结构主要指标

类别	指标	2005 年	2010 年	年均增长/%
农业产业结构	畜牧业占农业总产值比重/%	33.7	30	［-3.7］
	农产品加工业产值与农业总产值比	1.1	1.7	［0.6］
	乡镇企业增加值/万亿元	5.05	11.2	12.9
	农垦生产总值/亿元	1358.65	3381	20

注：带 ［ ］ 的为五年累计数，增长速度按可比价格计算

1.2.3　指标发展现状

1.2.3.1　畜牧业产值占农业总产值比重

一、指标解释

畜牧业产值包括牲畜饲养、猪饲养、家禽饲养、狩猎和捕捉动物以及其他畜牧业五部分的产值。在榆阳区，畜牧业产值主要包括初生的羊、猪、牛和家禽饲养的产值等。

$$畜牧业产值占农业总产值比重 = \frac{畜牧业产值}{农业总产值} \qquad (附-1)$$

二、发展现状

畜牧业是榆阳区主导产业，"十一五"期间，全区畜牧业发展取得了喜人成果。至 2010 年末，畜牧业产值达 12.8 亿元，占农业总产值的 55.1％，畜牧业产值年均增长 20.8％，为未来全区畜牧业的快速健康发展奠定了坚实基础。

1.2.3.2　种植业产值占农业总产值比重

一、指标解释

种植业产值包括谷物、豆类、薯类、棉、油料、糖料、麻类、烟叶、蔬菜、药材、瓜类和其他农作物的产值，以及茶园、桑园、果园的生产经营产值。在榆阳区，种植业产值主要包括粮食作物产值、油料产值和蔬菜产值等。

$$种植业产值占农业总产值比重 = \frac{种植业产值}{农业总产值} \qquad (附-2)$$

二、发展现状

至"十一五"规划末期，榆阳区种植业产值有很大发展，种植业产值达 8.9 亿元，占农业总产值的 38.1％，年均增长 30.2％，为未来全区种植业快速健康发展奠定了坚实的基础。

榆阳区"十二五"规划提出继续发展特色农业产业。按照"一乡一业、一村一品"的发展要求，在北部草滩区和南部山区因地制宜、各有侧重地发展特色主导产业，建成以玉米、马铃薯、小杂粮、大扁杏、蔬菜为主导的万亩粮蔬基地。

在实行"一村一品、一乡一业"发展要求的同时，榆阳区存在产业化经营所导致的一些负面效应，如在遭遇自然灾害、市场风险的情况下，已形成的规模化运营难以调整，由此导致损失，因此榆阳区有必要建立相应的预警防范机制。首先，政府可以提供一定的公共财政支持。加大对农业的扶持力度，制定价格方面的优惠政策，继续增加对农业科学种田研发的资助。其次，政府可以鼓励对农业的金融支持。建议金融机构建立农产品保险机制，对较大规模的产业和品种实施价格保障和灾害风险防范体系，以此稳定产业的发展。最后，政府可以在大力推动大规模发展现代农业的同时，鼓励家庭农场多样化、特色化和差异化发展，这样既可以弥补规模化农业的不足，分散农业经营风险，又能够保护生物多样性。

1.2.3.3 农产品加工业产值与农业总产值比

一、指标解释

农产品加工指的是将农产品按其用途分别制成成品或者半成品的生产过程。农产品加工业也是我国制造业的重要组成部分，按照我国的统计标准，我国的农产品加工业主要包括食品加工业、食品制造业、饮料制造业、烟草加工业、纺织业、服装及其他纤维制品制造、皮革毛皮羽绒及其制品业、木材加工及竹藤棕草制品业、家具制造业、造纸及纸制品业、印刷业记录媒介的复制和橡胶制品业等 12 项。

$$农产品加工业产值与农业总产值比 = \frac{农产品加工业产值}{农业总产值} \qquad (附\text{-}3)$$

二、发展现状

"十一五"期间，榆阳区农产品加工业产值为 3.8 亿元，是 2005 年末的 6.3 倍，年均增长 44.7%，高于全国平均水平（22.0%）22.7 个百分点。

榆阳区农产品加工业虽然发展较快，但农产品加工业水平比重仍然很低。2010 年末，全区农产品加工业产值与农业总产值的比仅为 0.16∶1，低于全国平均水平 1.7∶1。基于此，榆阳区应提升农产品深加工转化能力，提高农产品附加值，全区农产品加工业发展战略的实施将有助于缩小与全国平均水平的差距。

1.2.3.4 乡镇企业增加值年均增长率

一、指标解释

乡镇企业，是指农村集体经济组织或农民投资为主，在乡镇（包括所辖村）举办的承担支援农业义务的各类企业。

乡镇企业增加值，是指乡镇企业在报告期内以货币形式表现的本企业生产活动的最终成果，是企业全部生产活动的最终成果扣除了在生产过程中消耗和转换的物质产品和劳务价值后的余额，是企业生产过程中新创造的价值。

乡镇企业增加值年均增长率，其计算公式为：

$$乡镇企业增加值年均增长率 = \sqrt[(n-m)]{\frac{乡镇企业增加值_n}{乡镇企业增加值_m}} - 1 \qquad (附\text{-}4)$$

（乡镇企业增加值 n 代表第 n 年乡镇企业增加值，乡镇企业增加值 m 代表第 m 年乡镇企业增加值）

二、发展现状

2010 年全国乡镇企业增加值 112 232 亿元，比 2005 年增长 122.1%，年均实际增长 12.9%；乡镇企业增加值占国内生产总值的比重从 2005 年的 27.3% 上升到 28.2%；乡镇企业在县域经济中的作用日益突出，大部分县域中乡镇企业在地区增加值和工商税收中的比重都达 60% 左右，已经成为县域经济的支柱。

榆阳区在进一步促进乡镇企业发展中，也可采取以下措施。

第一，正确定位，运用当地资源优势，形成资源开发利用型发展模式。第二，提高乡镇企业的增加值率，注重经济质量的提高。支持乡镇企业加大研发投入，增强企业的技术创新和自主研发能力；同时鼓励乡镇企业发展节能环保、新能源等战略性新兴产业；开展节能减排，促进乡镇企业实现资源节约型、环境友好型发展，积极引导乡镇企业开展清洁生产、兴办循环利用资源产业，推动产业循环式组合、循环式生产、资源循环式利用，最大限度地提高资源综合利用率，促进经济增长方式的根本改变，提高乡镇企业发展水平。第三，协调发展三大产业。稳定第一产业，优化第二产业，加快发展第三产业。全区应积极发展农产品加工业，加快发展本地农产品初加工，稳步发展精深加工，引导农产品优势产区建设农产品加工基地，形成产业集群。加快第三产业的发展，如今以休闲农业、观光农业为代表的第三产业已经成为乡镇企业发展的新亮点，因此应大力发展休闲农业等农村服务业，并依托资源优势，突出区域特色，拓展农业功能，加强基础设施建设，推进与休闲农业相关的服务业发展，提高第三产业就业人数。

1.3　农业产业组织成长

现代农业发展的一个重要特点就是成熟而完善的农业产业组织。推进农业现代化进程，按照"市场牵龙头，龙头牵基地，基地连农户"的形式，优化组合各种生产要素，对区域性主导产业实行专业化生产、系列化加工、企业化管理、一体化经营、社会化服务，逐步形成种养、产供销、农工商、内外贸、经科教一体化的生产经营体系，使农业走上自我积累、自我发展、自我调节的良性发展轨道，这个过程离不开农业产业组织的积极参与。当前，榆阳区现代农业经营主体不断壮大，多种形式的适度规模经营稳步发展。为了更好地促进榆阳现代农业发展，在农业产业组织概念的基础上，提出了榆阳区农业产业组织发展的评价指标。

1.3.1 农业产业组织概念

农业产业化经营的组织模式，作为农业产业化的实现形式和产业配置手段，是指在农业产业一体化组织系统内，各参与主体之间相互联结和影响所构成的一种一体化组织形态。主要起到合理分配资源、引导农民进入市场、降低交易风险等作用。目前我国农业产业化经营组织主要有专业市场带动型、"龙头企业＋农户"型、中介组织带动型三种模式。由于我国农业产业化的历史较短，目前农业产业化的经营组织还不够完善，存在的问题有：一些地区农户和"龙头"的合作关系比较紧张、管理制度不完善、组织比较分散等。

1.3.2 农业产业组织发展评价指标

随着农业产业组织的不断壮大发展，农业产业组织发展评价指标也不断变化。在"十一五"期间，"农业组织方式"类别下主要指标有"农民专业合作社数"、"实有入社农户"、"农业产业化经营组织"和"带动农户数"四个（见附表6），当时还只是重数量，对规格不作要求。到"十二五"期间情况即将发生变化，类别变为"农业生产经营组织方式"，具体包括"农业产业化经营组织带动农户数"、"奶牛规模化养殖比重"和"生猪规模化养殖比重"共三个指标。用"农业产业化经营组织带动农户数"指标代替原有的"农民专业合作社数"、"实有入社农户"、"农业产业化经营组织"和"带动农户数"四个指标能够更高效地反映农业产业组织发展对农业的贡献。另外，在"农业生产经营组织方式"类别中特别指出"奶牛规模化养殖比重"和"生猪规模化养殖比重"，反映了畜牧业在农业产业化中的地位日益提高。综合以上分析，结合畜牧业在榆阳区农业产业组织中的重要地位，对榆阳区农业产业组织成长指标体系设计如下。

（1）农业产业化经营组织带动农户数（户）。

（2）奶牛规模化养殖比重（％）（年存栏 100 头以上）。

（3）生猪规模化养殖比重（％）（年出栏 500 头以上）。

（4）羊子规模化养殖比重（％）（年出栏 500 只以上）。

附表 6　"十一五"期间全国农业组织方式主要指标

类别	指标	2005 年	2010 年	年均增长/％
农业组织	农民专业合作社数/万家		37.9	
	实有入社农户/万户		2 900	
	农业产业化经营组织/万个	13.6	25	13
	带动农户数/万户	8 700	10 700	4.23

1.3.3　指标发展现状

1.3.3.1　农业产业化经营组织带动农户数

一、指标解释

农业产业化经营组织，指由龙头企业、中介组织等通过多种方式联结农户，使农产品生产、加工、销售有机结合的组织。

农业产业化经营组织带动农户数，指全年产业化组织通过各种利益联结方式和辐射作用，带动农户从事产业化经营的农户数，其中通过订单形式带动农户数需在"订单带动农户数"中单列出来。

二、发展现状

2010年末，榆阳区农业产业化经营组织带动农户数为 13 799 户，是 2006年的 11 倍，2006～2010 年年均增长 82.1%，高于全国年均增长水平（4.2%）77.9 个百分点。

至 2012 年末，全区农业产业化经营组织带动农户数为 36 612 户（见附图9），是 2006 年的 29.1 倍，2006～2012 年年均增长 74.4%；2012 年全区农业产业化经营组织带动农户数是 2010 年的 2.7 倍，2010～2012 年年均增长 62.8%；均高于全国在"十一五"期间和"十二五"规划期间的年均增长率。其次，榆阳区"十二五"规划提出榆阳区将在"十二五"期间规范现有 234 个农民专业合作社建立合理化运作模式，并新建成省级示范社 50 个，市级示范社 100 个；新发展省级龙头企业 3 个，市级龙头企业 15 个，区级龙头企业 20 个。

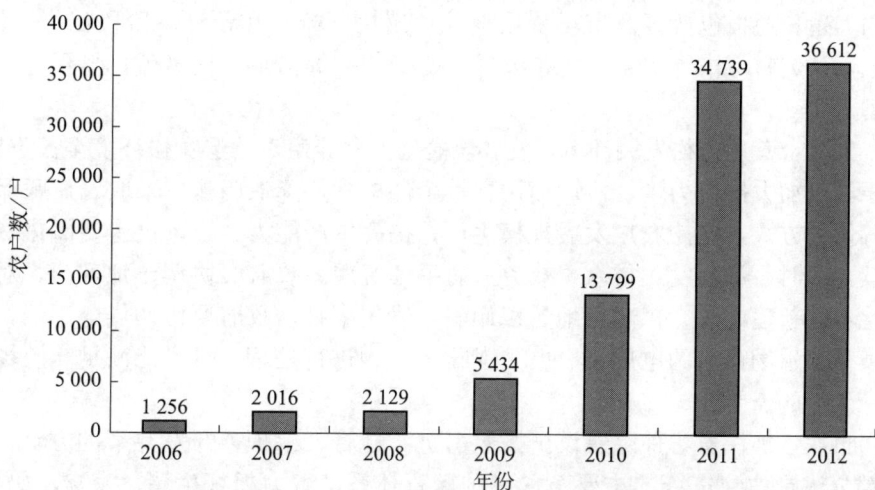

附图 9　2006～2012 年榆阳区农业产业化组织带动农户数

1.3.3.2 奶牛、生猪和羊子规模化养殖比重

一、指标解释

奶牛、生猪和羊子规模化养殖是指在同一地点，达到一定规模的奶牛、生猪和羊子的养殖行为。根据我国划分标准，奶牛年存栏大于或等于 100 头，生猪年出栏大于或等于 500 头，羊子年出栏大于或等于 500 只，即为奶牛、生猪和羊子规模化养殖。

奶牛、生猪和羊子规模化养殖比重是指奶牛、生猪和羊子规模化养殖占奶牛、生猪和羊子总养殖的比重。

二、发展现状

2010 年全国存栏 100 头以上奶牛规模化养殖比重达 28%，出栏 500 头以上生猪规模化养殖比重达 35%。《全国农业和农村经济发展第十二个五年规划》中提出：在"十二五"规划时期奶牛规模化养殖比重相比"十一五"末，五年累计增长大于 10%，达 38% 以上，生猪规模化养殖比重相比"十一五"末，五年累计增长 15%，达到 50%。

榆阳区可以在以下几方面有所作为，以期拉升增长速度。

首先，加强市场信息指导。近年来，畜禽产品的价格波动愈演愈烈，畜禽养殖的价格风险指数越来越高，但养殖户对市场的判断能力有限，缺乏话语权。建议榆阳区建立健全灵敏的市场信息机制，引导养殖户合理存栏（笼）。进一步加大畜牧养殖专业合作社的建设力度，按照政府引导、农民自愿的原则，采取各种经营方式，增强养殖户防御市场风险的能力。建立市场信息发布平台，定期向养殖户通报包括畜禽市场价格变化、出栏（笼）和预计下阶段出栏（笼）的数量、饲料价格等信息，发布天气、疫病防控等信息，让养殖户早预防、早准备。

其次，营造宽松发展环境。发展规模化畜禽养殖，营造宽松环境至关重要。榆阳区应加大扶持力度，协调信用社等金融机构，降低门槛，采取农户联保贷款等便民方式，支持农户发展规模生产，提高生产能力。金融机构要简化贷款手续，及时、足额发放贷款，减免一切手续费用。政府要协调土地部门，对规模化养殖新建或改、扩建用地予以倾斜，优先审批。政府要协调供电部门，对规模化养殖场存在的电压小、电路老化等问题进行处理，尽可能满足养殖场地生产生活的需要。

再次，加快畜禽种源建设。按照引进、选育、保护、开发并举的方针，建立健全从原种到扩繁的主要畜禽良种繁育体系。着力抓好生猪、家禽、奶牛、肉羊四大良种工程，大力推广适应市场需求的新品种，从而实现种苗繁育网络和生产专业化。

最后，加大污染处理力度。引导农户因地制宜发展符合本地区实际的养殖业，延长养殖产业链，加大对养殖过程中附随产物的加工力度，做到物尽其用、变废为宝。合理限制一定区域内的饲养密度，从源头控制污染产生。采取"以奖代补"等鼓励治污的措施，对污染治理好的要奖励，提高养殖户治污的积极性，达到逐步消除污染的目的。

1.4　农业物质技术装备条件水平

《中共中央、国务院关于积极发展现代农业扎实推进社会主义新农村建设的若干意见》指出："推进社会主义新农村建设，首要任务是建设现代农业"。而建设现代农业的关键是农业科技和农业设施的支撑，农业科技和农业设施的表现就是用现代物质条件装备农业。先进的物质装备和良好的设施条件，是提高农业综合生产能力和产业竞争力的重要保障，是发展现代农业的物质基础。在农业物质技术装备条件相关概念的基础上，对榆阳区农业物质技术装备条件的评价指标和发展速度进行评价。

1.4.1　农业物质技术装备条件概念

农业物质装备条件是指为促进农业生物与外部环境进行物质循环和能量转换过程效率提高的各种社会投入品，包括化肥、农药、农膜、农业机械、农田水利设施、农业交通运输、能源传输、信息通讯等。现代农业物质装备条件是农业现代化的关键，它包括农业机械化，农田水利化，农业设施化，农村电力，农业交通运输、能源传输、信息通讯等的网络化等。现代农业物质装备条件具体化为农业科技进步贡献率、农业机械总动力、农作物耕种收综合机械化水平、新增农田有效灌溉面积、农业灌溉用水有效利用系数和农村实用人才总量等。

1.4.2　农业物质技术装备条件指标体系

在"十一五"期间，全国农业物质技术装备条件主要指标有：有效灌溉面积、农业灌溉用水有效利用系数、农业科技进步贡献率、农作物耕种收综合机械化水平和农机总动力共五个（见附表7）。在"十二五"规划中，全国农业物质技术装备条件主要指标在"十一五"的基础上增加了农村实用人才总量指标，并把有效灌溉面积指标变为新增农田有效灌溉面积。新的指标体系能够更精确和有效地反映农业物质技术装备条件的水平，尤其是增加农村实用人才总量这个指标，反映了国家对农村高技术人才的重视。综合以上分析，并根据榆阳区实际情况，现对榆阳区农业物质技术装备条件用以下指标体系来评价：

(1) 新增农田有效灌溉面积（万亩）。

(2) 农业灌溉用水有效利用系数。

(3) 农业科技进步贡献率（%）。

(4) 农业机械总动力（kW）。

(5) 农作物耕种收综合机械化水平（%）。

(6) 农村实用人才总量（人）。

附表7 "十一五"期间全国农业物质技术装备条件主要指标

类别	指标	2005 年	2010 年	年均增长/%
农业物质技术装备条件	有效灌溉面积/亿亩	8.25	8.98	1.71
	农业灌溉用水有效利用系数	0.45	0.5	[0.05]
	农业科技进步贡献率/%	48	52	[4]
	农作物耕种收综合机械化水平/%	36	52	[16]
	农机总动力/亿千瓦	6.8	9.2	6.23

注：带 [ ] 的为五年累计数

1.4.3 指标现状分析

1.4.3.1 新增农田有效灌溉面积

一、指标解释

农田有效灌溉面积是指灌溉工程设施基本完善、有一定水源、土地较平整、一般年景下可进行正常灌溉的耕地面积，它是反映我国耕地抗旱能力的一个重要指标，也是衡量区域粮食安全的一个重要指标，对于保障我国粮食生产与安全具有十分重要的意义。

二、发展现状

在榆阳区，农业生产高度依赖灌溉，因此，必须加大措施增大有效灌溉面积。

第一，加强农田水利基础设施建设，提高管理水平。积极探索和创新农村水利建设发展机制，努力增加对农村水利建设的投入，实现政府引导、群众监督与社会投资相结合。坚持安全和效益并重的原则，做好防渗灌溉渠道的修复新建等农村小型水利基础设施建设。创新水利设施管理体制，加快推进民主协商管理，调动用水户参与灌溉管理的积极性，尝试"协会管理制"、"股份合作制"等管理模式，制定相应的监督管理措施，切实加强对农田水利设施经营运作的监督管理，以保障水利设施的有效养护及其灌溉功能的有效发挥。第二，加强节水宣传，提高水资源利用率。地表水资源短缺的榆阳区加大宣传力度，教育干部群众提高认识，开源节流，改进灌溉技术和配水方法，加强渠道衬砌和田间工程管理，做到计划用水、科学用水、节约用水，千方百计提高水资源利用率。第三，地表水与地下水采补结合，合理利用水资源。榆阳区各灌区在修复配套各类设施的基础上，摸清水源，对地表水资源的分布、数量以及地下水的允许开采量、开采深度、机井布局等做出全面规划，以井水补充渠水，以渠水补充地下水，使灌区达到良性循环，合理充分利用水资源，稳定和发展有效灌溉面积。另外，在使用水资源的同时，还应注意地表水和地下水被污染的问题，确保水源安全。

1.4.3.2　农业灌溉用水有效利用系数

一、指标解释

灌溉水利用系数是指在一次灌水期间被农作物利用的净水量与水源渠首处总引进水量的比值。它是评价灌区从水源引水到田间作用吸收利用水的过程中水利用程度的一个重要指标，也是集中反映灌溉工程质量、灌溉技术水平和灌溉用水管理的一项综合指标，是评价农业水资源利用、指导节水灌溉和大中型灌区续建配套及节水改造健康发展的重要参考。

二、发展现状

2010 年末，全国灌溉水利用系数达 0.5，比 2005 年，五年累计增长0.05％。目前，榆阳区农业用水占整个榆阳区水资源使用的 75％，而农业用水大部分用于农业灌溉，所以提高灌溉水利用系数对于榆阳区农业节水战略意义重大。

榆阳区应在以下方面，加大节水战略的实施力度。

第一，工程措施方面。通过采取渠道防渗、管道输水等措施，减少灌溉水的渗漏损失，提高输水效率，从而提高灌溉用水的利用率。井渠结合、提高灌区内的调蓄能力和反调节能力、配套田间工程、进行土地平整等，均可起到提高灌溉用水有效利用系数的作用。第二，管理措施方面。积极推行灌溉用水"总量控制，定额管理"。在科学试验的基础上，积极示范和大力推广旱作物非充分灌溉等节水灌溉制度。积极扶持农民用水者协会，加强非骨干工程管理，加强田间工程建设与管理，把握作物的需水信息，做到适时适量灌溉，推行计量收费，从而提高灌溉用水有效利用系数。第三，节水技术方面。结合地形特点，积极推广滴灌、喷灌等节水灌溉方式。推广的过程中要积极引导农民接受新技术，并广泛鼓励、吸纳社会资金办水利，促进投资多元化，切实解决资金问题。

1.4.3.3 农业科技进步贡献率

一、指标解释

科技进步贡献率是指科技进步对经济增长的贡献份额。它是评价区域科技竞争实力和科技转化为现实生产力的综合性指标。对于科技进步贡献率的测算，主要采用生产函数法。这是目前国内外理论界广泛采用的一种方法，如生产函数模拟法、索洛余值法、CES生产函数法、增长速度方法、丹尼森增长因素分析法等。

农业科技进步贡献率是指农业科技进步对农业经济增长的贡献份额。

二、发展现状

2010年末，全国农业科技进步贡献率达52%，相比2005年，五年累计增长4%。在"十二五"期间，全国农业科技进步贡献率预计达55%。现阶段榆阳区大力发展科技种田，农业科技进步对农业的促进作用与日俱增。以下措施有助于榆阳区进一步增大科技对农业的支持力度。

第一，建立农业科技投入的新机制，拓宽农业科技投入的渠道。目前，榆阳区的农业科技投入虽然逐年增长但总体仍然偏低，需要有力措施增加农业科技投入，关键是建立健全多种形式、多渠道的农业科研投入体系。对此，榆阳区可以建立农业科技投入新机制，吸引社会各界向农业科技投资，形成投资主体多元化的格局。第二，加强农民教育，提高农民素质。农业科技进步有赖于新技术的不断产生和应用。然而任何新技术的应用都是有风险的，农户是否愿意在农业科技上增加投资，关键在于农民的素质。有关研究结果表明，农民科技投入动机强弱和需求强度与其文化教育程度存在着正相关关系，文化程度越高，科技投入动机越强烈、越积极，科技投入需求也越强烈。提高农民素质有利于新技术的推广使用。第三，优化农业技术推广服务体系。农业科技推广服务体系对于农业新技术的大面积推广应用所起的作用是无可替代的，对农业技术推广服务体系进行优化，完善其农业技术推广功能，将进一步推动榆阳区农业科技进步。

1.4.3.4 农业机械总动力

一、指标解释

农业机械总动力指主要用于农、林、牧、渔业的各种动力机械的动力总和。包括耕作机械、排灌机械、收获机械、农产品加工机械、运输机械、植物保护机械、牧业机械、林业机械、渔业机械和其他农业机械（内燃机按引擎马力折成W计算，电动机按功率折成W计算）。不包括专门用于乡、镇、村、组办工业、基本建设、非农业运输、科学试验和教学等非农业生产方面用的动力机械与作业机械。农林牧渔业劳动力指直接参加农林牧渔业生产劳动的劳动力。

二、发展现状

2010年末，榆阳区农业机械总动力达 321 462kW，是 2005 年末的 1.4 倍，年均增长 7.6%。

现阶段，榆阳区土地广袤，北部风沙滩区土地细碎化整理较有成效，大型农业机械得到广泛使用，加之区政府对机械化种植的高度支持，全区农业机械总动力逐年增加（如附图 10），"十一五"期间全区农业机械总动力年均增长 7.6%，高于全国增长率 1.4 个百分点。

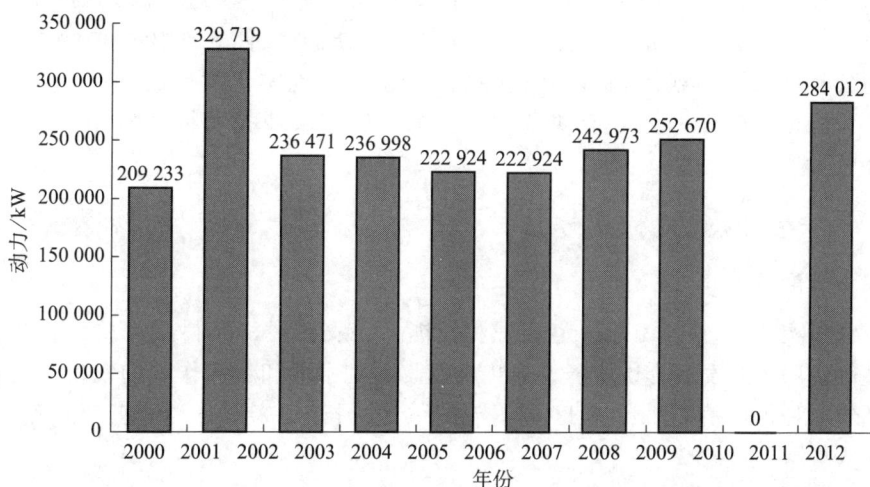

附图 10　2000～2010 年榆阳区农业机械总动力

1.4.3.5　农作物耕种收综合机械化水平

一、指标解释

农作物耕种收综合机械化水平是指在农作物耕种、种植、收割环节所使用的机械化水平的总和。

二、发展现状

2010年末，全国农作物耕种收综合机械化水平达 52%，相比 2005 年，五年累计增长 16%。在"十二五"期间，全国农作物耕种收综合机械化水平预计达60%。以下措施有助于进一步提高榆阳区的农作物耕种收综合机械化水平。

第一，进一步推进土地流转，促进规模经营。农业机械化发展和土地流转相辅相成、互相促进，加快机械化发展需大力推进土地流转和农田基本建设工作，改革耕作制度。榆阳区要协助引导，通过农田对调、流转，把需耕种的农户土地对调成片，重点向当地有条件的种粮大户和农机大户等流转。还可以把丢荒的农田集中在村委会手中，成立以村委会为主体的现代农业机械耕作合作社，集中整治，进行全程机械化耕作。第二，对农机购置实施差异化支持政策。实行农业机械购置差别比例补贴，补贴比例的确定应充分考虑区域农民购机能力、不同作物机械化发展水平及作业市场化程度，并向粮食主产区、非主产区产粮大镇，以及重点战略产业、急需环节和经济落后地区倾斜，提高榆阳区南部贫困地区、边远地区和丘陵山区补贴标准。第三，重点扶持具有一定规模的种粮大户、农机大户和农机合作组织。将农机专业合作社等服务组织和农机大户作为农作物耕种收综合机械化发展的主体，通过政策、资金倾斜和技术指导，增强其自我发展壮大的基础和为其他农户提供服务的能力。努力培养农机专业合作社，使之成为延伸农作物耕种收综合机械化公益性服务的载体和引领农作物耕种收综合机械化发展的龙头，合理规划，积极培育建设，努力带动高性能机械、先进农业技术推广应用和适度规模经营发展。

1.4.3.6 农村实用人才总量

一、指标解释

农村实用人才指具有一定知识和技能，为农村经济和科技、教育、文化、卫生等各项事业发展提供服务、作出贡献、起到示范和带头作用的农村劳动者。包括农村种植养殖能手、加工和捕捞能手、农村经纪人及各类能工巧匠和科技带头人等。

二、发展现状

2010 年末，榆阳区农村实用人才总量为 716 人，是 2006 年末的 1.64 倍，年均增长 13.2%（见附图 11）。

随着农民职业培训教育的蓬勃发展，农村实用人才数量不断增长，榆阳区在 2012 年末，农村实用人才总量已经达 927 人，相比 2010 年，年均增长 13.8%。

生态建设是打造"美丽榆阳"的核心环节。当前，榆阳生态环境较为脆弱，资源开发与环境保护同时兼顾的难度很大；能源化工基地重大项目环境容量刚性增长明显，环境容量严重不足；水资源短缺，"十二五"后期用水必须调水解决，全区资源约束日益突出，生态脆弱，水、环境容量等面临长期偏紧的严峻局面。为保持经济持续快速发展，需要明确生态环境保护需求，突破环境容量限制，提升资源环境承载能力。另外，生态环境的改善能够为生态农业提供支撑，而高效生态农业对于解决榆阳区粮食与食物的数量安全、质量安全和可持续生态发展意义重大。加快资源节约型和环境友好型农业建设，增加无公害、

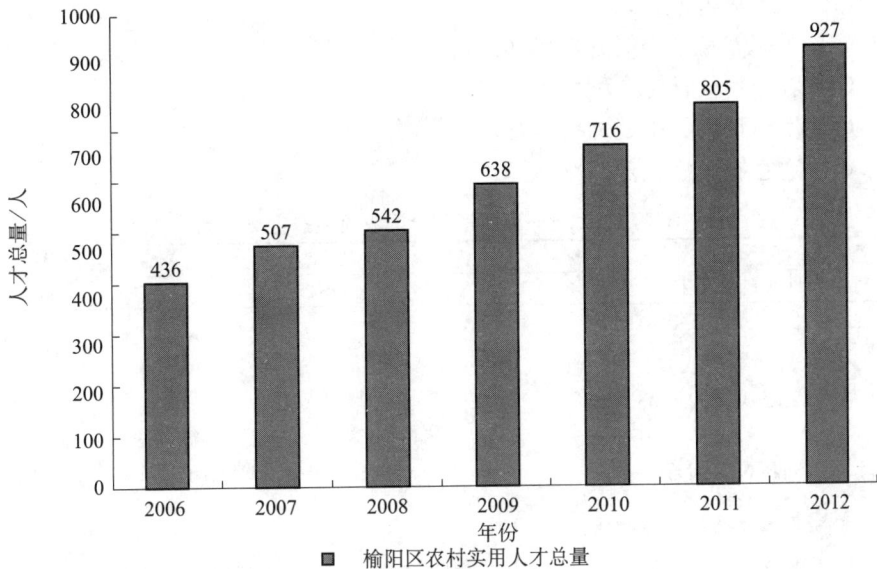

附图 11　2006～2012 年榆阳区农村实用人才总量

绿色、有机农业比重，实现农产品清洁生产和农业可持续快速稳步发展，可以有效促进榆阳区生态农业和安全农业建设。本节在生态环境相关概念的基础上，设计了榆阳区生态环境评价指标。

1.5　生态环境水平

1.5.1　农村生态环境相关概念

　　农村生态环境是生态环境的重要组成部分，主要是指农村区域内的生态环境，由部分自然生态环境、农业环境和村镇生态环境构成。农村生态环境的构成复杂，其系统内部组成要素和外部因子之间相互联系，相互影响，具有如下特点：农村生态环境具有显著的农业特征，农村以农业为主体，形成自然与人工相结合的农业生产系统；农村地域辽阔，人口居住分散，村镇分布、社会结构、经营形式等表现有多样性、自立性、灵活性等明显的社会属性；农村生态环境受自然条件和经济条件的影响，存在明显的地域性和不平衡性。

1.5.2　农村生态环境指标体系设计

　　结合全国"十一五"农村生态主要指标（见附表 8）、全国"十二五"农业资源利用与环境保护主要指标和 2012～2020 年国内东部发达地区生态环境保护发展规划主要指标，根据榆阳区实际情况制定出以下指标体系。

(1) 林木覆盖率（％）。

(2) 规模养殖场粪便处理率（％）。

(3) 农作物秸秆综合利用率（％）。

(4) 生活垃圾集中处理率（％）。

(5) 适宜农户沼气普及率（％）。

附表8 "十一五"期间全国农村生态主要指标

类别	指标	2005 年	2010 年	年均增长/％
农村生态	适宜农户沼气普及率/％	12	33	[21]

注：带 ［ ］ 的为五年累计数

1.5.3 指标现状分析

1.5.3.1 林木覆盖率

一、指标解释

林木覆盖率是一个国家或地区有林地面积占土地总面积的百分比。

二、发展现状

目前榆阳区林木覆盖率为 40％左右。为进一步提高榆阳区林木覆盖率，榆阳区区委、区政府在榆阳区"十二五"规划中提出，全区将重点建设"一圈两基三园四产五区六路"工程。即："一圈"，建设一个多树种混交的环榆林城区绿色生态圈；"两基"，营造樟子松和长梗扁桃两个百万亩造林示范基地；"三园"，建成生态功能较为完备的元大滩、昌汗界、大墩山三个森林生态公园；"四产"，发展壮大沙产业、杏产业、种苗产业和灌木饲料加工产业；"五区"，建成国家级公益林保护区、退耕还林成果巩固区、矿区植被恢复区、榆溪河湿地自然保护区和五十里沙臭柏自然保护区；"六路"，完善包茂、榆神、榆绥、榆佳 4 条高速公路和榆补、榆乌 2 条一级公路绿化。水保生态建设要因地制宜，突出重点，统筹发展。南部丘陵沟壑区：主要涉及清泉等 8 个乡镇 99 个行政村，规划综合治理面积 337.54km^2，完成基本农田 1569.61hm^2，水保林 6155.03hm^2，种草 2109.41hm^2，封禁治理 7297.56hm^2。北部风沙草滩区：涉及孟家湾等 10 个乡镇的 136 个行政村，规划封禁围栏 67.9km，新增补植天然草地 3800hm^2，人工草地 6622.4hm^2，加快百万亩沙棘产业基地建设。北部风沙草滩区以种植大果沙棘经济林为主，南部丘陵沟壑区以种植沙棘水保生态林为主，每年栽植 15 万亩，"十二五"期间营造 75 万亩，使全区沙棘面积达 100 万亩。

1.5.3.2 规模养殖场粪便处理率

一、指标解释

规模化养殖场是指经当地农业、工商等行政主管部门批准，具有法人资格的生猪、奶牛、蛋鸡、肉鸡的养殖场，且该养殖场需具有一定的规模，标准是生猪出栏大于或等于 500 头；奶牛存栏大于或等于 100 头；肉牛出栏大于或等于 200 头；蛋鸡存栏大于或等于 20 000 羽；肉鸡出栏大于或等于 50 000 羽。

规模养殖场粪便处理率是指在规模化养殖过程中，所处理的畜禽粪便量与畜禽产生的粪便总量的比值。

二、发展现状

榆阳区作为畜牧业强区，对保护生态环境高度重视。提高榆阳区规模养殖场粪便处理率的有效措施有以下几点。

第一，提高规模养殖场粪便的肥料化处理水平。畜禽粪便中含有大量氮、磷、钾等营养元素，具有较高肥效，常作为优质有机肥用于蔬菜、瓜果、花卉等作物的栽培中，可以改良土壤结构，提高土壤肥力和农作物产量。粪便还田是我国农牧业传统的畜禽粪便处理方法，具有费用低、处理数量大、效果好等优点。从生态学的角度看，解决畜禽粪便污染最基本和较佳的利用途径仍是经过加工处理后作为有机肥还田，建设生态畜牧体系，实现农林牧综合发展，就地消化并利用粪便资源，为发展种植业服务。畜禽粪便肥料化方法分为直接施用法、物理堆肥和生物堆肥法。目前研究最为广泛的是堆肥技术。堆肥分为物理堆肥和生物堆肥。物理堆肥是通过人为控制堆肥所需条件，利用微生物对其进行腐化分解，生产出高效的有机肥料。生物堆肥是在畜禽粪便中接种微生物复合菌剂，将物理、化学工艺和生物处理技术结合，使接种微生物快速分解粪便，抑制或杀灭病原微生物。第二，提高规模养殖场粪便的能源化处理水平。用畜禽粪便生产沼气也是畜禽粪便处理的传统方法之一。其沼气可用于照明、做饭等日常生活，或者为农牧生产提供能源，如为大棚、温室提供热能等。沼液和沼渣可用于饲料或者肥料，做饲料添加剂、栽培食用菌、养殖蚯蚓等。沼渣、沼液作为饲料，可用于养殖畜禽，节省饲料资源。另外，用沼液还可以防治病虫害，能够避免农药对环境的污染。沼渣作为肥料，可以改良土壤质量，改善农作物生长环境。经过发酵的沼渣，病原体已基本被杀死，不会对农作物造成感染而发生病虫害，因而是优质的有机肥，用它代替化肥，可以改良土壤，降低成本。

1.5.3.3　农作物秸秆综合利用率

一、指标解释

农作物秸秆是指在农业生产过程中，成熟农作物收获后残留下的不能食用的根、茎、叶等副产品。秸秆是一种具有多用途的可再生的生物资源。农作物秸秆可以用作发电、编织、造纸、制板、制沼气及食用菌基料。

农作物秸秆综合利用率是指农作物秸秆用作发电、造纸、制沼气等用途的适用比例。

二、发展现状

2010 年，全区农作物秸秆综合利用率为 75％（如附图 12），到 2012 年末，全区农作物秸秆综合利用率已经达 80％（如附图 12）。

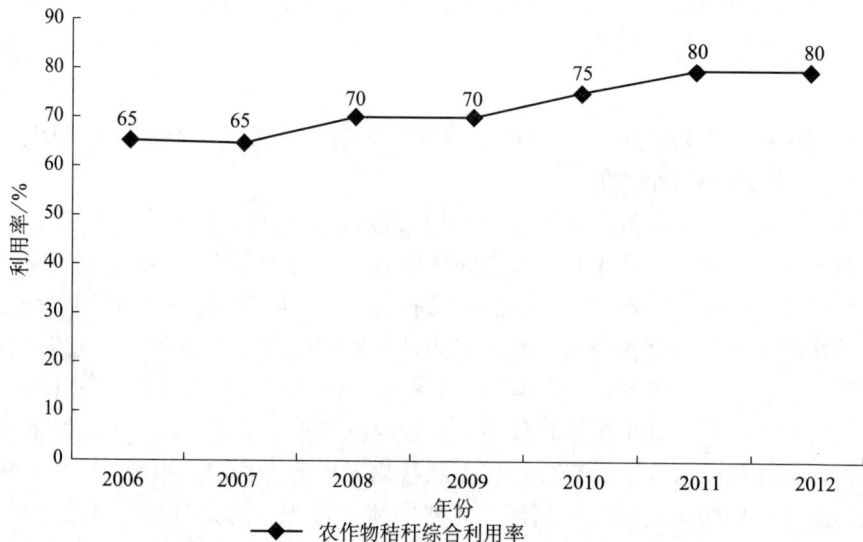

附图 12　2006～2012 年榆阳区农作物秸秆综合利用率

1.5.3.4　生活垃圾集中处理率

一、指标解释

生活垃圾处理专指日常生活或者为日常生活提供服务的活动所产生的固体废弃物以及法律法规所规定的视为生活垃圾的固体废物的处理，包括生活垃圾的源头减量、清扫、分类收集、储存、运输、处理、处置及相关管理活动。

生活垃圾集中处理率指集中处理的垃圾量占总垃圾量的比例。

二、发展现状

关于生活垃圾集中处理率，国内东部发达地区的生活垃圾集中处理率由 2012 年的 97％提高至 2020 年的 100％。有助于提高榆阳区生活垃圾集中处理率的有效措施有以下几点。

第一，因地制宜制定生活垃圾分类及集中处理政策。结合本地农村实际情况，根据 2010 年 2 月发布的《农村生活污染防治技术政策》制定相应的防治管理办法，明确规定全区生活垃圾处理的主体、权利、义务、责任、规范和要求，实现当地农村生活垃圾处理的法制化和规范化；明确规定乡（镇）政府、村民委员会、环保部门、农民的责任与分工，使农村生活垃圾处理切实可行；详细说明农村生活垃圾处理需要的资金来源、收费制度、资金管理，促进农村生活垃圾处理的法制化管理。第二，落实环保考核制度。把环保工作摆在突出位置，将其纳入重要议事日程，在明确区环保局、乡镇环保工作的基础上，与环保局、乡镇签订环境保护目标管理责任书，把生活垃圾处理工作纳入全区的目标考核内容，并组织专项考核，从而形成"党委领导、政府负责、环保统一监管"的生活垃圾处理机制。另外，把环保考核制度引进到乡镇领导决策的考核标准中来，使之成为考核领导政绩的内容之一。这样能使基层领导妥善处理经济发展与环境保护的关系，在抓经济发展的同时，秉承正确的价值取向，不断推动环境整治，改善环境质量，追求农村社会的协调发展。对于环境治理工作成绩突出的乡镇领导和村民委员会负责人进行表扬，从而激发他们的工作热情；对于出现环境违法行为的乡镇的领导干部、村民委员会负责人、环保专兼职人员予以适当的处罚，严重时追究其行政责任，从而增强他们的责任心。第三，加强政府环境教育，实现全民参与。结合全区经济、社会发展现状，加大环保的宣传、教育力度，通过发放宣传手册、广播、电视、报纸、标语、板报等多种形式，加强国家环保方针、政策法规、农村环境政策的宣传，使城乡民众较深刻、清晰地了解我国当前的环境法规政策，掌握一定的环境专业知识。另外还可以利用"6·5世界环境日"、节假日进行现场生活垃圾知识宣传，发放资料、环保购物袋，使城乡民众树立正确的环境价值观念，意识到处理生活垃圾的紧迫性，调动群众参与处理工作的积极性。

1.5.3.5 适宜农户沼气普及率

一、指标解释

农村沼气综合利用是指为有效解决农村大众生活能源问题，以农村现有的植物秸秆、动物粪便为原料，利用沼气池等设施经过长时间的发酵，产生一种可利用的可再生清洁能源，为百姓提供燃气、照明、有机肥料，实现沼气的综合利用。适宜农户沼气普及率是已经建成沼气池并使用的农户数与适宜建设沼气池的全体农户数之比。

二、发展现状

2010年，全区适宜农户沼气普及率为16%（如附图13）。到2012年末，全区适宜农户沼气普及率达23%（见附图13），相比2006年增加20个百分点，年均增长3.33%，相比2010年增加7个百分点，年均增长3.5%。

1.6 城乡一体化水平

推进城乡统筹发展，创新体制机制，加强城乡资源整合，逐步缩小城乡差

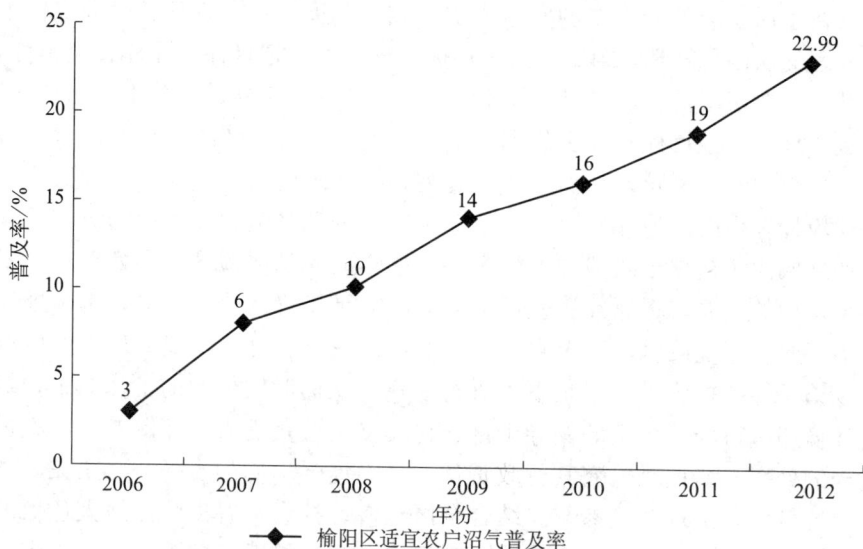

附图13 2006～2012年榆阳区适宜农户沼气普及率

距、南北差距，打破城乡发展二元结构，形成以城带乡、以工促农、城乡结合、优势互补的长效机制，构建推进城乡经济社会发展一体化新格局是榆阳区未来10年的重大任务。而城乡一体化的实现离不开乡镇的参与，乡镇的发展又离不开农业的发展。所以，为有效推进城乡一体化水平，榆阳区可以从以下几点入手。

首先，发展和谐农业。着力构建人与自然之间、城乡区域之间、产业领域之间、农业经济与农村社会之间的和谐关系，正确认识当前"一产弱势、二产当家、三产短板"的产业结构，统筹处理好农业发展、资源开发、生态保护之间的关系，建立工业反哺农业、城市带动农村、企地村矿和谐发展的长效机制。其次，发展幸福农业。发展现代农业，归根结底在于增加农民收入，提高幸福指数。按照全面建成小康社会的重大战略决策，以城乡一体化为导向，着力加强农村基础设施建设，改善农村的生产生活条件和人居环境，提高农民的生活质量。再者，发展文化农业。城乡一体化水平的提高离不开城乡文化的发展，而乡镇文化水平的提高更是当务之急。文化农业的发展理念，基于对农业文明、生态文明认识的再升华，是文化、旅游、会展等现代产业要素与现代农业相融合的产物，不仅要挖掘农业本身的文化要素，而且要赋予农业生产或农产品以文化内涵和外壳，使之升级为更高消费层次、更高附加值的"奢侈品"农业。从而促进城乡一体化进程。

为了更好地评价榆阳区城乡一体化发展水平，在城乡一体化相关概念的基础上，对榆阳区城乡一体化评价指标进行了设计，并构建了城乡一体化评价模型。

1.6.1 城乡一体化相关概念

1.6.1.1 城市化

城市化本质上是一种城市可持续发展道路，它所强调的是城市的内涵式增长和质量升级，理论含义极其丰富。它有三个基本特点：一是全面的城市化。它不仅仅是农村人口向城市人口的转换，而是各种要素全面地向城市聚集，包括城市聚集人流（主要指科技与管理人才）、物流、资金流和信息流，聚集主导产业，聚集科技教育。二是集约型的城市化。它意味着城市经济的效率更高，容纳人口的能力更强，对资源、环境的消耗更小。三是可持续的城市化。即城市化进程中始终保持城乡协调，城市和农村实现均衡发展。

1.6.1.2 城镇化

城镇化是传统的农村生产生活方式不断向现代化的城市生产生活方式转变的自然历史过程，是乡村地域向城市地域转化的过程，是非农产业及人口向城市逐步集中的过程。其基本内涵包括：不断增加的城镇人口数和城镇数；城镇规模的不断扩大和城镇建设质量不断提高；城镇在区域经济发展中的中心作用不断加强和充分发挥；城市空间结构和形态的变化；城镇体系的不断完善；城乡之间日趋协调。

1.6.1.3 城乡一体化

城乡一体化是针对城市与乡村之间本来存在的内在联系被人为地割裂，从而影响经济、社会发展的现实所提出的，它主要体现城乡之间的经济联系和社会进步的要求，其含义大致可以包括：（1）城市化、工业化、市场化和现代化达到较高水平是一个地区实现城乡一体化的基本前提。（2）以城乡经济的结合为入手点，以改革推动城乡经济、社会发展实行统一规划，协调发展，以克服城乡分割、工农分离的二元结构。城乡关系上，既强调乡村服务城市，实现乡村对城市的促进作用，也强调城市服务农村，实现城市对乡村的带动作用，使之互为依存、优势互补、互相促进，促进城乡经济、社会、文化的全方位融合。（3）城乡一体化的核心是要解决城乡居民的不同国民待遇问题，让农民享有公平的国民待遇、完整的合法权益和平等的发展机会。（4）推进城乡一体化的目的是实现城乡地位平等、互补互促、城乡融合、协调发展和共同繁荣，使城乡居民平等共享现代物质文明、政治文明和精神文明。（5）城乡一体化的建设有一定的社会范围和行政区划，其战略思想和工作方针通常是针对一定的区域，甚至只是一座城市和它的郊区。城乡一体化并不意味着城乡一样化，也不意着变乡为城或变城为乡。城乡一体化不会自然而然形成，也不会在朝夕之间完成，它是一个很长的发展建设过程。

1.6.2 榆阳区城乡一体化水平评价指标体系的构建

1.6.2.1 评价指标的选取思路

从城乡发展水平和城乡协调水平两个维度来分析城乡一体化的基本内涵，城乡发展水平反映了城乡在空间社会经济人口生态等方面的发展程度；城乡协调水平则反映了原有的二元经济结构的协调和融合程度。据此再进一步细分，并参照国家发改委提出的全面建设小康社会目标与指标选择和农村全面小康评价指标体系，遵循指标选取原则，设计和构建榆阳区城乡一体化评价指标体系。

1.6.2.2 评价指标的选取原则

榆阳区城乡一体化评价指标的选取原则包括以下三点。

（1）科学性原则。评价指标必须能够明确地反映目标与指标之间的支配关系，指标体系的设置应有一定的科学性，避免指标体系过大、指标层次过多、指标过细。

（2）区域性原则。城乡一体化是一个区域概念，应从区域范围的角度，采用宏观指标反映榆阳区区域城镇建设、人口结构、产业结构、基础设施、生活服务设施、文化活动设施等水平，借此体现该区域总体发展状况。

（3）可操作性原则。为了便于横向与纵向的比较分析，在选取指标时，应注重数据收集的可靠性、易得性和可实现性，同时指标的口径、年份、单位含义等对每个城乡等必须一致。

1.6.2.3 指标体系的构建方法

主要采用频度统计法、理论分析法和类似于多元统计分析中因子分析确定主因子的方法来解决指标的筛选问题。频度统计法主要是对目前有关城乡一体化和统筹城乡发展的研究报告、论文进行频度统计，选择那些使用频度较高的指标；理论分析法主要是对城乡一体化各方面的内涵、特征、基本要素、主要问题进行分析与综合，选择那些针对性强的指标；类似于多元统计分析中因子分析确定主因子的方法，是在初步提出评价指标的基础上，进一步征询有关专家的意见，对指标进行调整，最终获得城乡一体化评价指标。

1.6.2.4 评价指标体系的构建

根据上述指标选取思路原则和方法，构建了榆阳区城乡一体化评价指标体系，该指标体系是由评价指标层、一级指标层和二级指标层三个层次构成的递阶层次结构。

（1）评价指标层 A：以榆阳区城乡一体化水平作为指标层的综合评价值，在总体上反映榆阳区城乡一体化发展状况。

（2）一级指标层 B：由两个部分构成，即城乡发展水平（B1）和城乡协调水平（B2），分别从空间、人口、经济、社会、生态环境等方面反映榆阳区城乡一体化发展状况。

（3）二级指标层 C：由 15 个评价指标构成，具体见附表 9。

附表 9 榆阳区城乡一体化发展主要指标测算

评价指标	一级指标	二级指标	指标单位	指标含义	指标权重	指标值（2010 年）	指标性质
城乡一体化发展状况	城乡发展水平（B1）	城乡人均 GDP	元	经济发达程度	0.14	47601	＋
		非农人口所占比重	%	人口结构优化	0.13	36.4	＋
		第三产业增加值占 GDP 比重	%	产业结构优化	0.05	39.4	＋
		非农产业产值所占比重	%	产业结构非农化	0.06	94.5	＋
		农村居民人均纯收入水平	元	农民消费能力	0.05	6605	＋
		城乡居民恩格尔系数	30	消费结构现代化	0.07	(0.34)	－
		城乡高中毛入学率	%	居民知识化程度	0.05	69.2	＋
		城乡居民信息化实现程度	%	居民信息化程度	0.04	(25)	＋
	城乡协调水平（B2）	城乡绿化覆盖率	%	生态环境优化	0.08	(41)	＋
		城乡居民人均可支配收入比	%	城乡经济差异程度	0.07	2.86	－
		城乡居民基尼系数		城乡贫富差异程度	0.06	(0.4)	－
		城乡社会保障覆盖率	%	城乡福利差异程度	0.06	(60)	＋
		农村城市劳动生产率比	%	农村劳动生产率与城市劳动生产率之比	0.05	(3)	＋
		城乡人均基础教育投资比		教育投资差异程度	0.04	(3)	－
		财政支农资金占财政总支出比例	%	财政支持差异程度	0.05	18.8	＋

注："＋"表示正向指标，"－"表示负向指标

1.6.3 榆阳区城乡一体化评价模型的构建

1.6.3.1 单项描述指标评价模型

在评价指标体系中，指标值越大越好的指标为正向指标，指标值越小越好的为负向指标。

对正向指标按照以下公式计算各个指标的评分值：

$$S_i = \begin{cases} 1 & (o_i \geq g_i) \\ o_i/g_i & (o_i < g_i) \end{cases} \qquad （附-5）$$

对负向指标按照以下公式计算各个指标的评分值：

$$S_i = \begin{cases} 0 \ (o_i \geqslant g_{max}) \\ 1 - (o_i - g_{min}) / (g_{max} - g_{min}) \ (g_{min} \leqslant o_i \leqslant g_{max}) \\ 1 \ (o_i \leqslant g_{min}) \end{cases} \qquad \text{(附-6)}$$

在（附-5）式和（附-6）式中，S_i 为指标的评分值，o_i 为指标的原始值，g_i 为相应指标的适度值，g_{min} 为下限，g_{max} 为上限。

1.6.3.2 综合指标评价模型

通过采用多目标线性加权求和模型来评价综合性指标，具体数学模型为：
（1）城乡发展水平：

$$I_{发展} = \sum_{i=1}^{9} W_i S_i \qquad \text{(附-7)}$$

（2）城乡融合程度：

$$I_{协调} = \sum_{i=10}^{15} W_i S_i \qquad \text{(附-8)}$$

（3）城乡一体化水平：

$$D = I_{发展} + I_{协调} \qquad \text{(附-9)}$$

在（附-7）式和（附-8）式中，W_i 是第 i 个指标的权重值，S_i 为指标的评分值。

1.6.3.3 城乡一体化发展阶段的划分

城乡一体化是一个连续的动态发展过程，更是一个长期的发展目标，为了使这个目标有现实可操作性，可以根据发达国家（地区）的经验，结合我国的社会经济发展的具体情况，科学地把城乡一体化发展划分为几个阶段。阶段的划分可以让我们清楚地知道研究区域当前的城乡发展状况，进而明确下一步的发展目标，确定发展策略和政策措施。

根据指标体系，城乡一体化的水平是由城乡发展水平和城乡协调度两方面因素决定的，城乡发展水平高而协调度低或城乡协调度高而发展水平低都不是真正的城乡一体化，因此城乡发展阶段的确定同样应该考虑这两个因素。城乡发展水平，包括经济、社会、生态水平等因子，而经济水平是决定性的因子，其直接影响到社会生态发展的水平，因此为了方便，本研究对于城乡发展水平进行阶段划分时更多地参考了经济发展水平。

按照目前的国际评价体系，中下等收入国家人均 GDP 为 761～3030 美元，中上等收入国家人均 GDP 为 3031～9360 美元。结合我国发展水平，将人均 GDP 的目标值定为 5000 美元[①]（折合人民币约为 30 358 元），也就是说城乡人

---

① 2013 年 12 月 12 日，1 美元对人民币 6.072 元。

均 GDP 大于等于 5000 美元时，就经济水平而言就达到一体化的目标。当人均 GDP 达中等发达国家的水平时，基本实现现代化或城乡一体化，如以 3030 美元为准，相当于实现目标值的 60％就可以认为城乡一体化进入中级阶段。下限 761 美元大约相当于目标值的 15％，发展水平刚达下限，城乡一体化水平步入城乡互动起步阶段，而小于这一水平则城乡处于传统的二元发展阶段。当发展水平达目标值的 30％，城乡一体化水平步入城乡初步一体化阶段，当发展水平达目标值的 90％，城乡一体化水平步入城乡高度一体化阶段。

为了方便，协调度也相应地根据这一比例进行划分，从而将城乡一体化发展划分为 5 个阶段：传统的城乡二元发展阶段（城乡发展水平 $I_{发展}$ 和城乡协调度 $I_{协调}$ 小于 15％），城乡互动起步阶段（15％≤$I_{发展}$ 和 $I_{协调}$＜30％），城乡初步一体化阶段（30％≤$I_{发展}$ 和 $I_{协调}$＜60％），城乡中度一体化阶段（60％≤$I_{发展}$ 和 $I_{协调}$＜90％），城乡高度一体化阶段（$I_{发展}$ 和 $I_{协调}$≥90％）（见附表 10）。

附表 10　城乡一体化发展阶段的划分

城乡一体化水平	城乡一体化发展阶段	阶段特征
0＜D＜15％	传统的城乡二元发展阶段	城乡二元结构
15％≤D＜30％	城乡互动起步阶段	城乡资源、劳动等要素开始流动
30％≤D＜60％	城乡初步一体化阶段	城乡劳动等要素单向集中，城市化水平提高
60％≤D＜90％	城乡中度一体化阶段	城乡差别明显缩小，城市文明普及率大幅提升
90％＜D≤1	城乡高度一体化阶段	城乡差别基本消失

城乡一体化发展阶段的特征有以下几个方面。

（1）传统的城乡二元发展阶段。城乡二元发展阶段指发展中国家广泛存在的城市以工业化等现代产业为主，而农村则以落后的农业等传统产业为主，城乡差距明显的一种社会经济形态。在经济方面体现为：城市经济以现代化的大工业生产为主，而农村经济以典型的小农经济为主；城市的道路、通信、卫生和教育等基础设施发达，而农村的基础设施落后；城市的人均消费水平远远高于农村；相对于城市，农村人口众多等。在社会方面体现为：以二元户籍制度为核心，包括二元就业制度、二元福利保障制度、二元教育制度、二元公共事业投入制度在内的一系列分割城乡的社会制度安排而人为构建的城乡隔离的社会结构。

（2）城乡互动起步阶段。城乡互动起步阶段是指在区域经济发展系统中，在承认城乡差别和明确城乡功能互补的基础上，以经济利益为纽带，促使城市和乡村两个子系统的资源、劳动力、信息、思想等要素高效、有序双向流动和优化组合，从而带动城乡经济、社会和生态环境全面发展的过程。从区域角度出发，城乡互动是通过市场机制，使资源等生产要素在城乡之间有序流动和优化组合，促进城乡社会、经济、生态可持续发展的过程。这种互动是在承认城乡差别、明确城乡分工的基础上，城乡相互依赖、相互影响、共同提高发展水平的过程。这是一个有效聚集、有效扩散、高度协作的最优空间网络化的过程，不是城乡均衡化的过程。互动的目的是改善城乡结构，完善城乡功能，协调城乡利益再分配，优化合理配置生产资源。

（3）城乡一体化阶段。城乡一体化阶段是在破除城乡二元结构，在城乡互动发展的基础上达到的阶段。它是一种双向发展的过程，不是农村城市化，也不是城市农村化，而是相互促进的过程，把城乡作为整体，在明确城乡分工、城乡功能互补的前提下，充分发挥二者各自的优势，以城带乡，以乡促城，相互依托，优势互补，互为资源和市场，相互协作，使城乡的各种生产要素合理流动，在生产力高度发展的条件下，产业结构协调发展，实现城乡在人口、经济、社会、生态环境、空间布局上的广泛融合、相互渗透，最终呈现城乡协调发展的状态。

依据城乡一体化发展水平的不同（见附表10），把城乡一体化阶段细分为城乡初步一体化阶段、城乡中度一体化阶段和城乡高度一体化阶段，各阶段定义如下。

城乡初步一体化阶段。在城乡初步一体化阶段，城乡之间由对立、互动逐步转向有机联系，出现劳动力等要素单向集中的趋势，城市数量增加、规模扩大以及城市人口快速上升。

城乡中度一体化阶段。在城乡中度一体化阶段，城乡联系逐步进入城乡融合，劳动力等要素出现双向流动，城市文明普及率超过城市化水平，呈现加速增长趋势，城乡差别明显缩小。

城乡高度一体化阶段。在城乡高度一体化阶段，社会生产力高度发达，城乡差别基本消失。

1.6.4 榆阳区城乡一体化评价模型的计算

1.6.4.1 指标权重的确定

采用层次分析法确定指标的权重，由专家和相关决策者对所列指标通过两两比较判断方式确定每一层次的因素对上层指标的重要性的总排序，再通过专家打分确定每一层次指标相对于上层指标的单因子权重。限于篇幅，具体计算过程略，其结果详见附表-9。

1.6.4.2 研究区域的说明

一直以来我国以行政界线作为城乡划分的基础，没有建立城镇的实体地域概念，因而也没有恰当稳定的城乡地域划分标准。基于资料获取的需要，在现行的行政区划体系内界定城市与乡村，"城"意指城市，以中心城市的市区代表

城市；而"乡"既包括建制镇在内的广大农村（即行政区划中的县或县级市）
范畴，也包括县（县级市）政府所在地的县级小城市范围。

1.6.4.3 数据来源及标准化

所选取指标的原始数据来自榆阳区 2010 年统计年鉴。资料收集中尽可能地
考虑行政区划变动的影响。对于城乡一体化程度评价指标体系各个不同特征的
指标，由于无法作比较，需作标准化处理即无量纲处理。指标数据的无量纲化
是综合评价的重要一步，在"单项描述指标评价模型"中已采用标准值法进行
处理。

1.6.4.4 计算结果及说明

通过城乡一体化指标评价模型，根据采集到的相关数据，估算出 2010 年榆
阳区城乡一体化的发展水平，如附表 11 所示。

附表 11 榆阳区城乡一体化测评结果

指标 ＼ 年份	2010
$I_{发展}$	18.0%
$I_{协调}$	21.5%
D（%）	70.4%

通过计算得知，2010 年，榆阳区城乡发展水平已经达到 70.4%，城乡关系
进入城乡中度一体化阶段。可以冀望在随后的几年内，随着榆阳区坚持走区特
色新型工业化、信息化、城镇化、农业现代化道路。

1.6.5 城乡一体化发展建议

1.6.5.1 破除城乡二元结构，加快城乡一体化发展

深化户籍管理制度改革，形成城乡一体的就业登记制度和劳动力市场。深
化土地制度改革，加快推进农村土地流转，积极推进工业向园区集中、农民
向城镇集中、土地向规模经营集中，实现土地的适度集中，进一步盘活农村
集体建设用地存量。推进社会保障制度改革，合理确定保障标准和方式，建
立健全城乡一体、多层次、广覆盖、可转移的社会保障体系。加快农村社会
事业的发展步伐，推动社会公共资源向农村倾斜、城市公共设施向农村延伸、
城市公共服务向农村覆盖，逐步实现城乡基本公共服务配置均等化。加快有
条件的农民进城落户，实现进城农民在教育、户籍、社会保障等方面与城市
居民同等待遇。

1.6.5.2　注重城乡统筹，推动城镇化与农业现代化相互融合、相互促进

促进城镇化与农业现代化相互融合。在城镇化中推进农业现代化，在强化"三农"基础地位中推进城镇化。一是确保土地高效安全利用。坚守全区耕地红线不动摇。严格建设项目用地预审，加强农用地转用管理，健全耕地保护的经济激励和制约机制。走节约、集约用地的新路，拓展土地利用新空间。二是坚持不懈地加强农业、农村基础设施建设。按照"城市现代化、农村城镇化、城乡一体化"的基本思路，科学规划布局城乡公共服务设施。加快农村水、电、路、通讯、广播电视、信息网络等基础设施建设，加大农村公共物品供给，提高城乡公共设施和公共服务均等共享水平。以破解瓶颈制约为着力点，进一步加强以交通、水利、电力为重点的基础设施建设。三是积极推进农业专业化和机械化。提高农民购买农机的补贴，进一步畅通农民贷款渠道、优化贷款环境。四是加大对农村和欠发达地区的文化建设帮扶力度，提高农民科学文化素养。

1.6.5.3　加强生态环境保护，促进城镇化可持续发展

因地制宜，从实际出发，增强城镇的宜居性、人文性。一是引导和规范城区健康发展。新城区和新城镇的建设，按照工业区、住宅区和商业区等不同功能区的环境保护要求进行布局，尽量不破坏原有的生态环境；在旧城区的改造中，着力淘汰产能落后和污染型企业，扩大绿化面积。二是建立健全清洁生产激励机制，对清洁生产企业给予税收、信贷等方面的支持。三是大力推广循环经济发展模式，发展生态农业、生态工业和生态旅游业。四是加强城市群内交通、通讯和网络等基础设施建设，通过发展"智慧城市"推动内涵型城镇化发展。

1.6.5.4　加快小城镇建设步伐，提升城镇化水平

按照"布局合理、设施配套、功能健全、环境优美、特色鲜明"的新型小城镇建设要求，推进大村扩容、小村合并和"空心村"的整合利用，扶持重点集镇、中心村建设，引导各类要素向小城镇的有序流动，增强小城镇的集聚能力和居民承载力。根据地理环境、人口密度、基础设施状况，合理安排重点城镇建设，突出抓好镇川、牛家梁、芹河、鱼河、小纪汗、麻黄梁、金鸡滩等12个重点镇。完善"一区六园一中心"功能，增加要素吸纳能力，提升城镇化水平。

后记

≡

塞外的春天来得晚些，我记得 2013 年 3 月底是我们课题组第一次大规模赴榆林市榆阳区调研的日子，那个时候西安早已是桃红柳绿，塞上的榆林才刚刚开始杏花灿烂的季节。一年的时间里，我们对榆阳区现代农业发展的经验和实践探索进行了深入的了解和调研，并在各个政府部门、乡镇、企业、民众的大力配合下，于 2013 年 12 月顺利完成了"榆阳区现代农业发展目标与路径选择"的科研课题，总结出能源富集区颇具特色的现代农业发展的"榆阳模式"，并得到了有关专家及榆阳区委、区政府的高度肯定。

之后的日子里，课题组继续关注榆阳区现代农业的发展，我们在一年之后对榆阳区进行了回访，曾经的荒山沙漠正在变绿，土地流转带来的新型农村经营方式正在为农民带来新的财富增值，科技创新对农业生产力的提高令人振奋……榆阳区现代农业发展的良好态势深深地吸引着我们，也促使我们进一步思考能源富集区的现代农业发展之路，并由此萌发把榆阳区现代农业发展的宝贵经验推广至相似自然条件的其他西北能源富集区的想法。于是，课题组再度开始了辛苦的搜集资料、测算，论证，直至今天沉甸甸的书稿出版。掩卷沉思，心中充满了喜悦和兴奋，更充满了深深的感激之情。

感谢陕西师范大学领导和社科处的关怀和支持，感谢陕西师范大学优秀出版基金，感谢西北研究院。在此，对他们不辞辛劳、对本书稿的支持和鼓励致以深深的感谢。

感谢榆阳区委、区政府各级领导及部门对我们工作给予的大力支持及协调服务，感谢榆阳区 21 个乡镇、130 个行政村及 30 多户企业、民众对我们调研工作提供的支持。

感谢参与本书撰写的全体成员，是你们的智慧和力量，是你们的勤奋和汗水，是你们的团结和奋斗，才使得这本书变得更加充实。很多个日日夜夜，我们一起开会、讨论、改稿、加班，付出了艰辛，收获了知识和快乐。你们如火的青春，感染了我。你们闪光的才华，激发了我。和你们在一起的难忘时光，将是陪伴我终身的财富。我为团队每一个成员的努力和贡献而骄傲。

感谢科学出版社的各位编辑，是你们的辛勤工作使本书得以顺利出版。

回顾过往，感慨万千，从炎炎夏日，到冰雪冬日。我们一遍又一遍地打磨本书的书稿；从白天到黑夜，我们都在思考和完善。从最初的稿件到最终的版本，我已经不记得改过多少遍，只清晰记得一路走来付出的辛勤汗水和那份坚守的执著。只有踏实的努力，才能换来丰收的喜悦。今后的日子里，我们会继续努力工作，为我国"三农"研究贡献自己的一份的智慧和力量。

本书一定还存在不足之处，衷心希望读者提出宝贵的批评意见。

方兰

2015 年 12 月